中等职业教育“十三五”规划教材

中等职业教育公共通识课规划教材系列



# 计算机应用基础

主编　黄志远　曾令聪

電子工業出版社
Publishing House of Electronics Industry
北京·BEIJING

## 内 容 简 介

全书主要内容包括计算机基础知识、Windows 7操作系统、Word 2010文字处理软件、Excel 2010电子表格制作软件、PowerPoint 2010电子演示文稿制作软件、局域网和Internet应用。

本书以能力培养为目标，以工作过程为导向，以“做中学”为手段，进行了一体化设计。从案例入手，将计算机应用基础的相关知识恰当地融入到案例的分析和制作过程中，图文并茂、深入浅出、通俗易懂，符合学生思维的构建方式，使学生在学习过程中不仅能掌握独立的相关知识，而且能培养他们综合分析问题和解决问题的能力。全书采用案例方式安排教学内容，注重实用性和可操作性，有助于提高学生计算机应用操作能力。

本书可作为中职学校非计算机专业“计算机基础”课程教材，也可供计算机爱好者学习使用。



**图书在版编目（CIP）数据**

计算机应用基础 / 黄志远，曾令聪主编. —北京：电子工业出版社，2016.8
ISBN 978-7-121-29356-6

Ⅰ. ①计… Ⅱ. ①黄… ②曾… Ⅲ. ①电子计算机－中等职业教育－教材 Ⅳ. ①TP3

中国版本图书馆CIP数据核字（2016）第157863号

策划编辑：祁玉芹
责任编辑：张瑞喜
印　　刷：中国电影出版社印刷厂
装　　订：中国电影出版社印刷厂
出版发行：电子工业出版社
　　　　　北京市海淀区万寿路173信箱　邮编　100036
开　　本：787×1092　1/16　印张：14.5　字数：371千字
版　　次：2016年8月第1版
印　　次：2016年9月第2次印刷
定　　价：30.00元

凡所购买电子工业出版社图书有缺损问题，请向购买书店调换。若书店售缺，请与本社发行部联系，联系及邮购电话：（010）88254888。

质量投诉请发邮件至zlts@phei.com.cn，盗版侵权举报请发邮件至dbqq@phei.com.cn。

服务热线：（010）88258888。

# 编委会名单

# 前 言

计算机基础课程教学的目的是为在校学生提供计算机基本知识与计算机应用技能方面的教育，使学生具备用计算机处理实际问题的基本能力，课程的重点放在培养学生对计算机的应用能力上。本书以能力培养为目标，以工作过程为导向，采取“案例”教学法，采用“教、学、做”一体化的教学模式，使计算机基础教学从传统的“讲授+上机”教学模式向基于工作过程的“做中学、学中做”教学模式转变。

本书的创新在于以工作过程为导向，用案例贯穿知识，用任务驱动教学。按照教学规律和学生的认知特点选择与知识点紧密结合的案例，把理论单元的知识进行系统融合、连接。围绕案例中的工作任务展开知识点教学，在实际工作任务的驱动下引导学生去积极地学习计算机知识与技能。

本书通过综合案例，系统地介绍了计算机基础知识、Windows 7 操作系统、Word 2010 文字处理软件、Excel 2010 电子表格制作软件、PowerPoint 2010 电子演示文稿制作软件、局域网和 Internet 应用。书中案例均取自工作过程实际应用。每个教学案例包括任务描述、任务分析与实施方案，同时提供与教学案例相对应的实训项目作为练习巩固之用。

全书共分 6 个模块，模块 1 认识计算机，模块 2 Windows 7 操作系统，模块 3 Word 2010 文字处理软件，模块 4 Excel 2010 电子表格制作软件，模块 5 PowerPoint 2010 电子演示文稿制作软件，模块 6 局域网、Internet 应用和慕课。每个案例中配有实训题目。为了保证知识的系统性、完整性，并拓宽知识面，在相关模块后面增加了知识链接与知识拓展。

由于编写时间仓促，书中难免有疏漏和不妥之处，欢迎广大读者批评指正，衷心希望广大使用者尤其是任课教师提出宝贵的意见和建议，以便再版时修订完善。

编 者

2016 年 6 月

# 目 录

模块 1　认识计算机……1
案例一　配置计算机系统……1
任务 1　认识计算机硬件……2
任务 2　计算机硬件的安装与配置……10
任务 3　计算机操作系统的安装与配置……15
实训项目　选购配置个人计算机……22
案例二　计算机系统安全与维护……23
任务 1　计算机病毒的防治……23
任务 2　计算机日常维护……28
实训项目　使用 360 安全卫士进行系统优化……30
练习题……30
模块 2　Windows 7 操作系统……33
案例一　个性化桌面设置……33
任务 1　认识 Windows 7……34
任务 2　个性化桌面设置方法……37
实训项目　建立个性化桌面……40
案例二　信息资源管理……45
任务 1　浏览与搜索信息资源……46
任务 2　整理信息资源……47
任务 3　创建快捷方式……49
任务 4　使用库工作……50
实训项目　管理信息资源……52
案例三　定制工作环境与故障处理……55
任务 1　定制工作环境……55
任务 2　故障处理……60
实训项目　定制工作环境……61

练习题……62

模块 3 Word 2010 文字处理软件……65

案例一 制作一封信……65
任务 1 认识 Word 2010……66
任务 2 创建文档……71
任务 3 编辑文档……74
实训项目 制作求职信……77
案例二 制作迎新欢迎词……78
任务 1 设置文本格式……79
任务 2 设置段落格式……81
任务 3 设置页面格式……82
实训项目 主题：军训生活感言……86
案例三 制作电子简报……87
任务 1 图片的插入与编辑……88
任务 2 图形的插入与编辑……90
任务 3 艺术字的插入与编辑……91
任务 4 文本框的插入与编辑……92
实训项目 制作产品宣传单……93
案例四 制作学生成绩统计表……94
任务 1 创建学生成绩统计表……94
任务 2 修改学生成绩统计表……95
任务 3 格式化学生成绩统计表……96
任务 4 表格中的数据处理……97
实训项目 制作联创公司员工工资表……99
案例五 入学通知书的批量制作……100
任务 1 制作入学通知书……100
任务 2 创建录取名单……100
任务 3 邮件合并……101
任务 4 打印预览与设置……103
实训项目 制作会议邀请函……104
综合实训 创作“祝福祖国”作品……105
练习题……108

模块 4 Excel 2010 电子表格制作软件……111

案例一 制作学生成绩表……111

任务 1　认识 Excel 2010 ······ 112
任务 2　创建工作簿 ······ 115
任务 3　编辑工作表 ······ 116
任务 4　编辑学生成绩表 ······ 120
实训项目　制作员工工资表 ······ 123
案例二　设置学生成绩表的格式 ······ 124
任务 1　优化格式清单 ······ 125
任务 2　设置页面格式 ······ 127
任务 3　设置打印格式 ······ 129
实训项目　设置员工工资表格式 ······ 130
案例三　处理学生成绩表数据 ······ 132
任务 1　公式的使用 ······ 133
任务 2　函数的使用 ······ 134
实训项目　处理员工工资表数据 ······ 138
案例四　统计与分析学生成绩表 ······ 142
任务 1　数据排序 ······ 143
任务 2　数据筛选 ······ 143
任务 3　数据分类汇总 ······ 145
任务 4　数据透视表 ······ 146
实训项目　统计和分析员工工资表 ······ 148
综合实训　制作汽车销售统计表 ······ 152
练习题 ······ 153

**模块 5　PowerPoint 2010 电子演示文稿制作软件 ······ 155**

案例一　制作“电子贺卡”演示文稿 ······ 155
任务 1　认识 PowerPoint 2010 ······ 156
任务 2　创建演示文稿 ······ 160
任务 3　编辑幻灯片 ······ 163
任务 4　自定义动画的设置 ······ 165
实训项目　制作“个人简历”演示文稿 ······ 167
案例二　制作“美丽的校园”演示文稿 ······ 172
任务 1　使用母版 ······ 172
任务 2　设置背景 ······ 173
任务 3　设置动作按钮和超链接 ······ 174
任务 4　设置页面的切换效果 ······ 174
实训项目　美化“个人简历”演示文稿 ······ 175

综合实训　制作“我的家乡”演示文稿……179
练习题……179

模块 6　局域网、Internet 应用和慕课……181

案例一　组建办公局域网络……181
任务 1　认识办公局域网……182
任务 2　连接办公局域网……186
实训项目　配置 IP 地址和网络位置……187
案例二　使用网络办公资源……193
任务 1　将计算机接入 Internet……193
任务 2　浏览与搜索网络信息……194
任务 3　文件的上传与下载……197
任务 4　电子邮件的使用……199
实训项目　网络信息的交流与共享……200
案例三　移动互联网技术……201
任务 1　认识移动互联网技术……202
任务 2　手机安全防护……203
任务 3　手机网上购物……204
任务 4　微信平台应用……207
实训项目　用手机网上订购火车票……209
案例四　慕课（MOOC）……211
任务 1　认识慕课（MOOC）……212
任务 2　慕课（MOOC）建设……215
实训项目　使用慕课……220
练习题……221

附录　习题答案……222

模块 1　认识计算机……222
模块 2　Windows 7 操作系统……222
模块 3　Word 2010 文字处理软件……223
模块 4　Excel 2010 电子表格制作软件……223
模块 5　PowerPoint 2010 电子演示文稿制作软件……224
模块 6　局域网、Internet 应用和慕课……224

# 模块 1 认识计算机

## 教学目标：

通过本模块的学习，可以掌握微型计算机系统的基本结构、硬件组成、软件配置以及微机的组装等；可以了解计算机病毒的概念，并掌握安全工具的使用。

## 教学内容：

本模块介绍计算机的基础知识，主要包括：

1. 计算机系统的基本结构，计算机系统的硬件组成、系统软件配置及其性能指标。
2. 计算机病毒的基本概念，计算机系统安全与维护的基本方法。

## 教学重点与难点：

1. 计算机系统的硬件组成、系统软件配置及其性能指标。
2. 计算机系统安全与维护的基本方法。

## 案例一 配置计算机系统

**【任务描述】**

晓明是中锐咨华公司 IT 部门新入职的员工，为满足办公的需要，公司 IT 主管要求晓明协助为每个部门购置一台计算机。他需要对计算机硬件和软件进行配置与安装，主要包括以下内容：

- 选购计算机硬件设备。
- 安装配置计算机硬件设备。
- 安装配置操作系统。

**【任务分析】**

计算机硬件系统一般包括以下部件：主板、CPU、内存、显卡、硬盘、光驱、显示器、键盘、鼠标、电源和机箱。要想顺利组装一台计算机，必须先了解各部件及其安装方法，以及注意事项。组装好计算机之后，接下来的任务就是设置 CMOS 参数、初始化硬盘（包括硬盘分区和每个分区的高级格式化）、安装和配置软件系统（包括操作系统、设备驱动程序和应用程序等）。

【实施方案】

## 任务 1　认识计算机硬件

计算机已经成为人们日常工作、学习和生活中一个重要装备，对于还没有购置计算机的，或者希望把已有的旧计算机换掉的用户，你是直接购买品牌机，还是自己 DIY 一台计算机？组装机以其随意的自主性和很高的性价比得到了很多人的认同，品牌机具有性能稳定以及良好的售后服务等优点受到人们的欢迎。结合自身学习与工作实际，如何选购配置一台计算机？组装好计算机硬件之后，怎样才能使计算机运作起来呢？为了完成计算机的选购与配置任务，下面我们首先要了解计算机系统的组成，然后完成计算机硬件与软件系统的选购与配置。

计算机系统是一个整体的概念，无论是大型机、小型机，还是微型机，都是由计算机硬件系统（简称硬件）和计算机软件系统（简称软件）两大部分组成的，如图 1-1 所示。

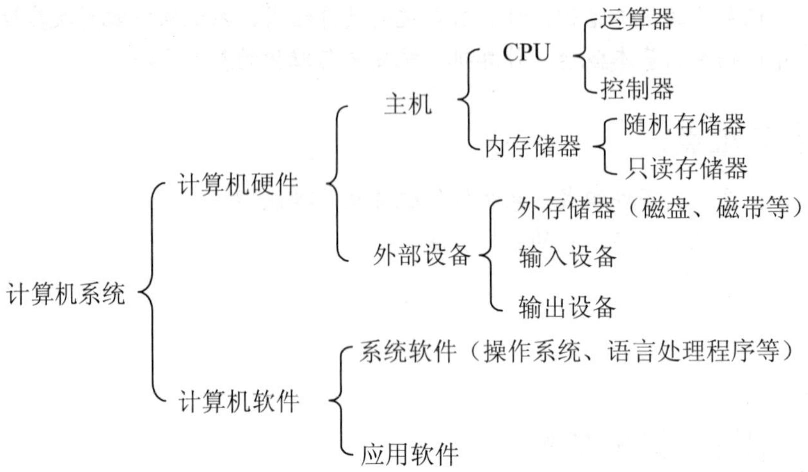


图 1-1　计算机系统的组成

### （一）微型计算机的硬件系统

从外观上来看，计算机的硬件主要包括主机、显示器以及常用的输入/输出设备（又称 I/O 设备）。其中主机箱里又包含着计算机的大部分重要的硬件设备，如 CPU、主板、内存、硬盘、软驱、光驱、各种板卡、电源及各种连线等。对于多媒体计算机，硬件中还包括声卡、音箱、摄像头等各种音频和视频设备。

#### 1.　中央处理器

我们平常所使用的计算机属于微型计算机，所以也称为微机，微机的中央处理器又称为微处理器，英文简称 CPU，其外观如图 1-2 所示。CPU 是微机系统的核心，包括运算器和控制器两个部件，是微机系统的核心。CPU 的主要功能是按照程序给出的指令序列分析指令、执行指令，完成对数据的加工处理。计算机所发生的全部动作都受 CPU 的控制。

图 1-2　中央处理器（CPU）

中央处理器品质的高低直接决定了计算机的档次。CPU 能够直接处理的数据位数是 CPU 品质的一个重要标志。人们通常所说的 16 位机、32 位机、64 位机便是指 CPU 可同时处理 16 位、32 位、64 位的二进制数。早期的 286 机均是 16 位机，386、486 机和 Pentium 机是 32 位机，现在的计算机主流配置则早已是 64 位机了。

目前，大多数微机都使用 Intel 公司生产的 CPU。Intel 公司成立于 1968 年，从 1971 年开始推出 4 位微处理器至今，已生产出奔腾、酷睿系列微处理器，2008 年推出了 64 位四核心 CPU 酷睿 i7，在 2013 年 6 月 4 日发布了四代 CPU“Haswell”，对应主板芯片为 Z87、H87、Q87 等 8 系列晶片组，目前第 6 代酷睿处理器已经问世，它集各种高级功能于一身，不仅大大提高了工作效率、改进了三维游戏体验，而且还激发了创意潜力，让世界充满无尽可能。

### 2. 存储器

存储器是用来存放程序和数据的记忆装置。对存储器而言，容量越大，存取速度越快越好。计算机中的操作，大量的是与存储器之间的信息交换，存储器的工作速度相对于 CPU 的运算速度要低得多，因此存储器的工作速度是制约计算机运算速度的主要因素之一。为了解决这个矛盾，将存储器分为内存储器和外存储器两大类。

（1）　内存储器

内存储器又称为主存储器，简称内存，可以直接与 CPU 交换信息，用于存放当前使用的数据和正在运行的程序。内存由半导体存储器组成，存取速度较快，内存中的每个字节各有一个固定的编号，这个编号称为地址。CPU 在存储器中存取数据时按地址进行。所谓存储器容量即指存储器中所包含的字节数，通常用 KB 和 MB 作为存储器容量的单位。

内存储器按其工作方式的不同，可以分为随机存储器 RAM 和只读存储器 ROM 两种。RAM 是一种读写存储器，其内容可以随时根据需要读出，也可以随时重新写入新的信息。当电源电压去掉时，RAM 中保存的信息都将会丢失。RAM 在微机中主要用来存放正在执行的程序和临时数据。

衡量内存的常用指标有容量与速度。随着科技的发展，人们对读取速度和存储量需求的不断提高，计算机内存的配置也越来越大，目前已达到 8GB 内存。内存主频和 CPU 主频一样，习惯上被用来表示内存的速度，它代表着该内存所能达到的最高工作频率，目前 1600MHz 的内存受到最多用户的关注。

目前，市场上的内存品牌主要有金士顿（Kingston）、威刚（ADATA）、宇瞻（Apacer）、海盗船（CORSAIR）、金邦（GeIL）、现代（Hyundai）和三星（Samsung）等。图 1-3 所示的是一款容量 8 GB 的金士顿 HyperX 骇客神条套装，频率为 DDR3-1600。

图 1-3　金士顿 HyperX 8GB DDR3-1600 内存

（2）　外存储器

外存储器间接和 CPU 交换信息，存取速度慢，但存取容量大，价格低廉，用来存放暂时不用的数据。内存由于技术及价格上的原因，容量有限，不可能容纳所有的系统软件及各种用户程序，因此，计算机系统都要配置外存储器。外存储器又称为辅助存储器，它的容量一般都比较大，而且大部分可以移动，便于不同计算机之间进行信息交流。在微型计算机中，常用的外存有磁盘、光盘和磁带，磁盘又可以分为硬盘和软盘。

① 硬磁盘

硬磁盘主要用于存放计算机操作系统、各种应用软件和用户数据文件。硬盘分为固态硬盘（SSD）和机械硬盘（HDD）；SSD 采用闪存颗粒来存储，HDD 采用磁性碟片来存储。固态硬盘 SSD（Solid State Disk、IDE FLASH DISK、Serial ATA Flash Disk）在接口规范和定义、功能及使用方法上与普通硬盘完全相同。在产品外形和尺寸上也完全与普通硬盘一致，包括 3.5"，2.5"，1.8"多种类型。由于固态硬盘没有普通硬盘的旋转介质，因而抗震性极佳，同时工作温度很宽，扩展温度的电子硬盘可工作在-45℃～+85℃。广泛应用于军事、车载、工控、视频监控、网络监控、网络终端、电力、医疗、航空、导航设备等领域。

硬盘根据接口类型的不同，又可分为 IDE、SATA 和 SCSI 几种，最常用的是前两种，而 SCSI 接口主要用于服务器。图 1-4 所示的即是一款 SATAII 接口的硬盘。

图 1-4　SATAII 接口的硬盘

衡量硬盘的常用指标有容量、转速、硬盘自带 Cache（缓存）的容量等。容量越大，存储信息量越多；转速越高，存取信息速度越快；Cache 大，计算机整体速度越快。目前微机常用硬盘容量在 250 GB 以上，普通硬盘转速为 5400 转、7200 转，高速硬盘 1 万转，普通硬盘有 16MB 的 Cache，而高速硬盘有 64MB 的 Cache。

② 光盘

光盘的存储介质不同于磁盘，它属于另一类存储器。由于光盘的容量大、存取速度快、不易受干扰等特点，光盘的应用越来越广泛。光盘根据其制造材料和记录信息方式的不同一般分为三类：只读光盘、一次性写入光盘和可擦写光盘，如图 1-5 所示。现在常用的 DVD 刻录机如图 1-6 所示。

图 1-5　各种类型光盘

图 1-6　DVD 刻录机

③ 移动硬盘和 U 盘

移动硬盘和 U 盘是两种可移动的便携式外部存储器，其中 U 盘是采用 Flash Memory（一种半导体存储器）制造的移动存储器，它具有掉电后还能保持数据不丢失的特点。一般将它接在 USB 接口上，所以也叫 U 盘。

两者相比，移动硬盘有容量大的优点，除可以实现数据移动之外，还是好的资料备份工具，图 1-7 所示的是一款纽曼 640 GB 移动硬盘。而 U 盘虽然容量较小，但小巧便携、不易损坏，且样式繁多，深得用户青睐，如图 1-8 所示。

图 1-7　纽曼 640 GB 移动硬盘

图 1-8　纽曼 V9 型 U 盘

### 3. 主板

微机的主板又称为系统板，它是一块长方型的印刷电路板。主板上集成了软盘接口、硬盘接口、并行接口、串行接口、USB（Universal Serial Bus，通用串行总线）接口、AGP（Accelerated Graphics Port，加速图形接口）总线、PCI 总线、ISA 总线和键盘接口等，能够把计算机各个部件紧密地联系在一起。

目前市场上的主板品牌比较多，主要有华硕、Intel、联想、微星和技嘉等品牌，图 1-9 所示的是一款 Intel 公司出品的主板产品。

图 1-9　主板

## 4. 输入设备

计算机处理的用户信息通常是以数字、文字、符号、图形、图像、声音乃至表示各种物理和化学现象的信息等各种各样的形式表示出来的，而计算机所能存储加工的是以二进制代码表示的信息，因此要处理这些外部信息就必须把它们转换成二进制代码的表示形式。计算机的输入设备和输出设备（简称 I/O 设备），就是完成这种转换的工具，最常用的输入设备是键盘和鼠标。

（1）　键盘

目前微型机所配置的标准键盘有 104（或 107）个按键。104 键盘又称 win95 键盘，这种键盘在原来 101 键盘的左右两边、Ctrl 和 Alt 键之间增加了两个 Windows 键和一个属性关联键。107 键盘比 104 键多了睡眠、唤醒、开机等电+源管理键，这 3 个键大部分位于键盘的右上方。其布局如图 1-10 所示，包括数字键、字母键、符号键、控制键和功能键等。

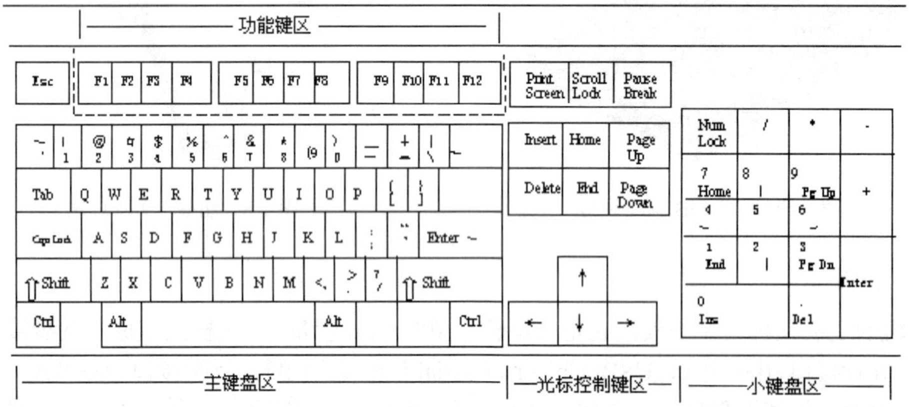


图 1-10　键盘布局

标准键盘的布局分三个区域，即主键盘区、副键盘区和功能键区。主键盘区共有 59 个键，包括数字、符号键（22 个）、字母键（26 个）、控制键（11 个）。副键盘区共有 30 个键，包括光标移动键（4 个）、光标控制键（4 个）、算术运算符键（4 个）、数字键（10 个）、编辑键

（4 个）、数字锁定键、打印屏幕键等。功能键共有 12 个，包括 F1～F12。在功能键中前 6 个键的功能是由系统锁定的，后面的 6 个功能键其功能可根据软件的需要由用户自己定义。副键盘的设置用于对文字录入、文本编辑和光标的移动进行控制，功能的设置和使用，为用户的操作提供了极大的方便。

在键盘的键中，有 4 个“双态键”，它们是：Ins 键（包括“插入状态”和“改写状态”）、Caps Lock 键（包括大写字母状态和锁定状态）、Num Lock 键（包含数字状态和自锁状态）和 Scroll Lock 键（包括滚屏状态和锁定状态）。它们都有状态转换开关，当计算机刚刚启动时，四个双态键都处于第一种状态，所有字母键均固定为小写字母键，再按 Caps Lock 键，指示灯亮，则为大写键；再按该键，指示灯灭，则恢复为小写字母键。

在键盘的键中有 30 个键是“双符”键，即每个键面上有两个字符，如[@/2]、[#/3]等键，主键盘区的双符键由 Shift 键控制，副键盘区的双符键由 Num Lock 键控制。另外，在 101 个键中，键面上只有“A～Z”26 个大写英文字母，若要输入大写英文字母，只需在键入前先按下 Caps Lock 键。这些双符键和大小写字母键的转换，在计算机处于刚刚启动时，各双符键都处于下面的字符和小写英文字母的状态。表 1-1 列出了常用键的功能。

**表 1-1　常用键的功能**

| 键　位 | 功　能 |
|---|---|
| “Back space”退格键 | 删除光标左边的一个字符。主要用来清除当前行输错的字符 |
| “Shift”换挡键 | 要输入大写字母或“双符”键上部的符号时按此键 |
| “Ctrl”控制键 | 常用符号“^”表示。此键与其他键合用，可以完成相应的功能 |
| “Esc”强行退出键 | 按此键后屏幕上显示“\”且光标下移一行，原来一行的错误命令作废，可在新行中输入正确命令 |
| “Tab”制表定位键 | 光标将向右移动一个制表位（一般 8 个字符）的位置。主要用于制表时的光标移动 |
| “Enter”回车键 | 按此键后光标移至下一行行首 |
| “Space”空格键 | 输入一个空格字符 |
| “Alt”组合键 | 它与其他键组合成特殊功能键或复合控制键 |
| “PrintScreen”打印屏幕键 | 用于把屏幕当前显示的内容全部打印出来 |

（2） 鼠标

鼠标（Mouse）是另一种常见的输入设备，从外观上来看常见的是有线鼠标和无线鼠标两种，如图 1-11 所示。它与显示器相配合，可以方便、准确地移动显示器上的光标，并通过按击，选取光标所指的内容。鼠标器按其按钮个数可以分为两键鼠标（PC 鼠标）和三键鼠标（MS 鼠标）；按感应位移变化的方式可以分为机械鼠标、光学鼠标和光学机械鼠标。

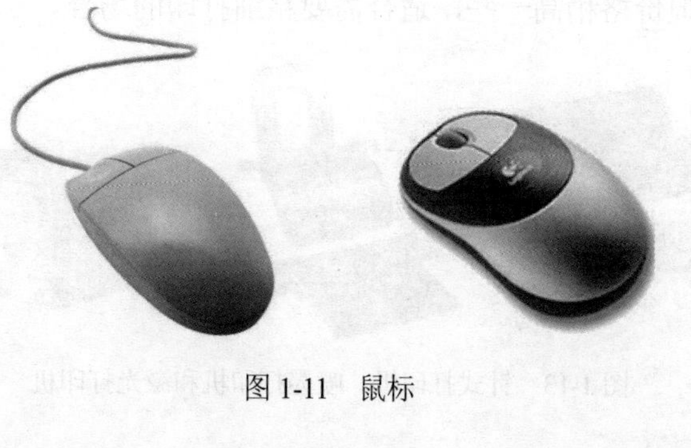

图 1-11　鼠标

### 5. 输出设备

输出设备则将计算机内部以二进制代码形式表示的信息转换为用户所需要并能识别的形式，如十进制数字、文字、符号、图形、图像、声音，或者其他系统所能接受的信息形式，输出出来。在微型机系统中，主要的输出系统是显示器、打印机等。

（1） 显示器

显示器是一种输出设备，其作用是将主机发出的电信号转换为光信号，并最终将字符、图形或图像显示出来。目前最常见的显示器有发光二极管显示器（LED）和液晶显示器（LCD），如图 1-12 所示。

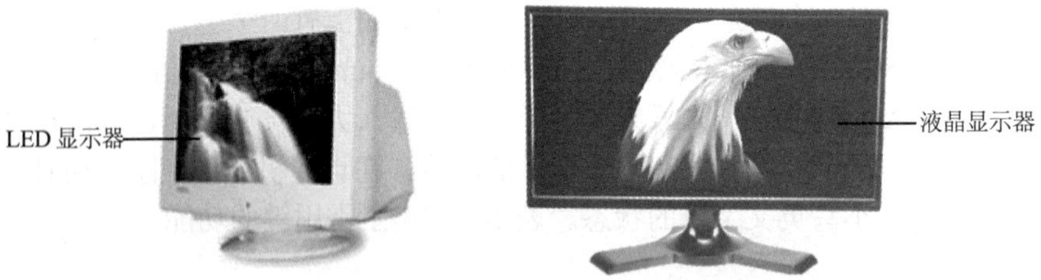


图 1-12 显示器

影响显示器的主要指标有屏幕尺寸、点距、分辨率、刷新率等。分辨率 1024×768 表示每屏显示的水平扫描线有 768 条，每条扫描线上有 1024 个光点。每秒刷新屏幕的次数称为刷新率，单位为 Hz，如 19′LED 显示器为 75kHz。

显示器是通过显示适配器（简称显卡）与主机相连的，显示器必须与显卡匹配。显示器的质量和显卡的能力决定了显示的清晰与否。显卡有核芯显卡、集成显卡和独立显卡三类，独立显卡接口分 PCI、AGP 和 PCI-E。显示芯片是显卡的核心芯片，它的性能好坏直接决定了显卡性能的好坏，现在主流的显示芯片市场基本上被 AMD-ATI 和 NVIDIA 霸占。显存是用来存储要处理的图形信息的部件，其性能与容量对显卡性能影响很大，目前流行的显卡品牌有华硕、讯景、七彩虹等。

（2） 打印机

打印机主要有针式打印机、喷墨打印机和激光打印机等，如图 1-13 所示。打印机的技术指标主要有打印速度、印字质量、打印噪声等，针式打印机速度慢，噪声大，但在专用场合很有优势，如票据打印、多联打印等，并且它的耗材便宜，常为银行等办公单位所用。喷墨打印机价格便宜、体积小、噪声低、打印质量高，但对纸张要求高、墨水消耗量大，适于家庭购买。激光打印机是激光技术和电子照相技术的复合物，印字质量高，字符光滑美观，打印速度快，噪声小，但价格稍高一些，适合需要精细打印的场合。

图 1-13 针式打印机、喷墨打印机和激光打印机

### 6. 多媒体计算机的硬件设备

多媒体包括文本、图形、静态图像、声音、动画、视频剪辑等基本要素，在一台普通计算机上添加一些多媒体硬件，如光驱、声卡、视频卡等就可以组成一台多媒体计算机（Multimedia Personal Computer，MPC）。多媒体计算机能够编辑和播放声音、视频片段、录像、动画、图像或文本，并且可以控制诸如光驱、MIDI 合成器、录像机、摄像机等外围设备。

（1） 声卡

声卡又称音频卡（Audio Card），用于处理音频媒体信息的输入输出，是一项重要的多媒体设备。现在的主板大都集成声音处理芯片，一般不需要安装独立声卡，但以前采用的则多是独立声卡。为了支持声音的采集与播放，与声卡相配套的硬件还有麦克风和音箱，如图 1-14 所示。

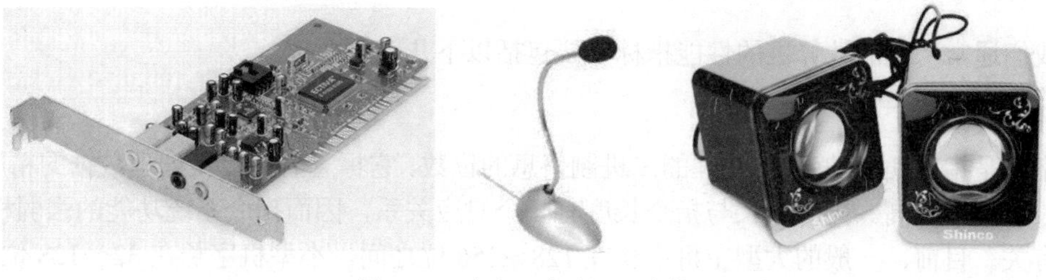

图 1-14 声卡、麦克风和音箱

（2） 扫描仪

扫描仪（Scanner）是一个典型的图像输入设备，它可以将照片、图片、图形输入到计算机中，并转换成图像文件存储于硬盘。扫描仪的主要技术参数是分辨率，用每英寸的检测点数表示，其单位是 DPI。一般的扫描仪的分辨率为 600DPI。图 1-15 所示的是一款明基 k708 平板式扫描仪。

图 1-15 扫描仪

（3） 数码设备

越来越多的数码设备如 MP3 播放器、数码照相机、数码摄像机等能够直接与计算机相连，从而可以方便地将数据从这些设备中导入到计算机硬盘中，然后用户还可以用软件对音频或视频进行编辑，制作成精美的 DV（数码影像）和电子相册。此外，在多媒体教学和商务会议中，还经常使用投影仪来进行播放和演示，计算机的功能和应用也因此越来越强了。图 1-16 中所示的依次是 MP3 播放器、数码照相机、数码摄像机和投影仪。

图 1-16　MP3 播放器、数码照相机、数码摄像机和投影机

（4）　视频捕获卡

视频捕获卡是视频媒体信息的输入设备，它可以将电视、摄影机和录像的视频信号输入到计算机中，使用户可以将视频片段录制到硬盘上。视频片段一般以 AVI（Audio Video Interleaved）格式的文件存放。

### （二）微机的性能指标

我们通常所说的计算机的性能指标主要包括以下几个方面：

#### 1.　字长

字长是指 CPU 能够直接处理的二进制信息的位数。它标志着计算机处理数据的精度，字长越长，精度越高。同时字长与指令长度有一个对应关系，因而指令系统功能的强弱程度与字长有关。目前，一般的大型主机字长在 128～256 位之间，小型机字长在 32～128 位之间，微型机字长在 16～64 位之间。

#### 2.　内存容量

任何程序和数据的存取都要通过内存，内存容量的大小反映了存储程序和数据的能力，从而反映了信息处理能力的强弱。存储容量越大，所运行的软件越丰富。

#### 3.　主频

主频是指 CPU 的时钟频率，即 CPU 在单位时间（秒）内所发出的脉冲数，它在很大程度上决定了计算机的运算速度。主频的单位是 GHz，1GHz=$10^6$Hz。如 Intel 酷睿 i7 3770K 的主频为 3.5 GHz、AMD FX 8150 的主频为 3.6 GHz。

#### 4.　运算速度

计算机的运算速度用每秒钟可以执行的百万条指令数（MIPS）来衡量，AMD FX 8150 的运算速度可达 2000 MIPS 以上。

## 任务 2　计算机硬件的安装与配置

学习完计算机的基础知识，下面开始组装个人计算机。需要注意的是：第一，无论安装什么配件，切记不能接通系统电源；第二，装机前要释放人体上的静电，以免在组装计算机的时候击穿配件，可以在装机前洗手或摸一下金属物或带上防静电手套；第三，不要将配件插错或者插反，任何配件都能轻松插入插槽中，如果不能，请注意配件的缺口是否对应上插槽的缺口。

#### 1.　观察主板布局

组装硬件之前要查看主板布局并设置相关的主板跳线。主板布局如图 1-17 所示。

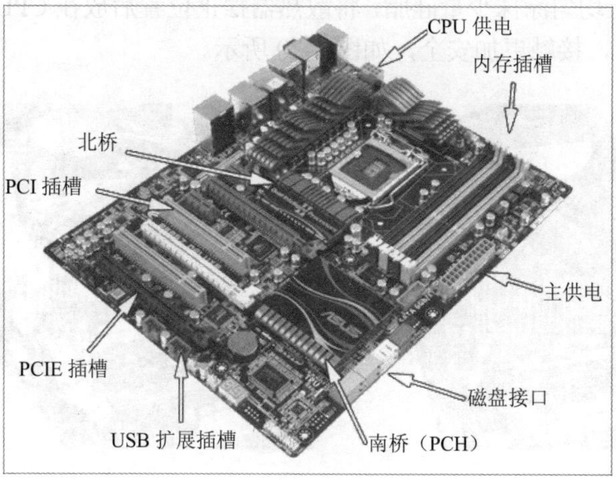


图 1-17　主板布局

## 2. 安装 CPU

CPU 的安装方法可归纳为看、放、压、粘、扣、插 6 个步骤。

看：观察 CPU 引脚面上缺针的位置和 Socket 插座上缺孔的位置。

放：将插座旁的锁杆板柄向外拨开，使之与插座脱钩；向上抬起板柄，使之与插座呈 90°角；CPU 缺针处对准插座缺孔处，将 CPU 平稳放入插座中，如图 1-18 所示。

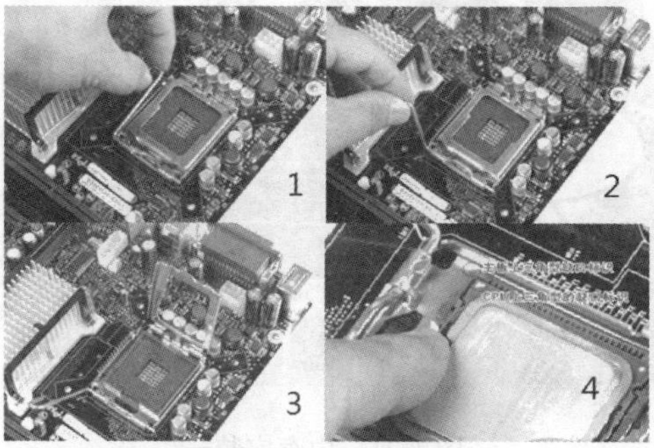


图 1-18　CPU 安装一

压：将板柄下压并锁杆，如图 1-19 所示。

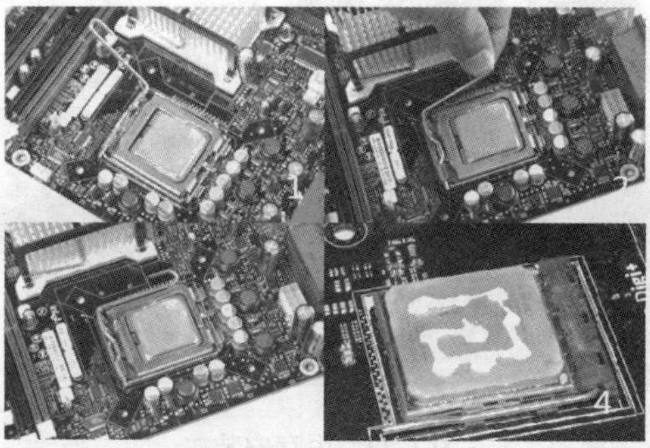


图 1-19　CPU 安装二

粘：在 CPU 面上均匀涂抹少量硅脂，将散热器摆正位置后放在 CPU 上左右扭动散热器，让硅脂分布更加均匀，接触更加安全，如图 1-20 所示。

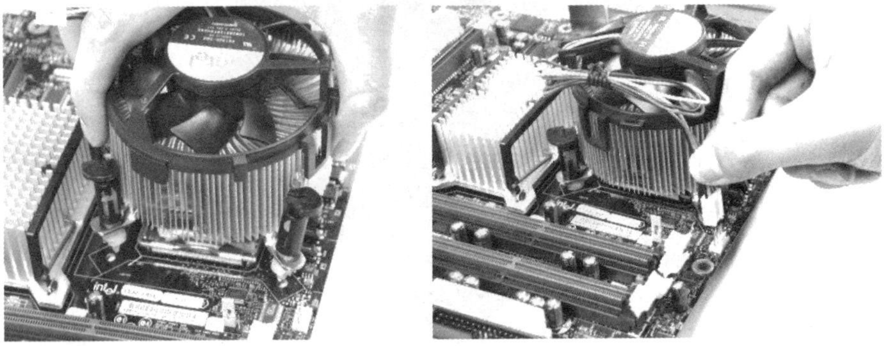

图 1-20　CPU 安装三

扣：将没有扶手的散热器一侧扣具先勾在插座旁的塑料钩上，然后用手指或尖嘴钳或螺丝刀将扣具另一头下压扣入塑料钩。

插：将 CPU 风扇的电源插头插接到主板上 Socket 插座旁 3 针 CPU 风扇电源插座上。

### 3. 安装内存条

（1） 用手指将内存插槽两侧的卡齿左右扳开。内存插槽如图 1-21 所示。

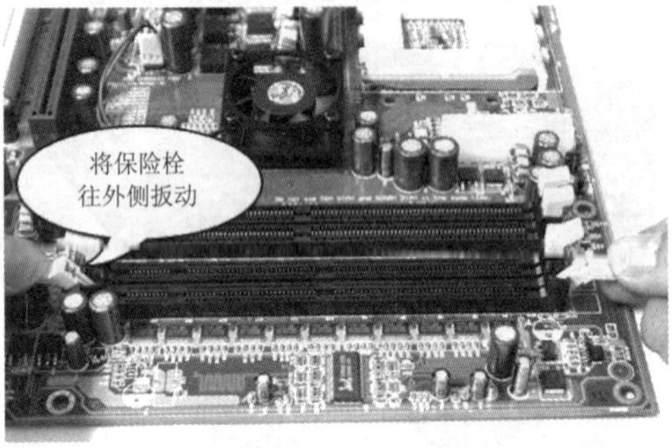


图 1-21　内存安装一

（2） 内存条金手指上的凹槽对准插槽凸起，将内存条垂直放入插槽，如图 1-22 所示。

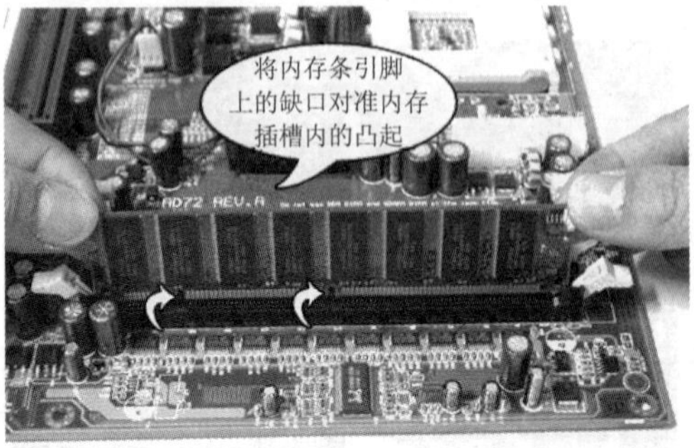


图 1-22　内存安装二

（3） 两手拇指同时用力将内存条下压，直至插槽两侧的卡齿自动弹起并卡住内存条两侧的缺口为止，如图 1-23 所示。

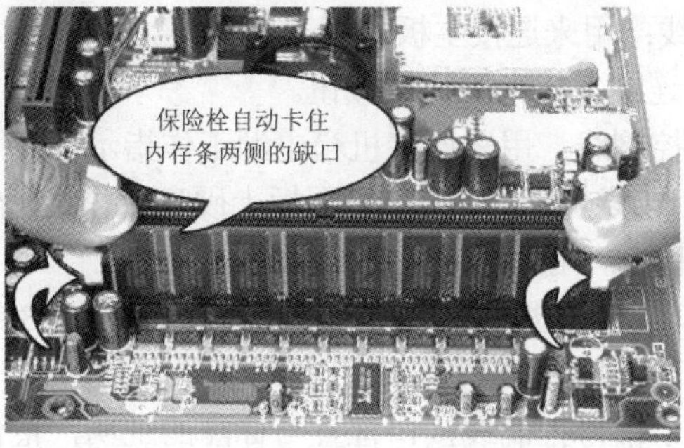


图 1-23 内存安装三

### 4. 光驱与硬盘数据线的接入

先在机箱内相应的位置固定好各驱动器，然后将 SATA 数据线的一端插入光驱或硬盘的数据线接口中，另一端分别在 SATA1 和 SATA2 插座上插接数据线，如图 1-24 所示。

图 1-24 硬盘安装

### 5. 固定主板

将主板 I/O 接口对齐机箱后面板预留孔、主板螺孔对准机箱底板螺栓，拧紧各个螺钉。

### 6. 机箱内电源线的连接

（1） 将主电源线的 24 针接口接到主板的电源插槽上。

（2） 从主线电源线上选择离光驱较近的一个 D 形插头插入光驱的电源接口中。目前光驱所采用的电源插头是通用的 D 形插头，采用了防反插的设计。

（3） 以前老式的 IDE 硬盘电源接法与光驱电源接法是相同的，如果硬盘为 SATA 硬盘，就需要从主电源线中找出 SATA 硬盘的专用电源插头。

（4） 将主机电源提供的 4 针 CPU 电源插头插接到主板相应插座上。

### 7. 安装并固定主机电源

在装机前，为了不妨碍其他部件的安插，通常先将主机电源从机箱内部卸下，搁置一旁。主板电源插头插好，不影响其他部件安装时，再将电源安装并固定到机箱的电源托架上。

## 8. 连接信号线

信号控制线能够帮助用户及时了解主机的运行状况。信号控制线主要用于以下几方面。

（1） POWER 控制线：用来连接主板电源开关按钮。

（2） RESET：用来连接主板电源复位按钮。

（3） POWER LED 控制线：用来连接机箱电源工作指示灯。

（4） H.D.D LED 控制线：用来连接机箱面板上硬盘工作指示灯。

（5） SPEAKER 控制线：用来连接主机蜂鸣器。

（6） 前置 USB 接口线：根据主板上的标志，将前置的 USB 线依次接入主板接口上。注意不要接反，否则很有可能烧坏 U 盘。

最后，查阅主板上关于信号控制线接口位置与标注的说明，把信号线连接到面板插针位置，如图 1-25 所示。

图 1-25　主板信号线连接

## 9. 在主板上安插并固定 I/O 扩展卡

（1） 用螺丝刀卸下主板插槽对应的机箱后面板内侧金属挡板。

（2） 将显卡、声卡、网卡等 I/O 扩展卡对准相应插槽分别插在主板上，并用螺钉固定，如图 1-26 所示。

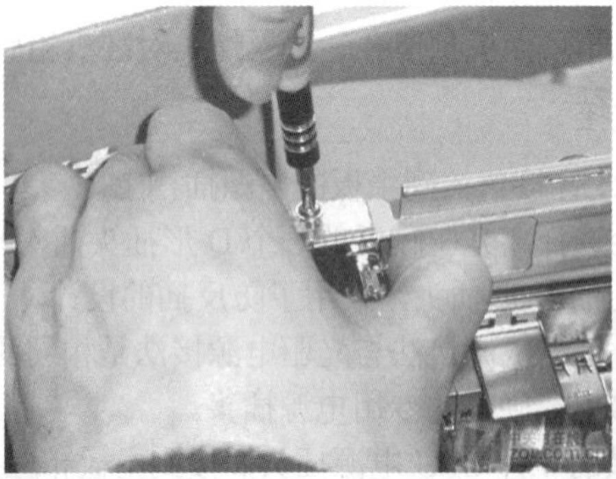

图 1-26　固定扩展卡

## 10. 机箱背面接口

主机组装好后，需要连接上输入、输出设备，方能与人产生交互。

由于各种设备接口的大小或者颜色都会有所不同，较为容易连接上，在这里不做介绍。

## 任务 3 计算机操作系统的安装与配置

本任务将会为计算机安装 Windows 7 操作系统，首先启动计算机，进入 BIOS，将光盘设置为第一启动盘，将系统盘放入光驱中，保存 BIOS 设置并重启计算机；接着根据加载界面的提示完成系统安装；最后安装相关硬件的驱动程序。具体步骤如下：

（1） 打开光驱，将事先准备好的系统光盘放入光驱中，然后重启计算机。

（2） 刚启动计算机时，在黑屏底部出现：press DEL to enter setup（不同的主板进入 BIOS 的方式不一样，请参看主板说明）时立即按键盘上的 Delete 键，就可以进入设置画面。在加载的界面用键盘方向键依次选择“Advanced BIOS Features→First boot device”，按 Enter 键后，将第一个启动项改为“CDROM”然后按 Enter 键。同样的做法，将第二启动项设置为“HARD DISK”从硬盘启动，安装好系统后可不用再设置“BIOS”了，如图 1-27 所示。设置好 BIOS 后，按 Esc 键返回到初始界面，选择“save&Esit setup”命令后按 Enter 键，弹出确认对话框，选择 yes 并按 Enter 键。

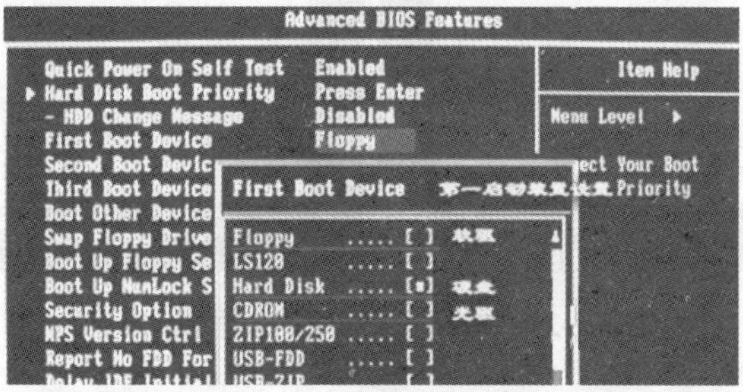


图 1-27 BIOS 设置界面

（3） 计算机重启后，进入到初始安装文件加载界面，然后就会出现选择语言的界面，如图 1-28 所示。按照使用习惯设置相应的选项，单击“下一步”按钮。

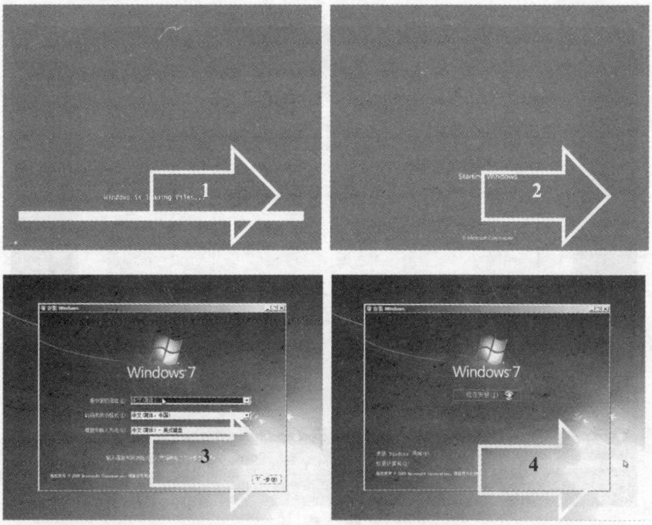


图 1-28 Windows 7 安装过程界面一

（4） 下面开始了安装的实质步骤。最好选择安装更新，不过这需要一些时间，而且如果不联网还不一定能安装成功。所以，选择第二个也是可以的。许可条款，必须选择同意，因为如果不同意将没法开始下一步的安装，如图 1-29 所示。

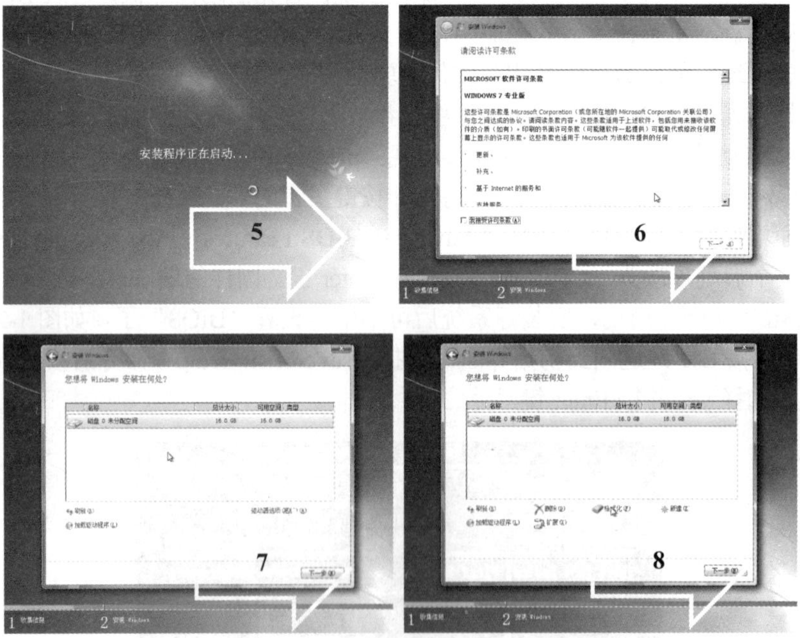


图 1-29 Windows 7 安装过程界面二

（5） 由于我们是全新安装，单击“自定义（高级）”选项。

（6） 接下来我们要为 Windows 7 选择安装的硬盘分区了，此处可以看到计算机的硬盘分区情况。单击图 1-30 中的“驱动器选项（高级）”，可以对磁盘进行更多的操作，如删除分区、格式化等。

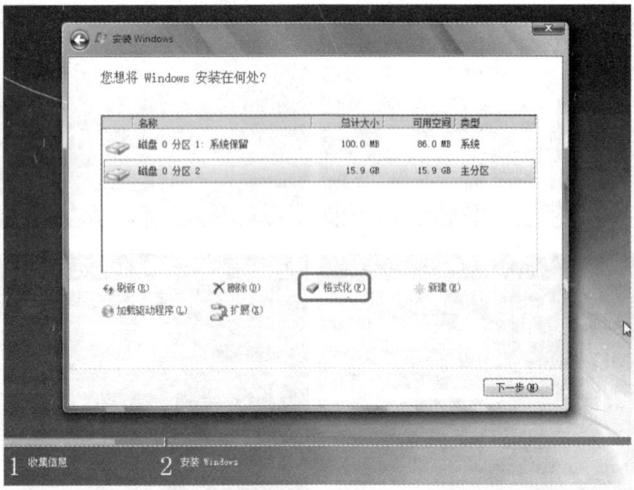


图 1-30 Windows 7 安装过程界面三

（7） 我们准备将操作系统安装在 C 盘上，由于是全新安装不想 C 盘下有其他的文件，所以选择“分区 1”，再单击“格式化”。

（8） 系统弹出警告窗口，如果格式化此分区，此分区上的数据将丢失。如果 C 盘没有资料需要备份，则单击“确定”按钮，如图 1-31 所示。格式化完成后，单击“下一步”按钮。

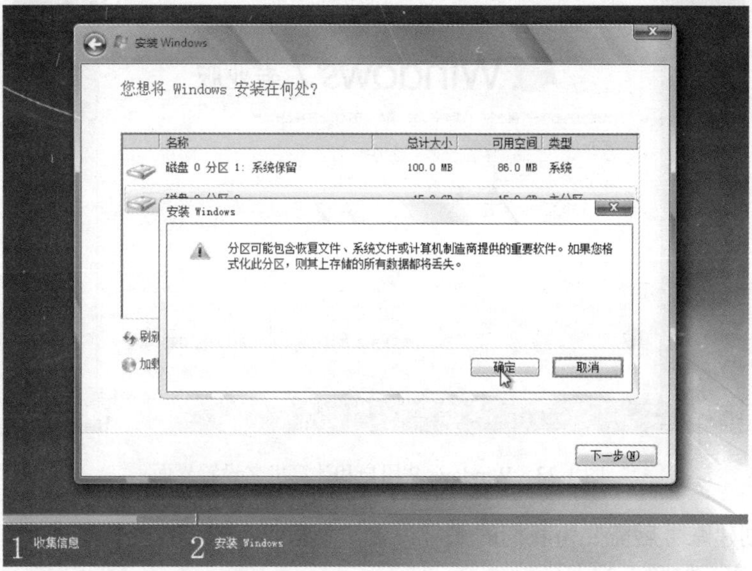


图 1-31 Windows 7 安装过程界面四

（9） 开始安装 Windows 7 系统，在安装过程中，系统可能会有几次重启，但所有的过程都是自动的，并不需要我们进行任何操作。Windows 7 的安装速度非常快，通常一台主流配置的计算机在经过 20 分钟左右的时间就能够安装完成了，如图 1-32 所示。

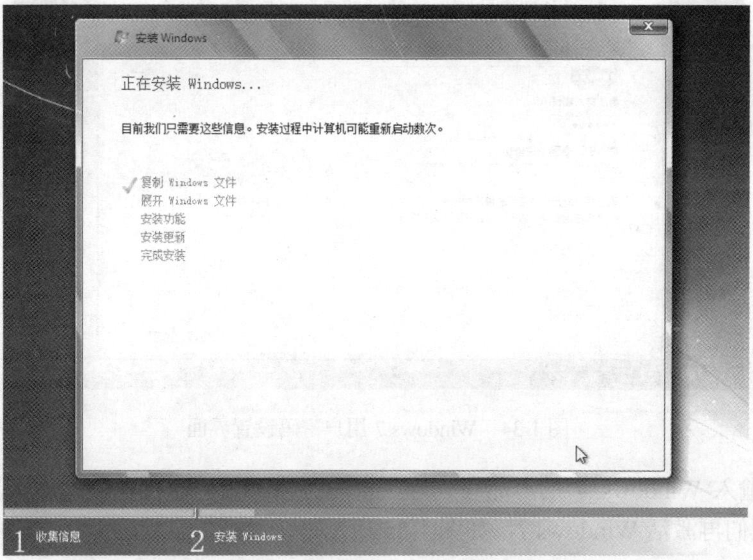


图 1-32 Windows 7 安装过程界面五

（10） 对即将安装完成的 Windows 7 进行基本设置，首先系统会邀请我们为自己创建一个账号，以及设置计算机名称，完成后单击“下一步”按钮，如图 1-33 所示。

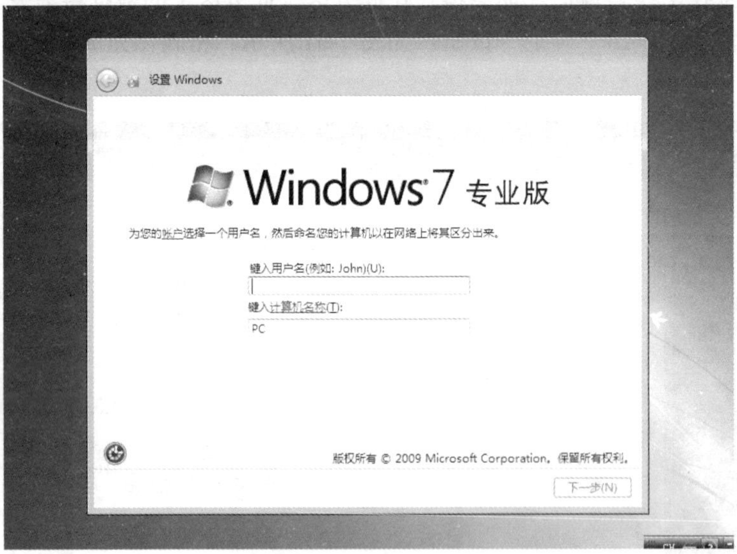


图 1-33 Windows 7 用户和计算机名设置界面

（11） 创建账号后需要为我们的账号设置一个密码，也可以直接单击“下一步”按钮，这样密码即为空，如图 1-34 所示。

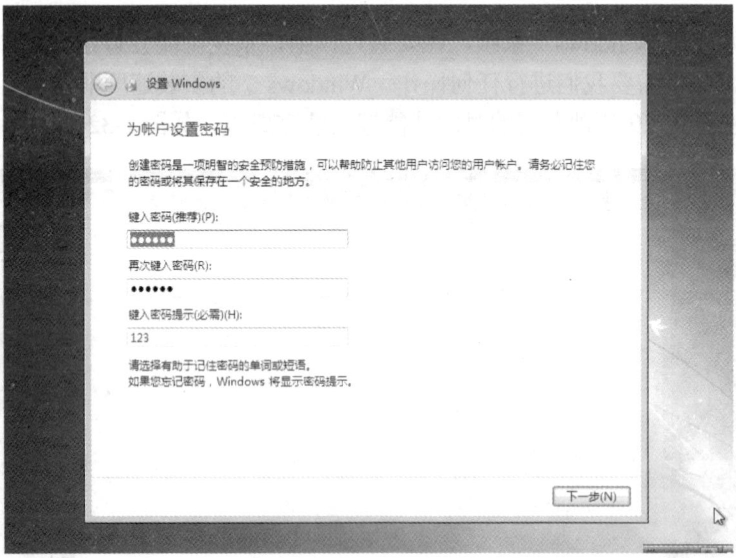


图 1-34 Windows 7 用户密码设置界面

（12） 输入 Windows 7 的产品序列号，暂时可以不填，直接单击“下一步”按钮，等安装完成后我们再激活 Windows 7，如图 1-35 所示。

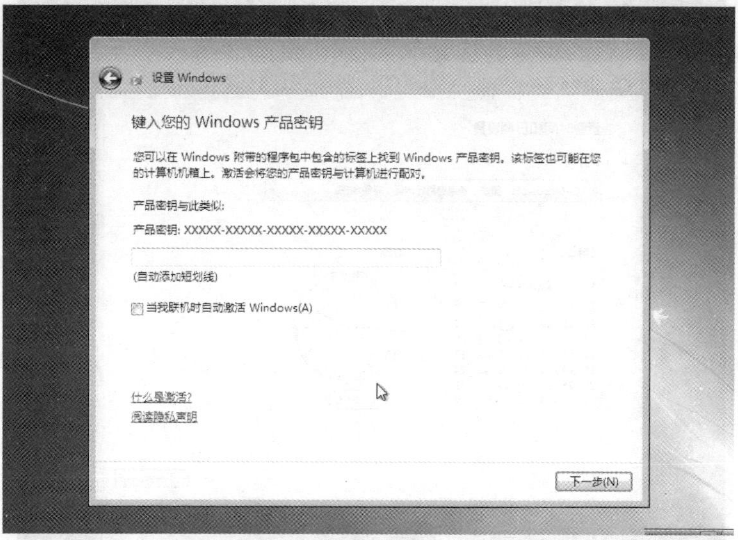


图 1-35　Windows 7 产品密码输入界面

（13） 接下来选择 Windows 自动更新的方式，建议大家选择“使用推荐设置”来确保 Windows 系统的安全，如图 1-36 所示。

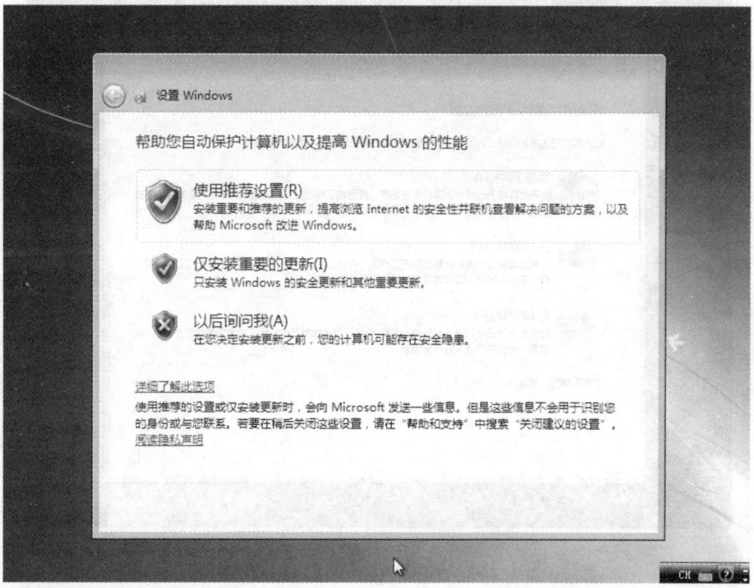


图 1-36　Windows 7 更新方式设置界面

（14） 时区就是我们所使用的北京时间，校对过时间和日期后，单击“下一步”按钮继续，如图 1-37 所示。

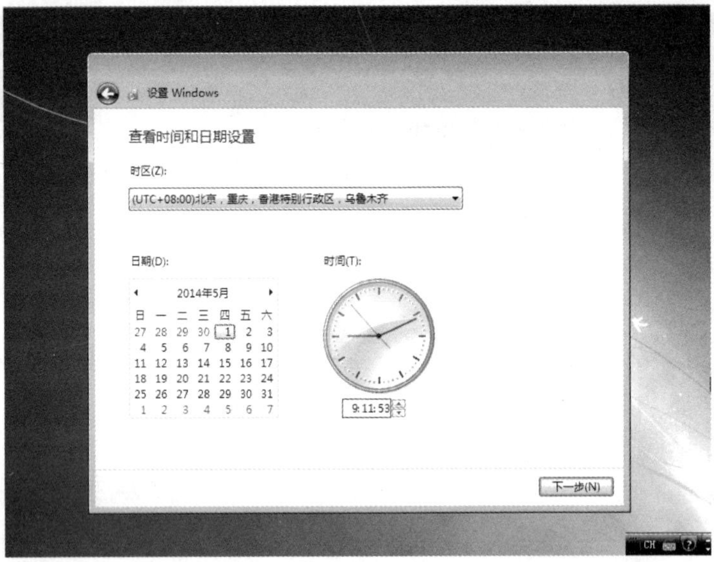


图 1-37　Windows 7 日期和时间设置界面

（15） 如果你的计算机已经连接在网络上，最后需要我们设置的就是当前网络所处的位置，不同的位置会让 Windows 防火墙产生不同的配置，如图 1-38 所示。

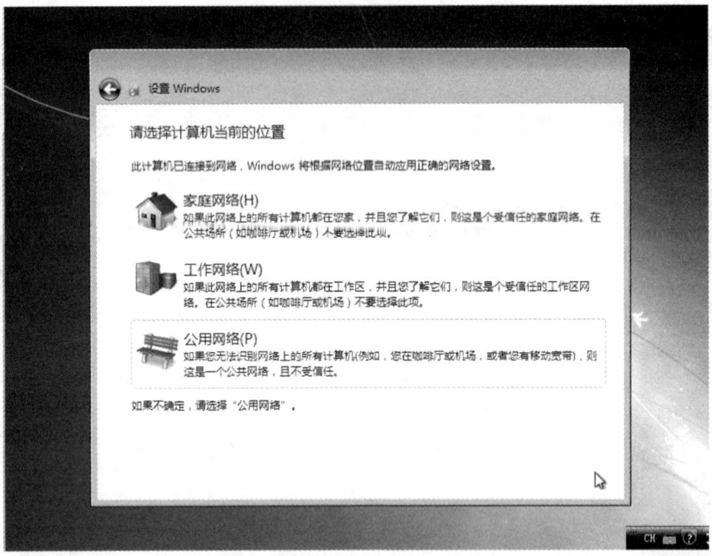


图 1-38　Windows 7 网络设置界面

（16） 设置完毕，等待进入桌面。

（17） 若是需要安装驱动的，请准备好自己买计算机时带的驱动光盘，一般的主要驱动有：显卡驱动、声卡驱动和网卡驱动。

**【知识链接】**

计算机软件系统

软件是指程序、数据和相关文档的集合。以计算机可以识别和执行的操作表示的处理步骤称为程序。文档是指用自然语言或者形式化语言所编写的用来描述程序的内容、组成、设计、功能规格、开发情况、测试结构和使用方法的文字资料和图表，例如程序设计说明书、流程图、用户手册等。

从第一台计算机上第一个程序出现到现在，计算机软件已经发展成为一个庞大的系统。从应用的观点看，软件可以分为三类，即系统软件、支撑软件和应用软件，如图 1-39 所示。

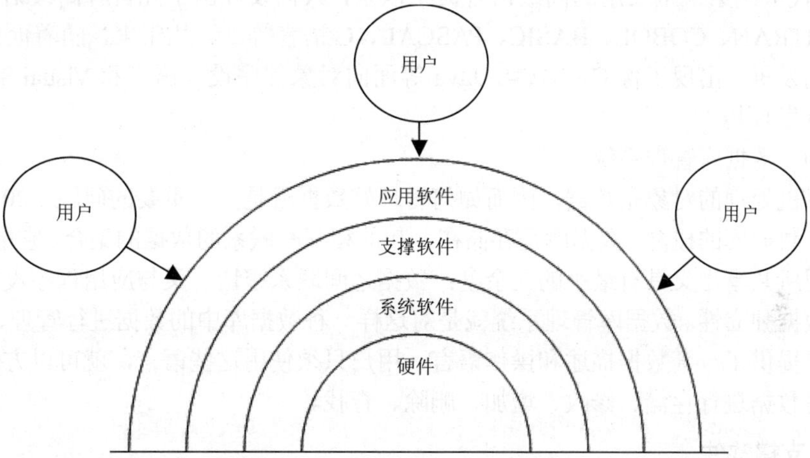


图 1-39　软件系统结构示意图

1. 系统软件

系统软件是计算机系统中最靠近硬件的软件。它与具体的应用无关，其他软件一般都是通过系统软件发挥作用的。系统软件的功能主要是对计算机硬件和软件进行管理，以充分发挥这些设备的效力，方便用户的使用。系统软件一般包括操作系统、语言处理程序、数据库管理系统等。

（1） 操作系统

操作系统是最基本、最重要的系统软件。它负责管理计算机系统的全部软件资源和硬件资源，合理地组织计算机各部分协调工作，为用户提供操作界面。常用的操作系统有 UNIX、Linux、Mac OS 和 Windows XP、Windows 7/8/10、Windows 2012 等。我们将在模块 2 详细介绍 Windows 7 操作系统。

（2） 计算机语言

人与计算机交流信息所使用的语言称为计算机语言或程序设计语言。计算机语言可分为机器语言、汇编语言和高级语言三类。

机器语言是以二进制代码形式表示的机器基本指令的集合，是计算机硬件唯一可以直接识别和执行的语言。它的特点是运算速度快，每条指令都是 0 和 1 的代码串，指令代码包括操作码与地址码，且不同计算机其机器语言不同，难阅读，难修改。

汇编语言是为了解决机器语言难于理解和记忆，用名称和符号表示的机器指令。汇编语言虽比机器语言直观，对同一问题编写的程序在不同类型的机器上仍然是互不通用的。

机器语言和汇编语言都是面向机器的低级语言，其特点是与特定的机器有关，工作效率高，但与人们思考问题和描述问题的方法相距太远，使用繁琐、费时，易出差错，对使用者要求熟悉计算机的内部细节，非专业的普通用户很难使用。

高级语言解决了低级语言的不足，它是由一些接近于自然语言和数学语言的语句组成的。因此，更接近于要解决的问题的表示方法并在一定程度上与机器无关，用高级语言编写程序，接近于自然语言与数学语言，易学、易用、易维护。但是由于机器硬件不能直接识别高级语言中的语句，因此必须将高级语言程序翻译成机器语言程序才能执行。从 20 世纪 50 年代中期第一个实用的高级语言诞生以来，人们设计出了几百种高级语言，最常用的有：FORTRAN、COBOL、BASIC、PASCAL、C 语言等。近几年来，随着面向对象和可视化技术的发展，出现了像 C++，C#，Java 等面向对象程序设计语言和 Visual Studio，Eclipse 等集成开发环境。

（3） 数据库管理系统

计算机处理的对象是数据，因而如何管理好数据就是一个重要的问题。20 世纪 60 年代末提出了数据库的概念。数据库是存储在一起的相互有联系的数据的集合。它能为多个用户、多种应用所共享，又具有最小的冗余度；数据之间联系密切，又与应用程序没有联系，具有较高的数据独立性。数据库管理系统就是对这样一种数据库中的数据进行管理、控制的软件。它为用户提供了一套数据描述和操作语言，用户只须使用这些语言，就可以方便地建立数据库，并对数据进行存储、修改、增加、删除、查找。

### 2. 支撑软件

支撑软件是支持其他软件的编制和维护的软件。随着计算机应用的发展，软件的编制和维护在整个计算机系统中所占的比重已远远超过硬件。从提高软件的生产率，保证软件的正确性、可靠性和易于维护来看，支撑软件在软件开发中占有重要地位。广义地讲，可以把操作系统看作支撑软件，或者把支撑软件看作是系统软件的一部分。但是随着支持大型软件开发而在 20 世纪 70 年代后期发展起来的软件支撑环境已和原来意义下的系统软件有很大的不同，它主要包括环境数据库和各种工具，例如测试工具、编辑工具、项目管理工具、数据流图编辑器、语言转换工具、界面生成工具等。

### 3. 应用软件

应用软件是为计算机在特定领域中的应用而开发的专用软件，例如文字处理软件、表格处理软件、绘图软件、各种管理信息系统、飞机订票系统、地理信息系统、CAD 系统等。应用软件包括的范围是极其广泛的，可以这样说，哪里有计算机应用，哪里就有应用软件。我们将在模块 3 介绍文字处理软件 Word 2010，在模块 4 介绍表格处理软件 Excel 2010，在模块 5 介绍演示文稿制作软件 PowerPoint 2010 的使用。

应当指出，软件的分类并不是绝对的，而是相互交叉和变化的。例如系统软件和支撑软件之间就没有绝对的界限，所以习惯上也把软件分为两大类，即系统软件和应用软件。

## 实训项目　选购配置个人计算机

### 1. 实训目标

（1） 了解个人计算机各个部件性能指标，掌握各个部件的选购技巧。

（2） 了解个人计算机主要部件搭配原则，熟悉组装流程。

（3） 学会独立选配一台适合自己使用的个人计算机。

2. 实训要求

（1） 通过网络了解当前主流个人计算机各个部件性能、品牌和价格，借助各大 IT 门户网站提供的模拟攒机平台按自己的需求进行模拟攒机，制定配置单。

（2） 到学校附近的电脑市场实地了解市场上个人计算机各个主流部件性能、品牌和价格，并与商家沟通了解更多信息。

（3） 根据多方信息，为自己配置一台经济适用的个人计算机。

3. 相关知识点

（1） 微型计算机的硬件系统。

（2） 多媒体计算机的硬件设备。

## 案例二 计算机系统安全与维护

【任务描述】

晓明使用的计算机现在经常出现“计算机的文件无法打开”、“计算机慢了很多”、“U 盘的文件不见了”等问题。IT 主管建议他们日常做好计算机硬件和软件的维护，具体内容如下：

- 计算机病毒的防治。
- 计算机硬件和软件的日常维护。

【任务分析】

计算机是人们日常使用的智能化工具，如果操作不当、系统参数设置不对、人为干扰（如计算机病毒）等会造成计算机不能正常工作。为了提高计算机使用效率和延长计算机使用寿命，经常对其进行维护是必要的。计算机维护主要体现在两个方面：一是硬件维护；二是软件维护。

当计算机感染病毒之后，应该使用杀毒软件进行病毒治疗。但病毒治疗是一个被动的过程，只有在发现病毒并进行研究以后，才可能找到相应的方法，所以，病毒的防治重点应放在预防上。

【实施方案】

### 任务 1 计算机病毒的防治

1. 下载 360 安全卫士和 360 杀毒软件

奇虎 360 是一款免费的安全软件，它自一开始就以优质的服务免费服务于大众，因此赢得了大批忠实的用户，它包含 360 安全卫士和 360 杀毒软件两大组件，其中安全卫士还集成了电脑体检、木马查杀、系统修复、清理垃圾等诸多功能。可以在 360 官网下载 360 安全卫士和 360 杀毒软件到本地计算机并安装，官网地址是 http://www.360.com。

2. 运行 360 安全卫士

（1）运行 360 安全卫士进行安全体检等各项安全修复功能，弹出的界面如图 1-40 所示。

图 1-40　360 安全卫士运行界面

（2）　运行 360 杀毒进行计算机病毒检测与查杀，弹出的界面如图 1-41 所示。

图 1-41　360 杀毒运行界面

【知识链接】

## 1. 计算机病毒概念和特征

“计算机病毒”为什么叫做病毒？首先，与医学上的“病毒”不同，它不是天然存在的，是某些人利用计算机软、硬件所固有的脆弱性，而编制的具有特殊功能的程序。其能通过某种途径潜伏在计算机存储介质（或程序）里，当达到某种条件时即被激活，它用修改其他程序的方法将自己的精确备件或者可能演化的形式放入其他程序中，从而感染它们，对计算机资源进行破坏。1994 年 2 月 18 日，我国正式颁布实施了《中华人民共和国计算机信息系统安全保护条例》，在《条例》第二十八条中明确指出：“计算机病毒，是指编制或者在计算机程序中插入的破坏计算机功能或者毁坏数据，影响计算机使用，并能自我复制的一组计算机指令或者程序代码。”

病毒具有传染性、非授权性、隐蔽性、潜伏性、破坏性、不可预见性的如下特征：

（1） 传染性

计算机病毒的传染性是指病毒具有把自身复制到其他程序中的特性。计算机病毒是一段人为编制的计算机程序代码，这段程序代码一旦进入计算机并得以执行，它会搜寻其他符合其传染条件的程序或存储介质，确定目标后再将自身代码插入其中，达到自我繁殖的目的。只要一台计算机染毒，如不及时处理，那么病毒会在这台机子上迅速扩散，其中的大量文件（一般是可执行文件）会被感染。而被感染的文件又成了新的传染源，再与其他机器进行数据交换或通过网络接触，病毒会继续进行传染。

（2） 非授权性

一般正常的程序是由用户调用，再由系统分配资源，完成用户交给的任务。其目的对用户是可见的、透明的。而病毒具有正常程序的一切特性，它隐藏在正常程序中，当用户调用正常程序时窃取到系统的控制权，先于正常程序执行，病毒的动作、目的对用户是未知的，是未经用户允许的。

（3） 隐蔽性

大部分病毒的代码之所以设计得非常短小，也是为了隐藏。病毒一般只有几百或 1K 字节，而 PC 对 DOS 文件的存取速度可达每秒几百 KB 以上，所以病毒转瞬之间便可将这短短的几百字节附着到正常程序之中，使人非常不易被察觉。

（4） 潜伏性

大部分的病毒感染系统之后一般不会马上发作，它可长期隐藏在系统中，只有在满足其特定条件时才启动其表现（破坏）模块。只有这样它才可进行广泛的传播。如“PETER-2”在每年 2 月 27 日会提三个问题，答错后会将硬盘加密。著名的“黑色星期五”在逢 13 号的星期五发作。国内的“上海一号”会在每年三、六、九月的 13 日发作。当然，最令人难忘的便是 26 日发作的 CIH。这些病毒在平时会隐藏得很好，只有在发作日才会露出本来面目。

（5） 破坏性

任何病毒只要侵入系统，都会对系统及应用程序产生程度不同的影响。轻者会降低计算机工作效率，占用系统资源，重者可导致系统崩溃。由此特性可将病毒分为良性病毒与恶性病毒。良性病毒可能只显示些画面或出点音乐、无聊的语句，或者根本没有任何破坏动作，但会占用系统资源。这类病毒较多，如：GENP、小球、W-BOOT 等。恶性病毒则有明确的目的，如破坏数据、删除文件或加密磁盘、格式化磁盘，有的对数据造成不可挽回的破坏。这也反映出病毒编制者的险恶用心。

（6） 不可预见性

从对病毒的检测方面来看，病毒还有不可预见性。不同种类的病毒，它们的代码千差万别，但有些操作是共有的（如驻内存，改中断）。有些人利用病毒的这种共性，制作了声称可查所有病毒的程序。这种程序的确可查出一些新病毒，但由于目前的软件种类极其丰富，且某些正常程序也使用了类似病毒的操作甚至借鉴了某些病毒的技术，使用这种方法对病毒进行检测势必会造成较多的误报情况。而且病毒的制作技术也在不断的提高，病毒对反病毒软件永远是超前的。

### 2. 病毒起源与产生

最早由冯・诺伊曼提出一种可能性——现在称为病毒，但没引起注意。1983 年，弗雷德・科恩（FRED COHEN）博士研制出一种在运行过程中可以复制自身的破坏性程序，在 VAX11/750 计算机系统上运行实验成功，从而在实验上验证了计算机病毒的存在。1988 年 11 月 2 日，美国六千多台计算机被病毒感染，造成 Internet 不能正常运行，迫使美国政府立即做出反应，国防部成立了计算机应急行动小组。这次事件中遭受攻击的包括 5 个计算机中心和 12 个地区结点，连接着政府、大学、研究所和拥有政府合同的 250,000 台计算机。这次病毒事件，计算机系统直接经济损失达 9600 万美元。这个病毒程序设计者是罗伯特・莫里斯（ROBERT T.MORRIS），当年 23 岁，是在康乃尔（CORNELL）大学攻读学位的研究生。1988 年底，在我国的国家统计部门发现小球病毒。

计算机病毒的产生是计算机技术和以计算机为核心的社会信息化进程发展到一定阶段的必然产物。其产生的过程可分为：程序设计—传播—潜伏—触发、运行—实行攻击。究其产生的原因不外乎以下几种：

（1） 一些计算机爱好者出于好奇或兴趣，也有的是为了满足自己的表现欲，而此种程序流传出去就演变成计算机病毒，此类病毒破坏性一般不大。

（2） 产生于个别人的报复心理。如祖国宝岛台湾的学生陈盈豪，编写了一个能避过各种杀病毒软件的 CIH 病毒，对当时的计算机用户曾造成一度的灾难。

（3） 来源于软件加密，一些商业软件公司为了不让自己的软件被非法复制和使用，会产生一些新病毒，如巴基斯坦病毒。

（4） 产生于游戏，编程人员在无聊时互相编制一些程序输入计算机，让程序去销毁对方的程序，如最早的“磁芯大战”，这样，另一些病毒也产生了。

（5） 用于研究或实验而设计的“有用”程序，由于某种原因失去控制而扩散出来。

（6） 由于政治、经济和军事等特殊目的，一些组织或个人也会编制一些程序用于进攻对方计算机，给对方造成灾难或直接性的经济损失。

### 3. 病毒的危害

计算机病毒会感染、传播，但这并不可怕，可怕的是病毒的破坏性。其主要危害有：

（1） 单击硬盘主引导扇区、Boot 扇区、FAT 表、文件目录，使磁盘上的信息丢失。

（2） 删除 U 盘、硬盘或网络上的可执行文件或数据文件，使文件丢失。

（3） 占用磁盘空间。

（4） 修改或破坏文件中的数据，使内容发生变化。

（5） 抢占系统资源，使内存减少。

（6） 占用 CPU 运行时间，使运行效率降低。

（7） 对整个磁盘或扇区进行格式化。

（8） 破坏计算机主板上 BIOS 内容，使计算机无法工作。

（9） 破坏屏幕正常显示，干扰用户的操作。

（10） 破坏键盘输入程序，使用户的正常输入出现错误。

（11） 攻击喇叭，会使计算机的喇叭发出响声。有的病毒作者让病毒演奏旋律优美的世界名曲，在高雅的曲调中去杀戮人们的信息财富。有的病毒作者通过喇叭发出种种声音。

（12） 干扰打印机，假报警、间断性打印、更换字符。

### 4. 计算机病毒的传播途径

计算机病毒的传播主要是通过复制文件、传送文件、运行程序等方式进行。而主要的传播途径有以下几种：

（1） U 盘

U 盘主要是携带方便，为了计算机之间互相传递文件，经常使用 U 盘也会将一台机子的病毒传播到另一台机子。

（2） 硬盘

因为硬盘存储数据多，在其互相借用或维修时，将病毒传播到其他的硬盘或 U 盘上。

（3） 光盘

光盘的存储容量大，所以大多数软件都刻录在光盘上，以便互相传递；由于普通用户的经济收入不高，购买正版软件的人就少，一些非法商人就将软件放在光盘上，因其只读，所以上面即使有病毒也不能清除，商人在制作过程中难免会将带毒文件刻录在上面。

（4） 网络

在计算机日益普及的今天，人们通过计算机网络，互相传递文件、信件，这使病毒的传播速度又加快了；因为资源共享，人们经常在网上下载免费、共享软件，病毒也难免会夹在其中。

### 5. 病毒的发现

计算机病毒发作时，通常会出现以下几种情况，这样我们就能尽早地发现和清除它们。

（1） 计算机运行比平常迟钝

程序载入时间比平常久；有些病毒能控制程序或系统的启动程序，当系统刚开始启动或是一个应用程序被载入时，这些病毒将执行它们的动作，因此会花更多时间来载入程序。

（2） 不寻常的信息出现

文件奇怪地消失，文件的内容被加上一些奇怪的资料；文件名称，扩展名，日期，属性被更改过等。

（3） 硬盘的指示灯无缘无故地亮了

若你没有存取磁盘，但磁盘指示灯却亮了，说明计算机这时已经受到病毒感染了。

（4） 系统内存容量忽然大量减少

有些病毒会消耗可观的内存容量，曾经执行过的程序，再次执行时，突然告诉你没有足够的内存可以利用，表示病毒已经存在你的计算机中了！

（5） 磁盘可利用的空间突然减少

这个信息警告你病毒已经开始复制了！

（6） 可执行程序的大小改变

正常情况下，这些程序应该维持固定的大小，但有些较不聪明的病毒，会增加程序的大小。

（7） 坏轨增加

有些病毒会将某些磁区标注为坏轨，而将自己隐藏其中，往往扫毒软件也无法检查病毒的存在，例如 Disk Killer 会寻找 3 个或 5 个连续未用的磁区，并将其标示为坏轨。

（8） 程序同时存取多部磁盘

内存内增加来路不明的常驻程序。

### 6. 病毒的查杀与预防

如果发现病毒，首先是停止使用机子，用干净启动软盘启动机子，将所有资料备份；用正版杀毒软件进行杀毒，最好能将杀毒软件升级到最新版；如果一个杀毒软件不能杀除，可到网上找一些专业性的杀病毒网站下载最新版的其他杀病毒软件，进行查杀；如果多个杀毒软件均不能杀除，可将此病毒发作情况发布到网上，或到专门的BBS论坛留下贴子；可用此染毒文件上报杀病毒网站，让专业性的网站或杀毒软件公司帮你解决。

"常在河边走，哪能不湿脚"，交换文件，上网冲浪，收发邮件都有可能感染病毒。那么怎么才能使自己的计算机不受病毒侵害，或是最大程度地降低损失呢？一般情况下，建议遵循以下原则，防患于未然。

（1） 建立正确的防毒观念，学习有关病毒与反病毒知识。

（2） 不随便下载网上的软件。尤其是不要下载那些来自无名网站的免费软件，因为这些软件无法保证没有被病毒感染。不要使用盗版软件。

（3） 不要随便使用别人的U盘或光盘。尽量做到专机专盘专用。

（4） 使用反病毒软件。及时升级反病毒软件的病毒库，开启病毒实时监控。

（5） 注意计算机有没有异常症状，发现可疑情况及时通报以获取帮助。

（6） 使用新设备和新软件之前要检查。

（7） 有规律地制作备份。要养成备份重要文件的习惯。

（8） 制作应急盘/急救盘/恢复盘。按照反病毒软件的要求制作应急盘/急救盘/恢复盘，以便恢复系统急用。

（9） 重建硬盘分区，减少损失。若硬盘资料已经遭到破坏，不必着急格式化，因病毒不可能在短时间内将全部硬盘资料破坏，故可利用"灾后重建"程序加以分析和重建。

## 任务2 计算机日常维护

### 1. 计算机硬件的维护

硬件维护是指在硬件方面对计算机进行的维护，它包括计算机使用环境、各种器件的日常维护和工作时的注意事项等。对计算机硬件的维护主要有以下几点。

（1） 做好防静电措施

静电有可能造成计算机芯片的损坏，为防止静电对计算机造成损害，在打开计算机机箱前应当用手接触水管等可以放电的物体，将身体的静电放掉后再接触计算机的配件；另外在安放计算机时将机壳用导线接地，可以起到很好的防静电效果。

（2） 主机维护

要定期用吸尘器或无水酒精为设备除尘，经常检查各部件间的电源是否连接牢固。没有维护能力的用户不要随便拆卸零件。

（3） 硬盘的维护

在硬盘工作时，严禁振动机器；不要轻易将硬盘低级格式化或硬盘分区；要做好硬盘重要信息的备份工作，以免硬盘发生故障时造成重要信息的丢失。

（4） 键盘的维护

击键要轻快，不要用力太猛或按键时间太长；保持键盘清洁，防止水或杂物进入键盘。

2. 计算机的软件维护

对计算机软件的维护主要有以下几点：对所有的系统软件要做备份，当遇到异常情况或某种偶然原因，可能会破坏系统软件，此时就需要重新安装软件系统；如果没有备份的软件系统，将使计算机难以恢复工作；对重要的应用程序和数据也应该做备份；经常对硬盘进行碎片整理；经常清理磁盘上无用的文件，以有效地利用磁盘空间；避免进行非法的软件复制；经常检测，防止计算机染上病毒。

（1） 整理计算机磁盘碎片

用户保存文件时，字节数较大的文件常常被分段存放在磁盘的不同位置。较长时间地执行文件的写入、删除等操作后，许多文件分段分布在磁盘不同的位置，就形成了所谓的磁盘“碎片”。碎片的增加，直接影响了大文件的存取速度，也必定降低了机器的整体运行速度。磁盘碎片整理程序的作用是：重新安排磁盘中的文件和磁盘自由空间，使文件尽可能地存储在连续的单元中，并使磁盘空闲的自由空间形成连续的块。

① 单击“开始”按钮，从“开始”菜单中选择“所选程序”|“附件”|“系统工具”|“磁盘碎片整理程序”命令，启动程序，主界面如图 1-42 所示。

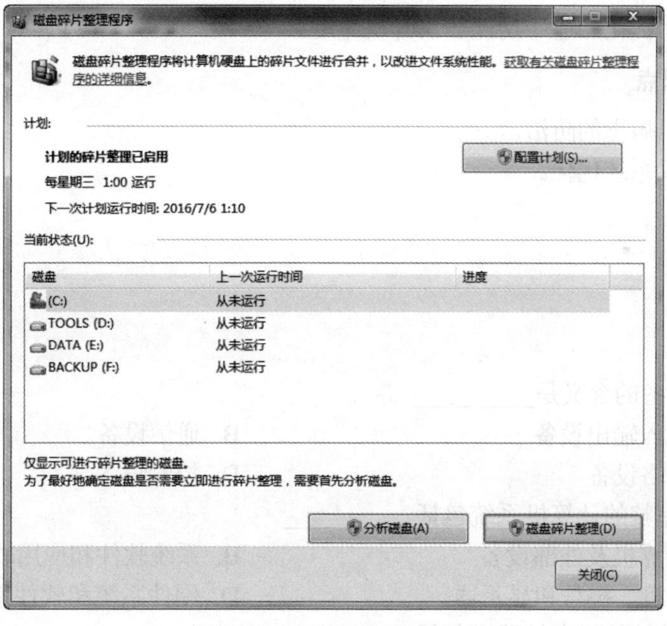


图 1-42 磁盘碎片整理界面

② 启动程序后，在弹出的对话框中选定要整理的一个驱动器后，单击“磁盘碎片整理”按钮，开始整理。

③ 整理完成，可再选择另一驱动器进行碎片整理。

（2） 清理计算机磁盘里的无用文件

该工具可以辨别硬盘上的一些无用文件，并征得用户许可后删除这些文件，以便释放一些硬盘空间。

① 启动磁盘清理程序可以在“计算机”或“Windows 资源管理器”的窗口中进行，右击待清理的驱动器，从弹出的快捷菜单中选择“属性”命令，在“属性”对话框的“常规”

选项卡中，单击“磁盘清理”按钮，即进入对该驱动器的清理。

② 清理完毕，将报告清理后可能释放的磁盘空间，列出可被删除的目标文件类型和每个目标文件类型的说明，并可以进一步详细查看某种文件类型中的所有目标文件列表。选定要删除的文件类型后，单击“确定”按钮。

## 实训项目　使用 360 安全卫士进行系统优化

### 1. 实训目标

（1） 对系统进行优化和整理内存等操作，从而提高计算机的速度。

（2） 对系统潜在木马威胁进行扫描，从而提高计算机安全性能。

### 2. 实训要求

（1） 应用“电脑体检”功能对计算机进行详细的检查。

（2） 应用“查杀修复”功能查杀木马、进行常规修复以及修复漏洞。

（3） 应用“电脑清理”清理文件垃圾、浏览器使用痕迹、无效的注册表、无用的插件、广告软件、不常用的软件以及 Cookies。

（4） 应用“优化加速”功能加快开机速度。

### 3. 相关知识点

（1） 计算机病毒的防治。

（2） 计算机系统优化。

## 练习题

### 1. 选择题

（1） I/O 设备的含义是__________。

A. 输入输出设备　　B. 通信设备

C. 网络设备　　D. 控制设备

（2） 一个完整的计算机系统包括__________。

A. 计算机及外部设备　　B. 系统软件和应用软件

C. 主机、键盘和显示器　　D. 硬件系统和软件系统

（3） 完整的计算机存储器应包括__________。

A. 软盘、硬盘　　B. 磁盘、磁带、光盘

C. 内存储器、外存储器　　D. RAM、ROM

（4） 我们通常使用的计算机属于__________。

A. 巨型机　　B. 小型计算机

C. 工作站　　D. 微型计算机

（5） 计算机软件系统包括__________。

A. 操作系统和网络软件　　B. 系统软件和应用软件

C. 客户端应用软件和服务器端系统软件　　D. 操作系统、应用软件和网络软件

（6） 微型计算机的微处理器包括__________。

A. 运算器和主存　　　　　　　　　　B. 控制器和主存

C. 运算器和控制器　　　　　　　　　D. 运算器、控制器和主存

（7） 在微机中，访问速度最快的存储器是__________。

A. 硬盘　　　B. 软盘　　　C. 光盘　　　D. 内存

（8） 下列软件中，__________是系统软件。

A. 工资管理软件

B. 用 C 语言编写的求解一元二次方程的程序

C. 用汇编语言编写的一个练习程序

D. Windows 操作系统

（9） 目前最好的防病毒软件的作用是__________。

A. 检查计算机是否染有病毒，消除已感染的任何病毒

B. 杜绝病毒对计算机的侵害

C. 查出计算机已感染的任何病毒，消除其中的一部分

D. 检查计算机是否染有已知病毒，消除已感染的部分病毒

（10） 计算机病毒具有__________。

A. 传播性，潜伏性，破坏性　　　　　B. 传播性，破坏性，易读性

C. 潜伏性，破坏性，易读性　　　　　D. 传播性，潜伏性，安全性

（11） 下面列出的计算机病毒传播途径，不正确的说法是__________。

A. 使用来路不明的软件　　　　　　　B. 通过借用他人的 U 盘

C. 通过非法的软件复制　　　　　　　D. 通过把多个 U 盘叠放在一起

2. 填空题

（1） 计算机是由____________________五大部件组成的，缺一不可。

（2） 中央处理器简称为______________。

（3） 随机存储器简称为______________。

（4） 计算机语言可分为________、________和________三类，计算机能够直接执行的是：________。

（5） 在计算机工作时，内存储器的作用是______________。

（6） __________主要用于存放计算机操作系统、各种应用软件和用户数据文件。

（7） 内存储器分为________和________两类。

（8） 存储容量的基本单位是________。

3. 判断题

（1） 操作系统是计算机硬件和软件资源的管理者。（　　）

（2） 在计算文件字节数时，1 KB=1 000 B。（　　）

（3） 微型机的主要性能指标是机器的样式及大小。（　　）

（4） 第一代计算机采用电子管作为基本逻辑元件。（　　）

（5） RAM 的中文名称是“随机存储器”。（　　）

（6） 微软公司的 Office 系列软件属于系统软件。（　　）

（7） 操作系统是用于管理、操纵和维护计算机各种资源或设备并使其正常高效运行的软件。（　　）

（8） 运算器和控制器合称“中央处理器”（CPU），CPU 和内存储器则合称“计算机的主机”，在微型机中主机安装在一块主机板上。（　　）

（9） 媒体是指信息表示和传输的载体或表现形式，而多媒体技术指利用计算机技术把文字、声音、图形、动画和图像等多种媒体进行加工处理的技术。（　　）

### 4. 简答题

（1） 按所采用的元器件计算机经历了几代？各代的特征是什么？

（2） 冯·诺依曼型计算机的工作原理是什么？

（3） 简述计算机的分类，计算机的特点。

（4） 计算机硬件系统由哪几个部分构成？各部分的作用是什么？

（5） 什么是系统软件？什么是应用软件？各举出两个例子说明。

（6） 当前计算机的应用领域有哪些方面？

（7） 什么是计算机软件保护？

（8） 如何防治计算机病毒？

# 模块2 Windows 7操作系统

## 教学目标：

通过本模块的学习，了解操作系统的基本概念，掌握 Windows 7 的基本操作，理解文件及文件夹的基本概念，掌握 Windows 7 的文件及文件夹管理操作，掌握在 Windows 7 中利用控制面板进行系统设置与管理操作。

## 教学内容：

本模块介绍目前主流微机操作系统 Windows 7 的基本功能和使用方法，主要包括：

1. 个性化桌面设置。
2. Windows 7 的文件及文件夹管理。
3. Windows 7 的系统设置与管理。

## 教学重点与难点：

1. Windows 7 基本操作。
2. Windows 7 中信息资源管理方法。
3. Windows 7 控制面板的常用功能和使用方法。

## 案例一 个性化桌面设置

**【任务描述】**

李晓华是联创装饰设计公司办公室秘书，为满足办公的需要，公司为每个部门购置了一台计算机。结合部门工作任务，她需要对桌面进行个性化的定制，主要包括以下内容：

- 在桌面上显示“计算机”、“回收站”、“控制面板”图标。
- 设置屏幕保护程序为“三维文字”，并自定义文字为“壮丽河山”，等待时间为 15 分钟。
- 更改任务栏的显示，便于方便操作。移动任务栏位置将其置于桌面的顶部；将应用程序 Word 锁定于任务栏；设置任务按钮为始终合并，隐藏标签；使用 Aero Peek 预览桌面。
- 建立公用的用户账户，账户名为“Common”，账户类型为标准账户。

【任务分析】

桌面元素主要有桌面图标、“开始”按钮、任务栏和桌面背景等。要完成个性化桌面设置，必须先熟悉 Windows 7 桌面上的主要元素和基本构成，掌握 Windows 7 的基本操作。

【实施方案】

## 任务 1　认识 Windows 7

操作系统是最基本的系统软件，它是整个计算机系统的控制和管理中心，是计算机软件与硬件资源的管理者。为了有效地管理计算机硬件与软件资源，李晓华找来相关资料开始学习 Windows 7 操作系统，通过学习她认识了 Windows 7 操作系统，并掌握了 Windows 7 的启动与退出，熟悉了 Windows 7 桌面上的主要元素和基本构成。

### 1. Windows 7 的特性

Windows 操作系统是当前国内流行的操作系统，它由微软公司出品，以其可视化的操作特性赢得了众多用户的青睐。Windows 操作系统最早的版本是 Windows 95，20 多年来已历经了诸多版本，目前 Windows 10 已经问世，不过由于用户习惯等问题，Windows 7 依然是目前比较常用的版本。

Windows 是微软公司推出的操作系统系列产品，其中 Windows 7 是面向个人用户的一款正在流行的操作系统。Windows 7 是于 2007 年 10 月发布的，它借鉴了以往版本 Windows XP 和其他操作系统的优秀之处，并减少了 Windows Vista 中的一些繁琐步骤，成为市场上主流的微机操作系统。继 Windows 7 之后，Windows 又陆续推出了 Windows 8、Windows 10，但由于使用习惯问题以及其他原因，还是有不少用户在使用 Windows 7。

Windows 7 继承了 Windows 家族的传统优点，同时增加了一些更加便利的功能，下面是 Windows 7 的一些独特优点：

（1）　多功能任务栏

Windows 7 的任务栏有三方面改进。第一，可以将应用程序锁定在任务栏便于快速启动。第二，在一个被多个窗口覆盖的拥挤的桌面上，可以使用“航空浏览（Aero Peek）”功能从分组的任务栏程序中预览各个窗口，甚至可以通过缩略图关闭文件。第三，在任务栏的最右边，设有一个永久性的“显示桌面”按钮，单击它就可以清除桌面上的所有窗口，而再次单击一下则会把所有的窗口又重新恢复到它们原来的位置。

（2）　窗口智能排列

Windows 7 的窗口智能排列可以将桌面的窗口进行自动排列，把一些应用程序窗口拖到屏幕顶端，或桌面左右两侧的时候，应用程序就会自动最大化或是占据屏幕的左右两边。

（3）　库

在 Windows 7 中，系统引入了“库”的概念，对分布在硬盘上不同位置的同类型文件进行索引，将文件信息保存到“库”中，就像为一些文件夹在库中创建了快捷方式，这样在不改动文件存放位置的情况下集中管理，可以更加便捷地查找、使用和管理分布于整个计算机或网络中的文件，提高工作效率。

（4）　增强的系统还原功能

在 Windows 7 中，系统还原功能除传统的还原方式外，还新增了一个“扫描受影响的应用程序”功能，可“预知”扫描系统还原后对当前系统的哪些应用程序受到影响。

（5） 自动电脑清理

用户如果没有经验，可能会打乱先前的设置，安装可疑软件、删除重要文件或者是导致各种不必要毁坏。但是当用户在注销登录时，电脑上所进行的一系列操作都会被清除，自动进行电脑清理。

### 2. Windows 7 的启动与退出

启动、注销和退出操作系统是最基本的操作。在使用装有 Windows 7 的计算机时，打开计算机的过程其实就是启动 Windows 7 操作系统的过程。

（1） 启动 Windows 7

当用户启动一台已经安装好 Windows 7 操作系统的计算机后，打开计算机电源，系统将会进入自检状态。自检结束后，进入 Windows 7 的登录界面。如果计算机中只设置了一个账户，且没有设置启动密码，启动后会自动进入 Windows 7 操作界面；如果计算机中设置了多个账户且没有设置密码，在登录界面将显示多个用户账户的图标，单击某个账户图标即可进入该用户的系统界面；如果用户账户设置了登录密码，选择账户后还需输入正确的密码才可以进入操作系统。

（2） 注销、切换用户与锁定计算机

Windows 7 是一个支持多用户的操作系统，每个用户都可以进行个性化设置又相互不影响。为了方便不同的用户使用计算机，Windows 7 提供了注销、切换用户与锁定计算机功能。

① 注销：用于保存当前设置，关闭当前登录用户。使用注销功能，可以使用户在不重新启动计算机的情况下实现多用户快速登录，这种登录方式不但方便快捷，而且减少了对硬件的损耗。选择下列操作之一，可以注销 Windows 7 系统。

- 单击“关机”按钮右侧的▶按钮，从弹出的下拉菜单中选择“注销”命令，如图 2-1 所示。

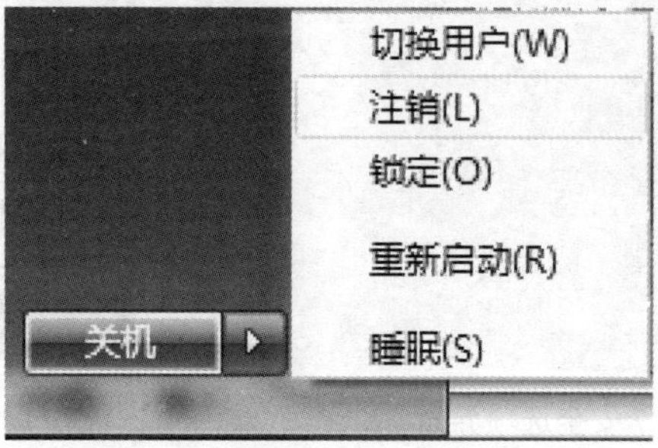


图 2-1 “关机”按钮的下拉菜单

- 按 Ctrl+Alt+Del 组合键，在 Windows 7 安全选项界面中选择“注销”选项，如图 2-2 所示。

② 切换用户：用于在不关闭当前用户账户的情况下切换到另外一个用户，当前用户可以不关闭正在运行的程序，当再次返回时系统会保留原来的状态。选择下列操作之一，可以注销 Windows 7 系统。

- 单击“关机”按钮右侧的▶按钮，从弹出的下拉菜单中选择“切换用户”命令。

- 按 Ctrl+Alt+Del 组合键，在 Windows 7 安全选项界面中选择“切换用户”选项，然后单击要切换的用户即可。

③ 锁定计算机：当用户为账户设置了登录密码后，如果需要暂时离开一下，并且不希望其他用户进入系统，避免资料泄露等危害，那么就可以选择以下方法切换到锁定计算机的界面。

- 单击“关机”按钮右侧的按钮，从弹出的下拉菜单中选择 “锁定计算机”命令。
- 按 Ctrl+Alt+Del 组合键，在 Windows 7 安全选项界面中选择“锁定计算机”选项。
- 按 Win+L 组合键。

（3） 退出 Windows 7

当用户需要关闭或重新启动计算机时，可退出 Windows 7 操作系统。但在退出之前应注意先关闭所有的应用程序，非正常关机可能会造成数据丢失，严重时还可能造成系统损坏。正确退出 Windows 7 操作系统的步骤如下。

① 关闭系统中所有正在运行的应用程序。

② 单击“开始”菜单（或按 Ctrl+Esc 组合键），在打开的“开始”菜单中选择“关机”命令，如图 2-3 所示。

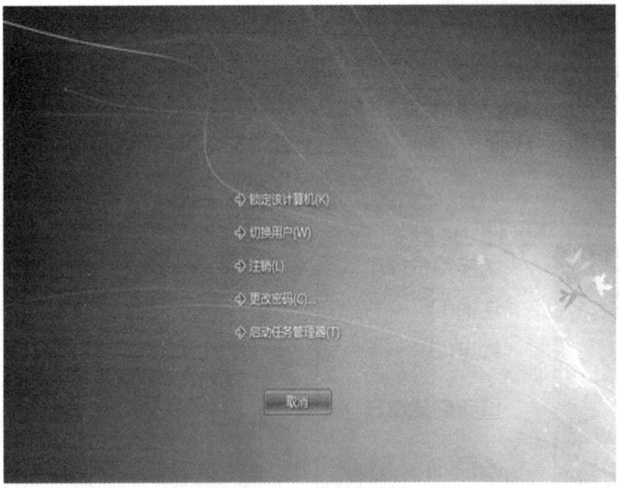


图 2-2 Windows 7 安全选项界面

图 2-3 “开始”菜单

③ 关闭显示器电源。

如果计算机出现死机等故障现象，可以考虑重新启动计算机，以解决出现的问题。方法也是在“开始”菜单中单击“关机”按钮右侧的按钮，从弹出的下拉菜单中选择“重新启动”命令。

### 3. 桌面操作

启动 Windows 7 之后，首先出现的就是桌面，即屏幕工作区，桌面好比个性化的工作台，操作所需的内容都在桌面上显示。桌面上的图标数据与计算机的设置有关，主要元素有桌面图标、“开始”按钮、任务栏和桌面背景等。Windows 7 的桌面组成如图 2-4 所示。

图 2-4　Windows 7 的桌面

（1） 桌面背景

桌面背景是操作系统为用户提供的一个图形界面，作用是让系统的外观变得更加美观，用户可根据需要更换不同的桌面背景。

（2） 桌面图标

桌面图标是指桌面上那些带有文字标志的小图片，每个图标分别代表一个对象，如文件夹、文档或应用程序。双击桌面上的图标对象可打开相应文档、文件夹或程序。通常，可以把一些重要而常用的应用程序、文件等摆放在桌面上，使用起来很方便。

（3） 任务栏

任务栏是 Windows 7 桌面的一个重要组成部分，它显示出各种可以执行或者正在执行的任务。它通常位于桌面底部，由“开始”按钮、程序按钮区、通知区和显示桌面按钮 4 部分构成。

① “开始”按钮：用于打开“开始”菜单。“开始”菜单是由“固定程序”列表、“常用程序”列表、搜索框、“启动”菜单和“关闭选项”按钮区组成的。可以启动已安装的应用程序或调出系统程序。

② 程序通知区：任务栏中的按钮表示已打开的文件夹或应用程序窗口，包括最小化的或隐藏在其他窗口下的窗口。Windows 7 是一个多任务操作系统，可以同时运行多个任务。但是，用户每次只能在一个窗口中进行操作，其他的窗口都最小化为按钮排列在任务栏上，单击任务栏上的任务按钮可以在各个窗口之间切换。

③ 通知区：用于显示一些计算机设备及某些正在运行程序的状态图标，位于任务栏的最右侧。通常情况下，任务栏的通知区中有输入法图标、日期时间图标和音量图标。

④ 显示桌面按钮：位于任务栏的最右侧。

## 任务 2　个性化桌面设置方法

为了提高工作效率，李晓华先对桌面上的元素进行了调整，更改了桌面背景与屏幕保护程序，然后对“任务栏”与“开始”菜单进行了设置，并为本部门员工使用计算机定制了公用的用户账户。

### 1. 在桌面上显示“计算机”、“回收站”、“控制面板”图标

（1） 右击桌面空白处，从弹出的快捷菜单中选择“个性化”命令，打开“个性化”窗口，如图 2-5 所示。

（2） 单击“个性化”窗口中的“更改桌面图标”，打开“桌面图标设置”对话框。在“桌面图标”栏内勾选“计算机”、“回收站”、“控制面板”复选框，并单击“确定”按钮，返回“个性化”窗口，如图 2-6 所示。

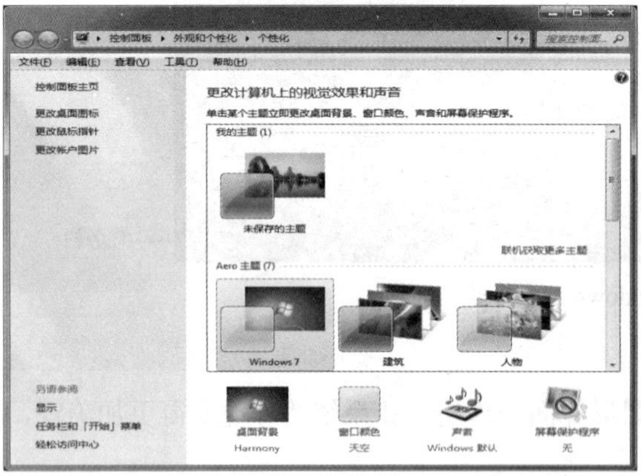

图 2-5 “个性化”窗口

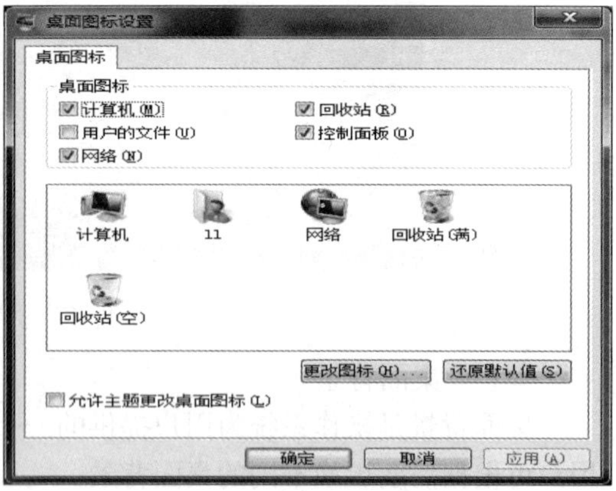


图 2-6 “桌面图标设置”对话框

### 2. 设置屏幕保护程序为“三维文字”，文字为“壮丽河山”，等待时间为 10 分钟

（1） 打开“个性化”窗口，在“个性化”窗口中，单击“屏幕保护程序”链接，打开“屏幕保护程序设置”对话框，在“屏幕保护程序”下拉列表框中选择“三维文字”，如图 2-7 所示。

（2） 单击“设置”按钮，打开“三维文字设置”对话框，在“自定义文字”单选按钮右侧的文本框中输入“壮丽河山”，如图 2-8 所示。

图 2-7 “屏幕保护程序设置”对话框

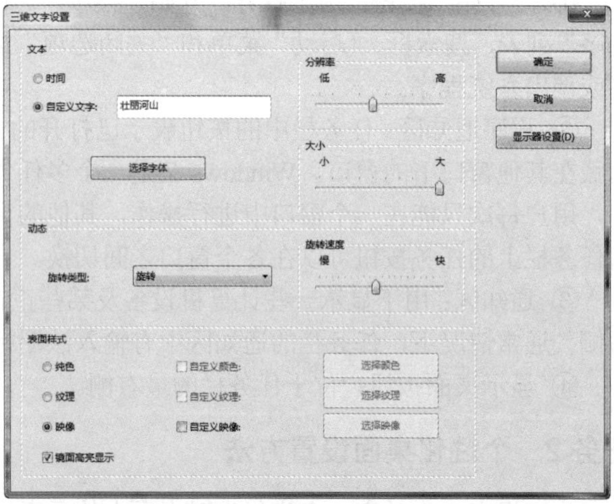


图 2-8 “三维文字设置”对话框

（3）单击“确定”按钮，返回“屏幕保护程序设置”对话框。将“等待”微调框设置为 10 分钟，并单击“确定”按钮。

### 3. 更改任务栏的显示，便于方便操作

（1）将应用程序 Word 锁定于任务栏

右击应用程序 Word，在弹出的快捷菜单中选择“将此程序锁定到任务栏”菜单项即可。

（2）设置任务按钮为始终合并，隐藏标签

右击任务栏的空白处，在弹出的快捷菜单中选择“属性”选项，打开“任务栏和「开始」菜单属性”对话框，选择“任务栏”选项卡，如图 2-9 所示。将任务栏按钮设置为“始终合并，隐藏标签”。

（3）使用 Aero Peek 预览桌面

如果选中“使用 Aero Peek 预览桌面”，则当鼠标移动到任务栏末端的“显示桌面”按钮，会暂时查看桌面。

### 4. 建立公用的用户账户，账户名为“Common”，账户类型为标准账户

Windows 7 具有多用户管理功能，可以让多个用户共用一台计算机，每个用户都可以建立自己专用的运行环境。

（1）账户类型

在 Windows 7 中，可以创建多个不同的账户供多人使用，为了计算机安全，Windows 7 的账户类型分为管理员、标准用户两种类型。

① 管理员：此类型的账户可以存取所有文件、安装程序、改变系统设置、添加与删除账户，对计算机具有最大的操作权限。

② 标准用户：可以使用大多数软件，以及更改不影响其他用户或计算机安全的系统设置。

（2）添加账户

在计算机上添加新用户，必须有计算机管理员账户，才能将新用户添加到计算机。

① 双击桌面上的“控制面板”图标，出现如图 2-10 所示的“控制面板”窗口。

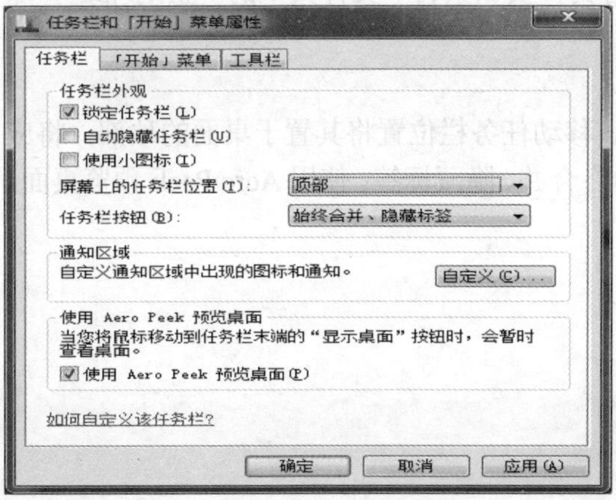


图 2-9 “任务栏”选项卡

图 2-10 “控制面板”窗口

② 双击“用户账户和家庭安全”图标，打开如图 2-11 所示的“管理账户”窗口。

③ 在“管理账户”窗口中，单击“创建一个新账户”链接，打开“创建新账户”窗口。

输入账户名为“Common”，选择账户类型为标准用户，如图 2-12 所示。最后单击“创建账户”按钮，返回“管理账户”窗口。

图 2-11　“管理账户”窗口

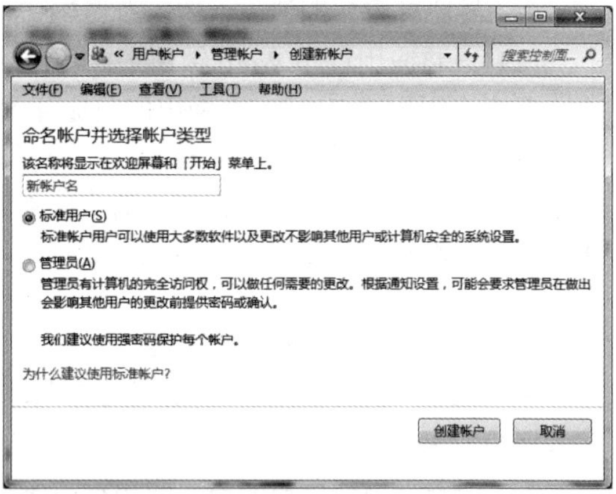


图 2-12　“创建新账户”窗口

④ 单击“关闭”按钮，关闭“管理账户”窗口。该账户可以使用计算机现有的资源，但不能自行安装或卸载应用程序。

## 实训项目　建立个性化桌面

### 1. 实训目标

（1） 掌握“用户账户”的建立方法；

（2） 掌握桌面个性化的设置；

（3） 掌握“任务栏”与“开始”菜单的设置。

### 2. 实训要求

（1） 用你的姓名建立一个账户，账户图标为“实训素材”文件夹中的“企鹅.jpg”，账户类型为“标准”，并设置密码。

（2） 切换用户到你的账户。

（3） 更改任务栏的显示，便于方便操作。移动任务栏位置将其置于桌面的顶部；将应用程序 Excel 锁定于任务栏；设置任务按钮为始终合并、隐藏标签；使用 Aero Peek 预览桌面。

### 3. 相关知识点

（1） 建立“用户账户”；

（2） 任务栏的设置。

**【知识链接】**

### 1. 窗口操作

在 Windows 7 中，所有窗口的外观都基本相同，其操作的方法也都一样，是一个具有标题栏、菜单栏、工具按钮等图形符号的矩形区域，如图 2-13 所示。窗口为用户提供多种工具和操作手段，是人机交互的主要界面。Windows 7 环境下所有资源的管理和使用、系统或应用程序的交互等都可以在窗口中进行。

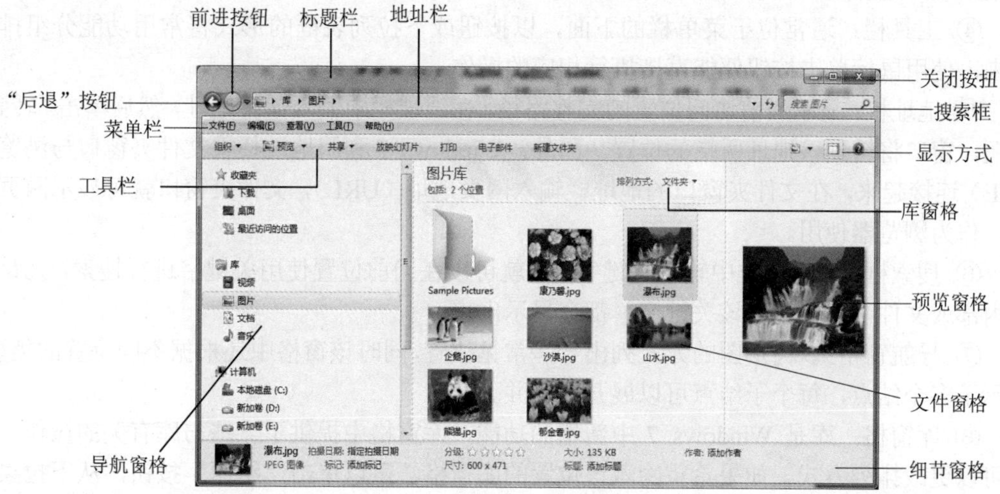


图 2-13　Windows 7 窗口

（1）　窗口类型

Windows 7 操作系统中的窗口分为四类：

① 文件夹窗口

文件夹窗口是 Windows 7 管理文件夹时所用的一种特殊窗口，用于显示一个文件夹的下属文件夹和文件的主要信息。Windows 7 将文件夹窗口和 Internet Explorer（IE）浏览器窗口格式统一起来，通过浏览器可以浏览本机的文件夹信息，从文件夹窗口也可以直接浏览网页。

② 程序窗口

运行任何一个需要人机交互的程序都会打开一个该程序特有的“程序窗口”，一般关闭程序窗口就关闭了程序。

③ 文档窗口

文档窗口是隶属于应用程序的子窗口。有些应用程序可以同时打开多个文档窗口，称为多文档界面。

④ 对话框

对话框可看成一种特殊窗口，用来输入信息进行参数设置。

（2）　窗口的组成

一个典型的窗口主要由标题栏、“前进”与“后退”按钮、菜单栏、工具栏、地址栏、搜索框、导航窗格、库窗格、文件窗格与细节窗格等元素构成。

① 标题栏：位于窗口的最顶端，其左端标明窗口的名称，右端有“最小化”按钮，“最大化”按钮及“关闭”按钮。在 Windows 7 中可以同时打开多个窗口，但只有一个是活动窗口，只有活动窗口才能接收鼠标和键盘的输入。活动窗口的标题栏呈高亮度显示，默认颜色为蓝色。如果标题栏呈灰色，则该窗口是非活动窗口。

② “前进”与“后退”按钮：用于快速访问下一个或上一个浏览过的位置。单击“前进”按钮右侧的小箭头，可以显示浏览列表，以便于快速定位。

③ 菜单栏：位于标题栏的下方，其中通常有“文件”、“编辑”、“查看”、“工具”、“帮助”等菜单项，这些菜单几乎包含了对窗口操作的所有命令。

④ 工具栏：通常位于菜单栏的下面，以按钮或下拉列表框的形式将常用功能分组排列出来，使用鼠标单击按钮便能直接执行相应的操作。

⑤ 地址栏：显示当前访问位置的完整路径。在地址栏中输入一个地址，然后单击“转到”按钮，窗口将转到该地址所指的位置。另外，Windows 7 利用地址栏将文件夹窗口与浏览器（IE）连接起来，在文件夹窗口的地址栏输入网页地址（URL），文件夹窗口就可显示网页内容，作为浏览器使用。

⑥ 搜索框：在搜索框中输入关键字后，就可以在当前位置使用关键字进行搜索，凡是文件内部或文件名称中包含该关键字，都会显示出来。

⑦ 导航窗格：以树形图的方式列出一些常见位置，同时该窗格中还根据不同位置的类型，显示了多个结点，每个子结点可以展开或合并。

⑧ 库窗格：库是 Windows 7 中新增的功能，库窗格中提供了一些与库有关的操作，并且可以更改排列方式。如果希望隐藏该位置的库窗格，可以单击“组织”按钮，从下拉菜单中选择“布局”/“库窗格”命令。

⑨ 文件窗格：列出了当前浏览位置包含的所有内容，例如文件、文件夹以及虚拟文件夹等。在文件窗格中显示的内容，可以通过视图按钮更改显示视图。

⑩ 预览窗格：如果在文件窗格中选定了某个文件，其内容就会显示在预览窗格中。单击窗口右上角的“显示预览窗格”按钮即可将该窗格打开。

⑪ 细节窗格：在文件夹窗格中单击某个文件或文件夹后，细节窗格中就会显示该对象的属性信息，显示内容与所选对象有关。

（3） 窗口基本操作

对窗口的基本操作包括调整窗口大小，移动、切换、排列或关闭窗口等，下面分别介绍这些窗口操作的方法。

① 调整窗口大小。

当窗口处于非最大化状态时，将鼠标指针指向窗口的边框或者顶角，当指针变成一个双向箭头时，按住鼠标左键拖动鼠标，当窗口大小合适后，松开鼠标即可。

② 移动窗口。

当窗口处于非最大化状态时，移动窗口的方法有以下两种。

- 使用鼠标：将指针指向标题栏，按住鼠标左键拖动鼠标。
- 使用键盘：右击窗口的标题栏，在弹出的快捷菜单中选择“移动”命令，当指针变为四向箭头后，按键盘上的方向键，直到窗口位置合适后按下 Enter 键即可。

③ 切换窗口。

当打开了多个窗口同时进行工作时，用户只能对当前窗口进行操作，当需要切换到另一个窗口时，可以采用下面三种方法。

- 使用鼠标：如果要切换的窗口在屏幕上能看到，单击该窗口的任一部分即可将该窗口切换到屏幕最前面；如果在屏幕上看不到要切换的窗口，则可单击任务栏中的任务按钮。
- 使用键盘：按 Alt+Tab 组合键。
- 使用 Flip 3D：Flip 3D 以三维方式排列所有打开的窗口和桌面，可以快速地浏览窗口中的内容。在按下 Win 键的同时，重复按 Tab 键即可使用 Flip 3D 切换窗口，如图 2-20 所示。当切换到要查看的窗口时，释放 Win 键即可。另外单击某个窗口的任意部分也可以显示窗口中的内容。

④ 最大化、最小化与还原窗口。

在 Windows 7 中，最大化、最小化与还原窗口的方法主要有以下 3 种。

- 使用窗口按钮：单击“最大化”按钮，可将窗口调到最大；单击“最小化”按钮，可将窗口最小化到任务栏上；将窗口调到最大化后，“最大化”按钮会变成“还原”按钮，单击此按钮可将窗口恢复到原来的大小。
- 使用快捷菜单：右击窗口的标题栏，在弹出的快捷菜单中选择“最大化”或“最小化”或“还原”命令即可。
- 使用“显示桌面”按钮：单击任务栏通知区域最右侧的“显示桌面”按钮，将所有打开的窗口最小化以显示桌面。若再次单击该按钮，则还原窗口。

⑤ 关闭窗口。

单击窗口右上角的“关闭”按钮，或者选择“文件”菜单中的“关闭”命令，或者按 Alt+F4 组合键，即可关闭当前窗口。

### 2. 对话框操作

对话框是一种特殊的窗口，通常提供一些参数选项供用户设置，它一般没有控制菜单图标、菜单栏，不能改变窗口的大小。选择了菜单中带有“…”的菜单命令或程序运行过程中需要用户输入某些参数时，都会弹出对话框。图 2-14 和图 2-15 所示为两个典型的对话框。

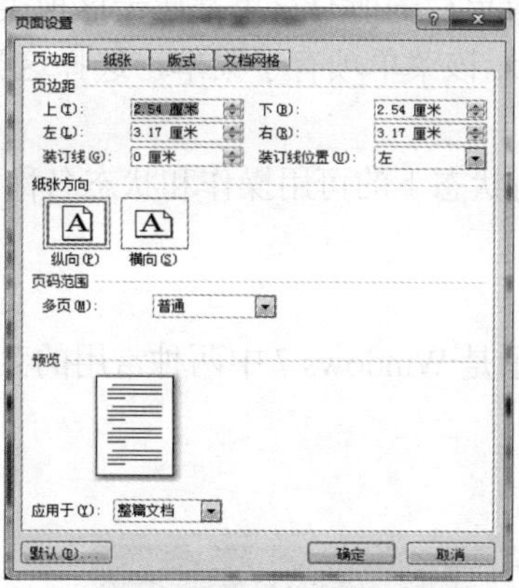


图 2-14 “页面设置”对话框

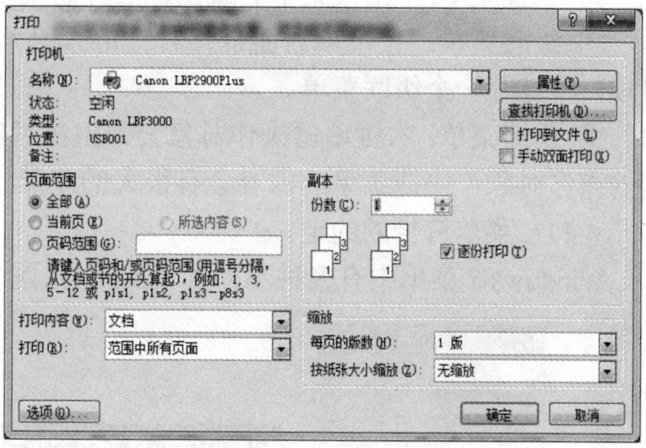


图 2-15 “打印”对话框

（1） 对话框元素及主要功能

对话框中提供了多种可操作元素，可实现不同的功能。

① 选项卡：当对话框中含有多种不同类型的选项时，系统将会把这些内容分类放在不同的选项卡中。单击任意一个选项卡即可显示出该选项卡中包含的选项。

② 列表框：将所有的选项显示在列表中，供用户选择。

③ 复选框：一组复选框可以同时选中零个或多个。被选中的复选框中将出现对号，再次单击一次可取消选择。

④ 单选按钮：一组单选按钮只能选中一个按钮。当一个单选按钮被选中后，同组的其他

单选按钮将自动被取消选择，被选中的单选按钮中出现一个圆点，再次单击一次可取消选择。

⑤ 文本框：用于接收输入的信息。

⑥ 下拉列表框：含有下拉按钮的文本框叫作下拉列表框，可通过单击下拉按钮，直接选择系统提供的可用文本信息。

⑦ 数字框：含有微调按钮的文本框也叫微调框或数值框，用于输入数字信息。

⑧ “确定”按钮：用于确认并执行对各种选项的设置。

⑨ “取消”按钮：用于关闭对话框并取消各项设置。

⑩ “帮助”按钮：对话框右边的“？”按钮是帮助按钮。

（2） 对话框元素的定位

对话框元素的定位可以通过鼠标或键盘来实现。

① 鼠标操作：直接单击。

② 键盘操作：按 Tab 键、Shift+Tab 组合键移动光标。

### 3. 菜单操作

菜单实际上是一组“操作命令”列表，通过简单的鼠标单击就可以实现各种操作。

（1） 菜单类型

Windows 7 中的菜单主要有开始菜单、下拉菜单、级联菜单和快捷菜单。

① “开始”菜单：“开始”菜单是 Windows 7 操作系统中最重要的菜单，主要用于存放操作系统或设置系统的绝大多数命令，利用“开始”菜单可以实现使用和管理计算机软件硬件资源。

② 下拉菜单：单击某菜单名或图标展开的菜单，窗口菜单栏的所有菜单都属于这种类型。

③ 级联菜单：菜单项后面带有右三角标识“▶”，表示该菜单项有子菜单，选择这类菜单项，将打开一个级联菜单。

④ 快捷菜单：右键单击操作对象会弹出该对象在当前状态下的可用操作和状态名称。不同的操作对象，快捷菜单的内容会有很大的差异。

（2） 菜单符号的约定

Windows 7 菜单中有多种不同含义的符号。图 2-16 所示是 Windows 7 中两种常用的菜单。

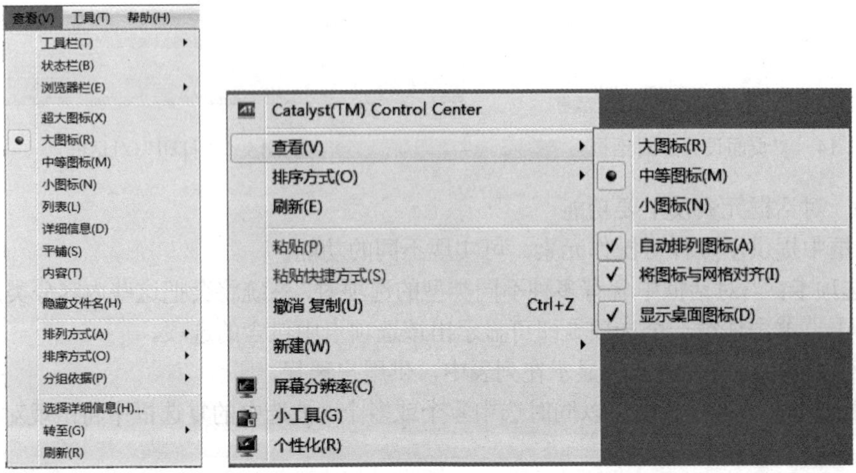


图 2-16 两种常用菜单

① 菜单的分组线：为方便用户查找，菜单中属同一类型的菜单项排列在一起成为一组，各组间用横线分隔。

② 无效菜单项：若菜单项呈灰色（而不是黑色）显示，表示该菜单项的功能当前不可用。

③ 英文省略号“…”：菜单项的后边带有省略号“…”，表示单击该菜单项会弹出一个对话框，它是菜单项的功能标记。

④ 右三角符号“▶”：菜单项后边带有右三角标识“▶”表示该菜单项含有级联菜单，鼠标指针指向该菜单项后会弹出级联菜单，它是菜单项的功能标记。

⑤ 菜单项左边的圆点“•”：“•”为单选标记，表示该菜单项对应的功能被启用。一组中必须且仅可选中一个。

⑥ 菜单项左边的对号“√”：“√”为复选标记，表示该菜单项对应的功能已启用。一组中可以选中多个，也可以一个也不选。

⑦ 菜单项后括弧中的字母：括弧中加下画线的字母是该菜单项的键盘操作代码。打开菜单后，直接键入该字母即可执行相应的操作，与鼠标单击该项效果一样。

⑧ 选项后的组合键：表示该菜单项的快捷键，不打开菜单，直接键入组合键即可执行该命令。

（3） 菜单操作

① 打开“开始”菜单：单击“开始”按钮或按组合键 Ctrl+Esc 即可打开“开始”菜单。

② 打开下拉菜单：单击菜单名或使用组合键。

③ 打开级联菜单：直接单击菜单名或者用鼠标指向菜单名并停留 1～2 秒，系统将自动展开其级联菜单。

④ 打开快捷菜单：右击对象，便可打开该对象的快捷菜单。

⑤ 关闭菜单：执行菜单中的某个命令或执行与菜单无关的其他任何鼠标操作或按 Esc 键可以随时关闭当前打开的菜单。

## 案例二　信息资源管理

**【任务描述】**

近期公司业务量增加，办公文档数量也在不断地增多。一开始由于没有经验，李晓华在工作时将所有文档随意放在计算机本地磁盘（C:）中，文件名也没有什么规律，查找一个文件需要很长时间，并且经常要打开很多文件，通过查看内容才能找到自己所需要的文件。针对这些问题，她认识到需要对工作文档进行整理，以提高工作效率，结合办公实际，她设计了以下信息资源管理方案。

- 浏览查看本地磁盘（C:）中的信息资源。
- 搜索本地磁盘（C:）中扩展名为.docx 的文件。
- 在本地磁盘 D:\上建立一级文件夹“行政”与“业务”，用来存放不同内容的文档。其中“行政”文件夹中有二级文件夹“通知”、“日程”；“业务”文件夹中有“合同书”、“工程设计”、“设计 PPT”。
- 将本地磁盘（C:）中不同内容的文档分类复制到本地磁盘（D:）中相应的文件夹中。
- 将本地磁盘（C:）中与艺术节相关的信息资源移入回收站。

- 定期清理回收站中的文件。
- 将本地磁盘（D:）中的工作文档重命名为与文件内容有关的名称。
- 在桌面上创建打开“行政”与“业务”文件夹的快捷方式。
- 新建“业务”库，并将分布在不同盘的相关文件夹放在“业务”库中。

【任务分析】

在 Windows 7 中可以通过“资源管理器”、“计算机”、“库”等工具进行信息资源管理。李晓华要完成公司信息资源管理，首先要了解文件、文件夹与库的概念，掌握“资源管理器”、“我的电脑”、“库”等工具的使用方法，才能够用 Windows 7 提供的工具有效地管理公司信息资源。

【实施方案】

## 任务 1　浏览与搜索信息资源

在计算机系统中，信息是以文件的形式保存的，用户所做的工作都是围绕文件展开的。在使用计算机时，如何对这些类型繁多、数目巨大的文件和文件夹进行管理是非常重要的。在整理信息资源之前，李晓华准备先浏览与搜索公司工作文档资料。文件、文件夹及文件目录结构相关内容见知识链接。

### 1. 浏览查看本地磁盘（C:）中的信息资源

（1） 利用“资源管理器”浏览本地磁盘（C:）中的信息资源

① 右击“开始”菜单，在弹出的菜单中选择“资源管理器”命令，即可打开 Windows 7“资源管理器”窗口，如图 2-17 所示。

Windows 7 地址栏中为每级目录都提供了下拉菜单小箭头，单击这些小箭头可以快速查看和选择指定目录中的其他文件夹。在本地磁盘（C:）中寻找浏览的文件夹。利用滚动条滚动左窗格，单击“◢”标识关闭不需要查找的文件夹；单击“▷”标识打开需查找的文件夹。

② 在左窗格中单击找到所需要浏览的文件夹“设计演示”，如图 2-18 所示。

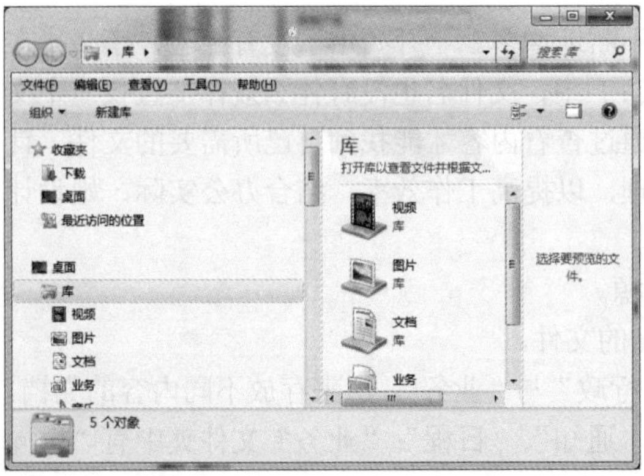


图 2-17　“资源管理器”窗口

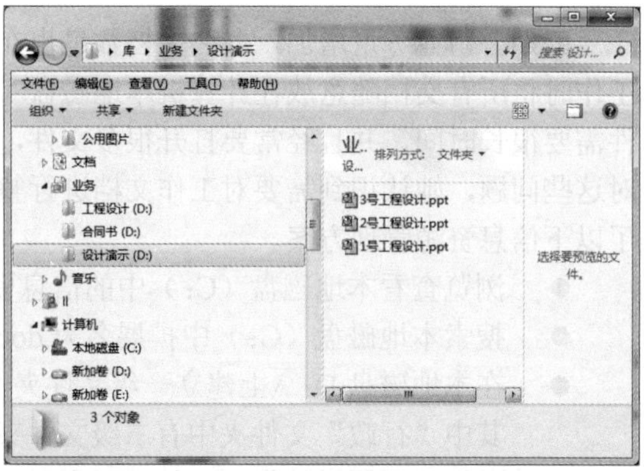


图 2-18　“设计演示”文件夹窗口

③ 双击右窗格所要的对象，激活该对象。

（2） 利用“计算机”浏览查看本地磁盘（C：）中的信息资源

① 双击“计算机”图标，将其打开。

② 双击要查看的本地磁盘（C：）。

③ 双击要查看的文件、文件夹或要运行的某个程序。

### 2. 搜索本地磁盘（C：）中扩展名为 .docx 的文件

在 Windows 7 中，通过“开始”菜单中的“搜索框”选项，也可以通过“计算机”或“资源管理器”窗口中工具栏上的“搜索框”来调用其文件与文件夹搜索功能。

在“资源管理器”窗口的导航窗格中，选择需要搜索的驱动器，本案例为“本地磁盘（C：）”；在工具栏的“搜索框”中输入需要搜索的文件与文件夹的名称，本案例为“*.docx”，搜索结果如图 2-19 所示。在右窗格的列表框中，可对这些搜索结果进行删除、复制、移动、重命名和查看属性等操作。

在 Windows 7 中可以通过添加搜索筛选器设置更具体的搜索条件，包括被搜索对象的种类、修改日期、类型与名称，如图 2-20 所示。另外，搜索对象还可以是计算机、用户与互联网上的信息。

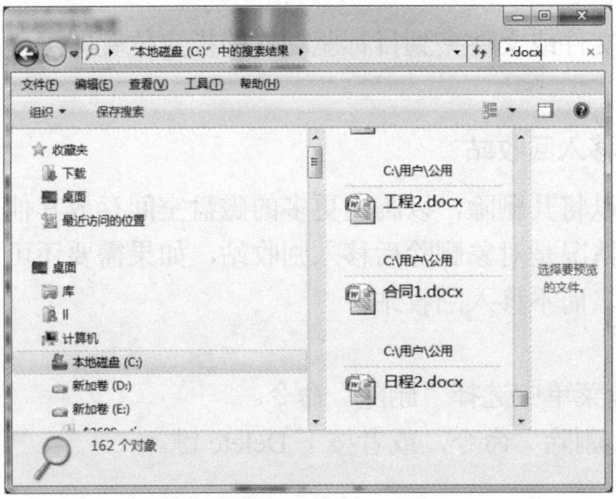


图 2-19 搜索结果

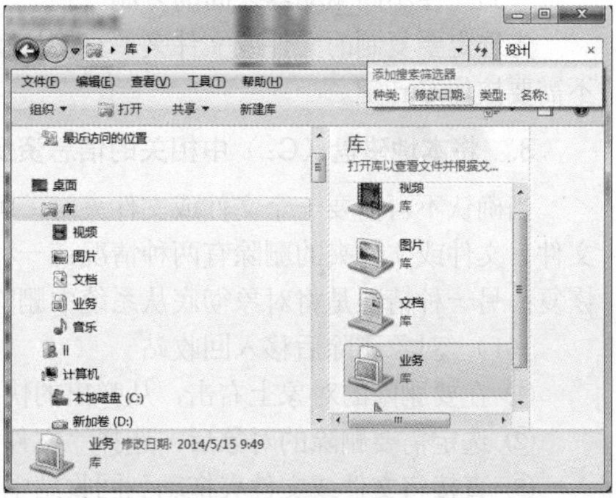


图 2-20 添加搜索筛选器

## 任务 2 整理信息资源

通过浏览与搜索信息资源，李晓华发现本地磁盘（C：）上存放有许多工作文档。为了有效提高管理信息资源的效率，接下来她需要根据工作文档的性质存储与管理工作文档。

### 1. 在本地磁盘（D：）上建立“行政”与“业务”文件夹和相应的子文件夹

为了将文件分类存放或以一定的关系组织起来，用户可根据需要自己创建新的文件夹。要创建新文件夹，应先打开要在其中创建新文件夹的目标文件夹，本案例为 D：驱动器。然后选择“文件｜新建｜文件夹”命令。或者右击文件和文件夹列表中的空白处，从弹出的快捷菜单中选择“新建｜文件夹”命令，即可出现一个默认名称为“新建文件夹”的文件夹图标，且文件夹名称处于可编辑状态，将默认名称改为所需的文件夹名称。本案例新建文件夹的名称为“行政”与“业务”，然后按 Enter 键或在文件和文件夹列表的空白处单击即可。

分别打开“行政”与“业务”文件夹，用同样的方法在“行政”文件夹中创建二级文件夹“通知”、“日程”；在“业务”文件夹中创建二级文件夹“合同书”、“工程设计”与“设计PPT”。

### 2. 将本地磁盘（C:）中不同内容的文档分类复制到本地磁盘（D:）中相应的文件夹中

文件及文件夹的复制是实现为所选的文件或文件夹在指定的位置创建一个备份，而在原位置仍然保留被复制的内容。

（1） 文件及文件夹复制的一般方法

选定要复制的文件或文件夹，选择“编辑｜复制”命令，再打开目标盘或目标文件夹，选择“编辑｜粘贴”命令。先选定要复制的文件或文件夹，按下 Ctrl+C 组合键，切换到目标文件夹窗口，按下 Ctrl+V 组合键。

本案例利用该方法即可将所搜索到的本地磁盘（C:）上的“通知”、“日程”两类工作文档分别复制到“行政”文件夹中相应的文件夹下；将“合同书”、“工程设计”两类文件分别复制到“业务”文件夹中相应的文件夹下。

（2） 在同一驱动器之间的复制

先选定要复制的文件或文件夹，按住 Ctrl 键的同时，拖动文件或文件夹到目标文件夹。

（3） 在不同驱动器之间的复制

先选定要复制的文件或文件夹，直接拖动文件或文件夹到目标驱动器的指定位置即可，不需要按住 Ctrl 键。

### 3. 将本地磁盘（C:）中相关的信息资源移入回收站

当确认不再需要一个文件或文件夹时，可以将其删除，以腾出更多的磁盘空间存放其他文件。文件或文件夹的删除有两种情况：一种情况是对象删除后移入回收站，如果需要还可恢复；另一种情况是将对象彻底从系统中删除，而不移入回收站。

（1） 对象删除后移入回收站

① 在要删除的对象上右击，从弹出的快捷菜单中选择“删除”命令。

② 选定需要删除的对象后，选择“文件｜删除”命令，或者按下 Delete 键。

③ 直接将文件或文件夹拖动到回收站中。

按上述某一种方法执行删除操作时，会弹出一个确认文件或文件夹删除提示对话框，如图 2-21 所示。确认无误后，单击“是”按钮，即可将删除的文件或文件夹移入回收站。

**注意**：有三类文件或文件夹执行上述操作后不会移入到回收站，它们是 U 盘上的文件或文件夹；网络上的文件或文件夹；在 MS-DOS 方式下删除的文件或文件夹。

图 2-21　确认文件删除提示对话框

（2） 对象彻底删除

选定需要删除的对象后，按下 Shift 键，选择“文件 | 删除”命令，或者按下 Shift+Del 组合键。这时系统会弹出一个确认文件或文件夹删除提示对话框，如图 2-22 所示。确认无误后，单击“是”按钮，即可将选定文件或文件夹彻底从系统中删除。

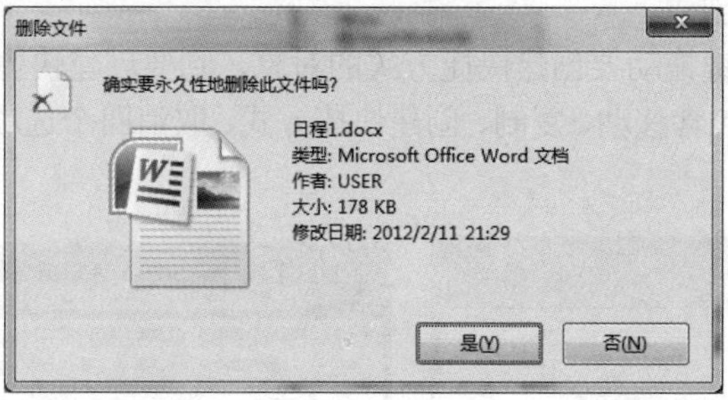


图 2-22 确认文件删除提示对话框

### 4. 定期清理回收站中的文件

（1） 恢复被删除的文件或文件夹

在管理文件或文件夹时，如果因误操作而将有用的文件或文件夹删除，可以借助“回收站”将被删除的文件或文件夹恢复。在清空回收站之前，被删除的文件被保存在回收站中。

当一个文件或文件夹删除后，如果还没有进行其他操作，则应该选择“编辑 | 撤销删除”命令恢复，然后按 F5 键，刷新“资源管理器”窗口；如果执行了其他操作，则必须通过“回收站”恢复。通过“回收站”恢复被删除的文件或文件夹的具体操作如下：

在“资源管理器”左窗格中，选择“回收站”，在右窗格中选择要恢复的文件或文件夹，然后选择“文件 | 还原”命令即可完成恢复操作。

（2） 清除回收站中的垃圾文件

选择“回收站”中的垃圾文件，在回收站窗口选择“文件 | 删除”命令将选择的垃圾文件删除。如果确认回收站中全部为垃圾文件，可以直接选择“文件 | 清空回收站”命令。

### 5. 将本地磁盘（D:）中的工作文档重命名为与文件内容有关的名称

在“资源管理器”窗口中，选择本地磁盘（D:）上需要改名的文件或文件夹，单击“文件 | 重命名”命令，或者单击右键在快捷菜单中选择“重命名”命令，或者用鼠标指向文件名单击一次，再单击一次，输入新的名称，然后按 Enter 键。

本案例利用这两种方法均可将本地磁盘（D:）中搜索到的工作文档用与文件内容有关的关键字进行重命名，尽可能地做到“见名知内容”。

## 任务 3 创建快捷方式

快捷方式是 Windows 7 的一个重要概念，它是一个很小的文件，其中存放的是文件或文件夹的地址。双击快捷方式图标，可以立刻运行这个应用程序，完成打开这个文档或文件夹的操作。为了提高管理效率，李晓华在桌面上创建了打开公司工作文档文件夹的快捷方式。

### 1. 在桌面上创建打开“行政”与“业务”文件夹的快捷方式

创建快捷方式有以下 3 种情况。

（1） 如果未选中某个对象，选择“文件”菜单或快捷菜单的“创建快捷方式”选项后，会弹出“创建快捷方式”对话框，如图 2-23 所示。它是一个向导，可在其引导下逐步完成对对象快捷方式的创建。

（2） 如果事先已选中某个对象，选择“文件”菜单或快捷菜单的“快捷方式”选项后，不会弹出向导，会立即创建。

（3） 使用鼠标右键拖动要创建快捷方式的对象，到要创建快捷方式的目标文件夹后，释放鼠标，将出现一个包含移动、复制、创建快捷方式、取消四个选项的快捷菜单，如图 2-24 所示。

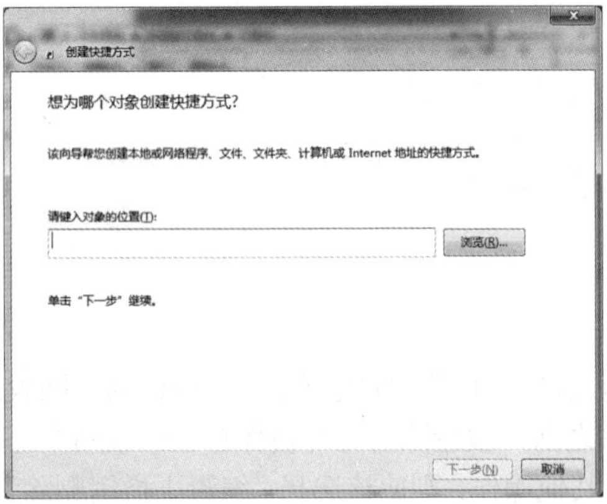


图 2-23 “创建快捷方式”对话框

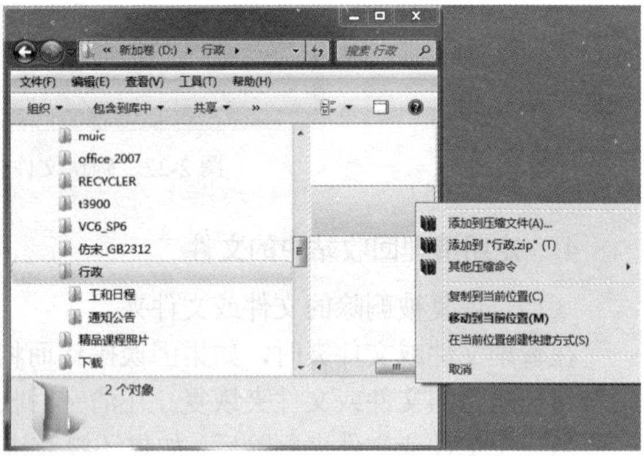


图 2-24 “创建快捷方式”快捷菜单

本案例在本地磁盘（D:）的窗口中右键拖动“行政”、“业务”文件夹到桌面上，在弹出的快捷菜单中选择“创建快捷方式”即可。

## 任务 4 使用库工作

库是 Windows 7 中新增的一项功能，用于管理文档、音乐、图片和其他文件的位置。库中实际上并没有真实存储数据，它只是采用索引文件的管理方式，以不同的方式访问和排列这些项目。库中的文件会随着原始文件的变化而自动更新，并且可以以同名的形式存在于文件库中。李晓华新建了“业务”库，并在库中添加了来自 D 盘中的文件夹“工程设计”、“合同书”、“设计 PPT”，便于她快捷地使用。

### 1. 新建“业务”库，并将相关文件夹放在“业务”库中

Windows 7 中默认有文档库、音乐库、图片库和视频库，分别用于管理计算机中相应类型的文件，可以使用与文件夹相同的方式浏览文件。

（1） 新建库

① 在“开始”菜单的用户账户上单击，即可打开个人文件夹。本案例的账户为 lxh，打开该用户账户的个人文件夹窗口，如图 2-25 所示。

② 单击导航窗格中的“库”选项，然后单击工具栏中的“新建库”按钮。

③ 输入库的名称，本案例为“业务”，然后单击“库”窗口的空白区域或按 Enter 键，如图 2-26 所示。

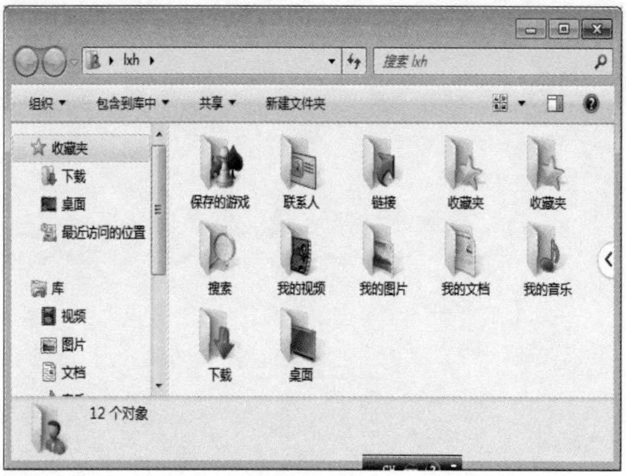


图 2-25　个人文件夹窗口

图 2-26　新建库

（2）　在库中包含常用文件夹

在使用库时，可以将其他位置相关的常用文件夹包含进来。

① 选中要包含到库中的文件夹“工程设计”、“合同书”、“设计 PPT”。

② 单击工具栏中的“包含到库中”按钮，从下拉菜单中选择相应的命令，如图 2-27 所示。

（3）　更改库的默认保存位置

将其他位置的文件或文件夹复制到库中时，会将其复制到库的默认保存位置。如果不方便使用该位置，则可以更改库的默认保存位置。

① 打开 Windows 7 资源管理器。

② 选择“资源管理器”窗口中的“业务”文件夹选项，打开“业务库”窗口。

③ 在业务文件列表的上方，单击文字“包括”右侧的“3 个位置”链接，打开“业务库位置”对话框，如图 2-28 所示。

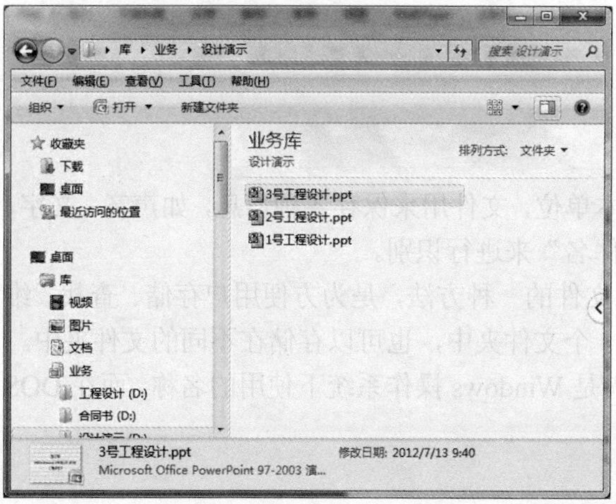


图 2-27　将文件夹包含到库中

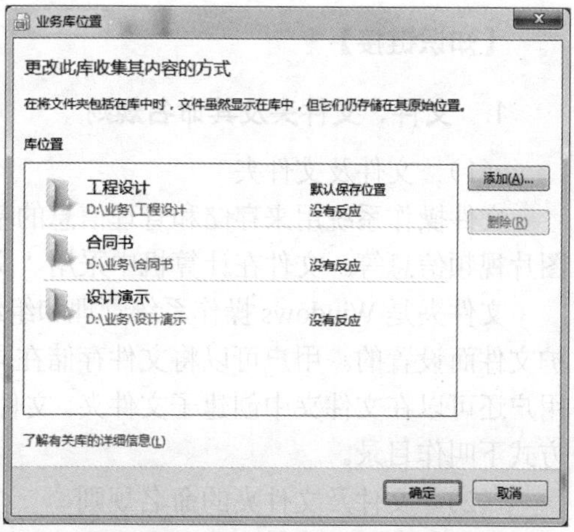


图 2-28　“业务库位置”对话框

④ 右击当前不是默认保存位置的库位置，从快捷菜单中选择“设置为默认保存位置”命令，更改业务库的默认保存位置。

⑤ 单击“确定”按钮，并关闭对话框。

## 实训项目　管理信息资源

### 1. 实训目标

（1） 掌握文件夹的建立方法；
（2） 掌握文件及文件夹的复制、移动；
（3） 掌握应用程序的添加与删除；
（4） 掌握文件及文件夹的搜索；
（5） 掌握快捷方式的建立。

### 2. 实训要求

（1） 在你的工作盘（假设为 D 盘），建立“课程学习”文件夹以及其子文件夹“计算机应用基础”和“实训素材”。

（2） 复制“实训素材”文件夹中的扩展名为.pptx 的文件到“计算机应用基础”文件夹中。

（3） 备份“计算机应用基础”文件夹中的文件。

（4） 在计算机上查找扩展名为. bmp 的文件，并将其移动到“图片素材”文件夹中。

（5） 在桌面上建立打开“课程学习”的快捷方式。

### 3. 相关知识点

（1） 文件夹及快捷方式的创建；
（2） 文件及文件夹的复制、移动；
（3） 添加/删除应用程序；
（4） 文件及文件夹的搜索；
（5） 快捷方式的建立。

**【知识链接】**

### 1. 文件、文件夹及其命名规则

（1） 文件及文件夹

文件操作系统用来存储和管理信息的基本单位，文件用来保存各种信息，如声音、文字、图片视频信息等。文件在计算机中采用“文件名”来进行识别。

文件夹是 Windows 操作系统管理和组织文件的一种方法，是为方便用户存储、查找、维护文件而设置的。用户可以将文件存储在同一个文件夹中，也可以存储在不同的文件夹中。用户还可以在文件夹中创建子文件夹。文件夹是 Windows 操作系统下使用的名称，而在 DOS 方式下叫作目录。

（2） 文件及文件夹的命名规则

文件名一般由文件名称和扩展名两部分组成，这两部分之间用一个小圆点隔开。扩展名代表文件的类型，文件名也可以没有扩展名。例如，Word 文件的扩展名为.doc，文本文档的扩展名为 .txt 等。

在中文 Windows 7 操作系统下，文件名和文件夹名可以用除字符\、/、:、*、？、“、<、>、.、;

以外的英文字母、汉字、数字、空格等命名。在表 2-1 中列出了在文件名中不能使用的特殊字符。文件名称由 1～255 个字符组成（即支持长文件名），而扩展名由 1～3 个字符组成，但文件夹一般没有扩展名。

表 2-1　在文件名中不能使用的特殊符号

| | | | |
|---|---|---|---|
| 点（ . ） | 引号（ " ） | 垂直线（ \| ） | 分号（ ; ） |
| 斜杠（ / ） | 冒号（ : ） | 问号（ ? ） | 尖括号（>、<） |
| 反斜杠（ \ ） | 星号（ * ） | | |

在 Windows 7 操作系统下，扩展名也表示文件类型，表 2-2 列出了常见的扩展名对应的文件类型。另外，也用文件图标来区分不同类型的文件名，与扩展名是相对应的。

表 2-2　常见的扩展名对应的文件类型

| 扩 展 名 | 文 件 类 型 | 扩 展 名 | 文 件 类 型 |
|---|---|---|---|
| COM | 命令程序文件 | BMP、JPG、GIF | 图像文件 |
| EXE | 可执行文件 | DOC | Word 文档 |
| BAT | 批处理文件 | BMP | 图形文件 |
| SYS | 系统文件 | HLP | 帮助文件 |
| TXT | 文本文件 | PPT | 演示文稿文件 |
| DBF | 数据库文件 | XLS | 电子表格文件 |

文件分为程序文件和非程序文件。当用户选中程序文件，用鼠标双击或按下 Enter 键后，计算机就会打开程序文件，而打开程序文件的方式就是运行它。当用户选中非程序文件，用鼠标双击或按下 Enter 键后，计算机也会试图打开它，而这个打开方式就是用特定的程序去打开它。至于用什么特定程序来打开，则决定于这个文件的类型。

## 2. 文件目录结构

树形文件目录结构是最常用的一种文件组织和管理形式。文件系统的目录结构的作用与图书管理中目录的作用完全相同，采用这种结构，可以实现按名存取、快速检索等功能。

在文件目录结构中，第一级目录称为根目录，目录树中的非树叶结点均称为子目录，树叶结点称为文件，如图 2-29 所示为文件目录结构。

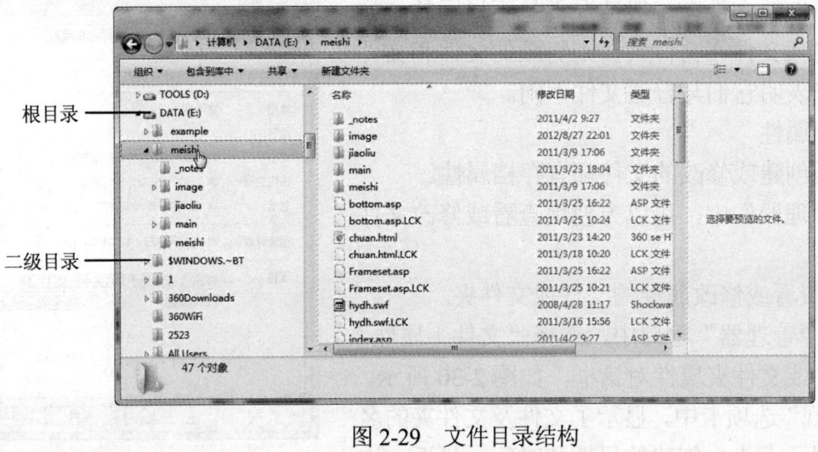


图 2-29　文件目录结构

在树形文件目录结构中，用户访问某个文件时，除了知道文件的名字外，还需要知道文件所在位置，即文件所在的磁盘，以及磁盘上哪个文件夹中。文件在树形文件目录结构中的位置称为文件的路径。文件的路径分为绝对路径和相对路径。绝对路径是指从根目录出发到指定文件所在位置的目录序列。相对路径是指从当前目录出发到指定文件位置的目录序列。

### 3. 移动文件或文件夹

文件及文件夹的移动是指将所选的文件或文件夹移动到指定的位置，在原位置不再有此文件或此文件夹。移动文件或文件夹的方法类似于复制文件或文件夹，请注意比较两种操作的异同。

（1） 移动文件或文件夹的一般方法

先选定要复制的文件或文件夹，选择“编辑 | 剪切”命令，再打开目标盘或目标文件夹，选择“编辑 | 粘贴”命令。先选定要复制的文件或文件夹，按下 Ctrl+X 组合键，切换到目标文件夹窗口，按下 Ctrl+V 组合键。或者选定对象后，选择“文件和文件夹任务”窗格中的“移动”命令，在弹出的对话框中选择要移动的目的地。单击“移动”按钮，即可将选定的对象移动到指定的位置。

（2） 在同一驱动器之间的移动

用鼠标按住要移动的非程序文件或文件夹，直接拖到目标位置。注意，在同一驱动器上拖动程序文件是建立文件的快捷方式，而不是移动文件。

（3） 在不同驱动器之间的移动

先选定要复制的文件或文件夹，按住 Shift 键的同时，拖动要移动的文件或文件夹到目标位置。

### 4. 查看或修改文件或文件夹的属性

文件除了文件名外，还有文件大小、占用空间、创建时间等信息，这些信息称为文件属性。除了这些信息外，文件还有以下几个重要属性。

（1） 只读属性

设置为只读属性的文件只能读，不能修改或删除，只读起保护作用。

（2） 隐藏属性

具有隐藏属性的文件在一般情况下是不显示的。如果设置了显示隐藏文件和文件夹，则隐藏的文件和文件夹是浅色的，以表明它们与普通文件不同。

（3） 存档属性

任何一个新创建或修改的文件都有存档属性。

在“资源管理器”中，可以方便地查看或修改文件和文件夹的属性。

① 选定要查看或修改属性的文件或文件夹。

② 在“资源管理器”窗口中，选择“文件 | 属性”命令，打开文件或文件夹属性对话框，如图 2-30 所示。

③ 在“常规”选项卡中，显示了文件及文件夹的名称、类型、位置、大小，创建的日期和时间、最近一次修改的日期和时间，最近一次访问的日期和时间等属性。

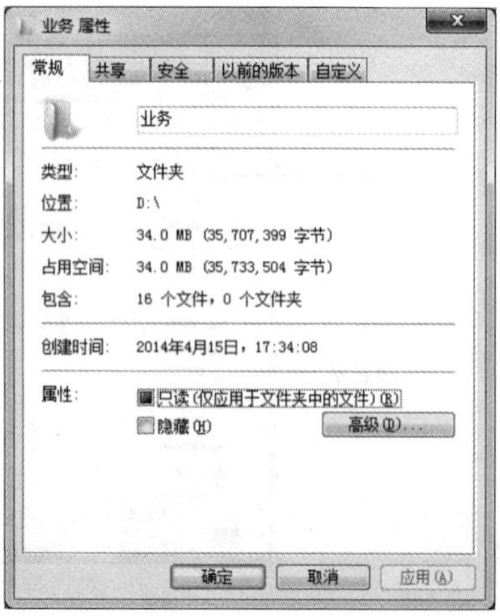


图 2-30 文件夹属性对话框

④ 在“属性”栏中可以查看或修改文件或文件夹的属性。

⑤ 单击“应用”或“确定”按钮。

# 案例三　定制工作环境与故障处理

【任务描述】

李晓华在日常办公时，结合工作任务实际，她需要利用 Windows 7 的控制面板完成系统管理与环境设置。另外，由于计算机连入网络再加上部门人员频繁使用 U 盘，计算机感染了病毒，计算机运行速度减慢，并且频繁出现死机现象。为此她需要添加杀毒软件，并进行故障处理。

- 添加微软拼音输入法、删除全拼输入法。
- 添加 360 卫士、删除金山词霸应用程序、添加 IIS 组件。
- 安装打印机 Canon LBP3000，并设置为默认打印机。
- 进入安全模式查杀病毒。
- 设置系统还原点。

【任务分析】

在 Windows 7 中利用控制面板可以实现系统管理与环境设置。要完成系统管理与环境设置，李晓华首先要熟悉控制面板的基本构成，掌握控制面板的使用方法，掌握利用控制面板添加/删除程序、添加/删除输入法、添加删除硬件等。

【实施方案】

## 任务 1　定制工作环境

李晓华利用控制面板添加了输入法、字库、打印机，并为自己安装了所需要的应用程序，有效地完成了系统资源管理与环境设置任务。

### 1. 添加微软拼音输入法、删除全拼输入法

Windows 7 提供了多种中文输入法，用户可以根据不同的习惯选择相应的输入法进行汉字的输入。

（1） 打开和关闭输入法

默认情况下，系统启动后出现的是英文输入法，用户可单击“任务栏”右端的语言栏上的图标，弹出当前系统已装入的输入法菜单，单击要使用的输入法，即可切换到该输入法。

用户可以使用 Ctrl+Shift 组合键在英文输入法及各种中文输入法之间进行切换，用“Ctrl+空格键”可以在当前中文输入法和英文输入法之间切换。

（2） 添加/删除输入法

对于 Windows 7 自带的输入法，如果输入法菜单中没有显示，可通过“文字服务和输入语言”对话框来进行安装；如果要使用其他非 Windows 7 自带的输入法，如极品五笔输入法、紫光拼音等，则需使用相应的软件进行安装。

① 添加输入法。

如果要添加 Windows 7 自带的而没有显示在输入法菜单中的输入法，可用以下方法进行安装：右击“语言栏”，在弹出的快捷菜单中选择“设置”命令，打开如图 2-31 所示的“文本服务和输入语言”对话框，单击其中的“添加”按钮，打开“添加输入语言”对话框，在“输入语言”下拉列表框中选择输入的语言，并单击“确定”按钮。

本案例选择“微软拼音输入法”，如图 2-32 所示。单击“确定”按钮后，该输入法即添加到“语言栏”中的输入法菜单中。

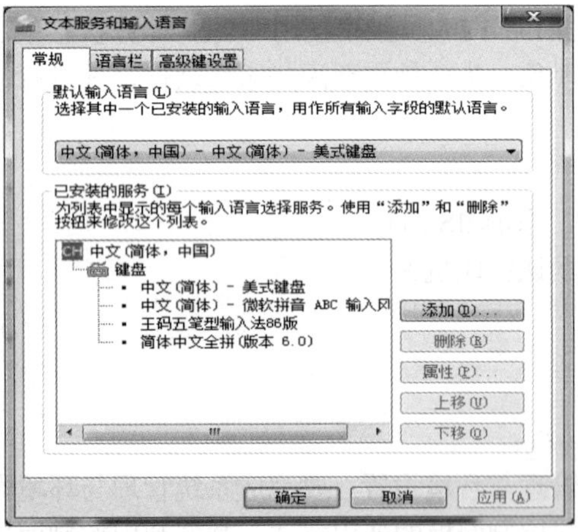


图 2-31 “文本服务和输入语言”对话框

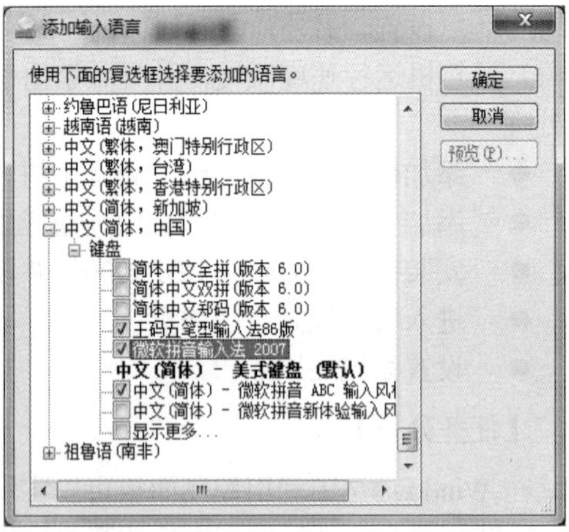


图 2-32 “添加输入语言”对话框

② 删除输入法。

如果要删除某种输入法，打开“文本服务和输入语言”对话框后，在“已安装的服务”列表框中选择要删除的输入法，然后单击“删除”按钮。

本案例选择“简体中文全拼”，然后单击“删除”按钮即可。

（3） 设置默认输入法

计算机启动时会使用一个已安装的输入法作为默认输入法。Windows 7 中默认的输入法是英文输入法，用户可以将自己习惯使用的输入法设置为默认输入法。

打开“文本服务和输入语言”对话框后，在“默认输入语言”下拉列表框中选择要设置为默认语言的输入法，然后单击“确定”按钮，即可将该输入法设置为默认输入法。

### 2. 添加应用程序“360 卫士”、卸载应用程序“金山词霸”、添加 IIS 组件

在 Windows 7 环境下可运行多种应用程序，在使用它们之前首先要进行安装，不再使用时，也可从系统中卸载，以节约系统资源。“程序和功能”是 Windows 7 控制面板中的一个组件，用于安装、更改和卸载程序，包括各种应用程序和 Windows 7 组件。其优点是保持 Windows 7 对安装和卸载过程的控制，不会因为误操作而造成对系统的破坏。在“控制面板”窗口中双击“程序和功能”图标，即可打开“程序和功能”窗口，如图 2-33 所示。

（1） 更改或卸载程序

要更改或卸载应用程序，需要在“程序和功能”窗口中的“卸载或更改程序”列表框中选择要更改或卸载的程序，单击“更改或卸载程序”按钮，再根据不同程序的需要和提示进行操作。本案例选择“金山词霸”。

图 2-33 “程序和功能”窗口

（2） 添加新程序

若要从本地计算机（例如光盘或硬盘）添加程序，运行相应的安装程序，在安装程序向导的提示下，执行相应的操作，即可完成应用程序的安装。本案例需要运行 360 卫士安装程序。

（3） 添加/删除 Windows 组件 IIS

默认安装完成 Windows 7 后，系统只安装了一些最常用的组件。要添加或删除 Windows 组件，可以在“程序和功能”窗口中单击“打开或关闭 Windows 功能”，打开如图 2-34 所示的“Windows 功能”对话框，在“组件”列表框中选中要添加的 IIS 组件复选框，或者清除要删除的 IIS 组件复选框，然后单击“确定”按钮，弹出如图 2-35 所示的安装或删除 IIS 组件对话框，过几分钟后即可完成 IIS 组件的添加或删除。

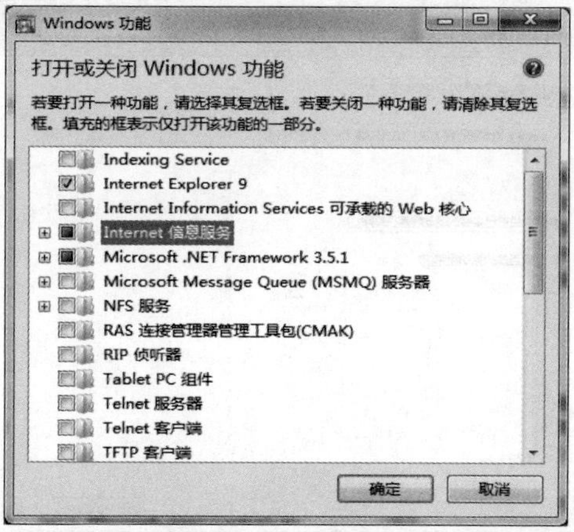


图 2-34 “Windows 功能”对话框

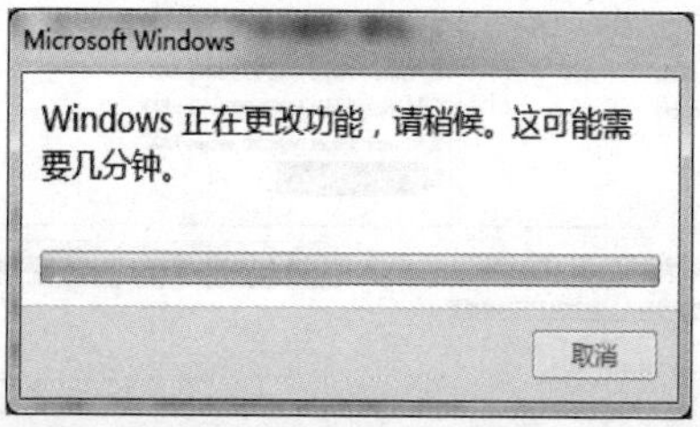


图 2-35 安装或删除 IIS 组件对话框

### 3. 安装打印机 Canon LBP3000，并设置为默认打印机

（1） 添加打印机

添加打印机实际上就是安装打印机驱动程序。在安装打印机之前，先确认打印机与计算机是否已正确连接，同时应了解打印机的生产厂商和型号。

① 在“控制面板”窗口中单击“设备和打印机”，弹出“添加打印机”对话框，如图 2-36 所示。

② 在“添加打印机”对话框中单击“添加本地打印机”，弹出“选择打印机端口”对话框，如图 2-37 所示。

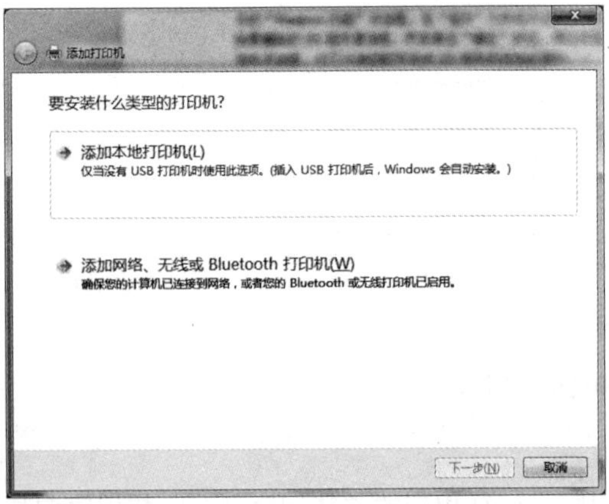


图 2-36 “添加打印机”对话框

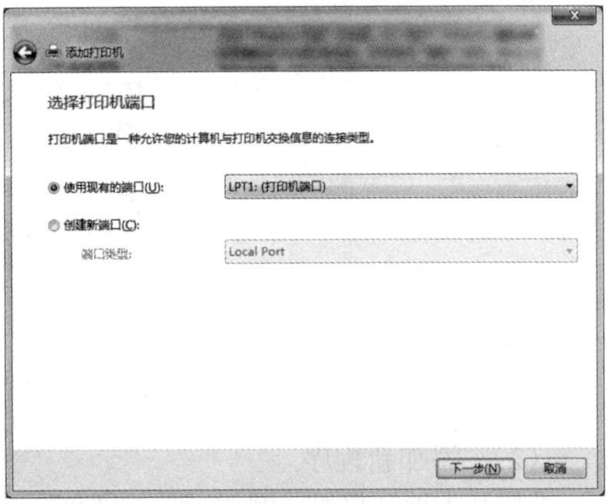


图 2-37 “选择打印机端口”对话框

③ 在“选择打印机端口”对话框中选择“使用现有的端口”单选按钮，并单击“下一步”按钮，弹出“安装打印机驱动程序”对话框，在左侧列表框中选择打印机制造商为 Canon，在右侧列表框中选择打印机型号为 Canon LBP3000，如图 2-38 所示。

④ 单击“下一步”按钮，打开“选择要使用的驱动程序版本”对话框，在对话框中选择使用当前已安装的驱动程序（推荐），如图 2-39 所示。

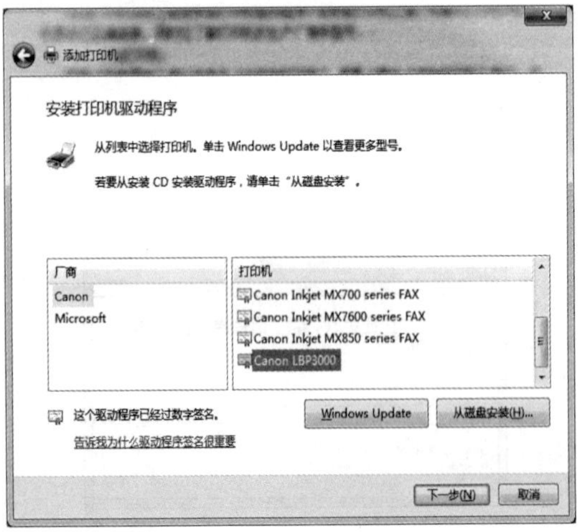


图 2-38 “安装打印机驱动程序”对话框

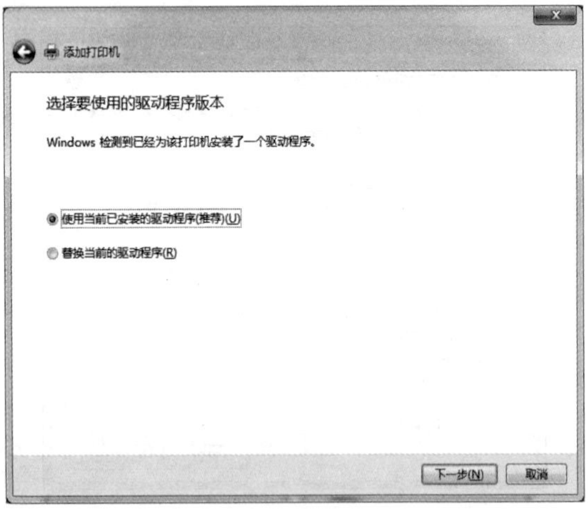


图 2-39 “选择要使用的驱动程序版本”对话框

⑤ 单击“下一步”按钮，打开“键入打印机名称”对话框，输入打印机的名称，如图 2-40 所示。

⑥ 单击“下一步”按钮，设置打印机共享，如图 2-41 所示。

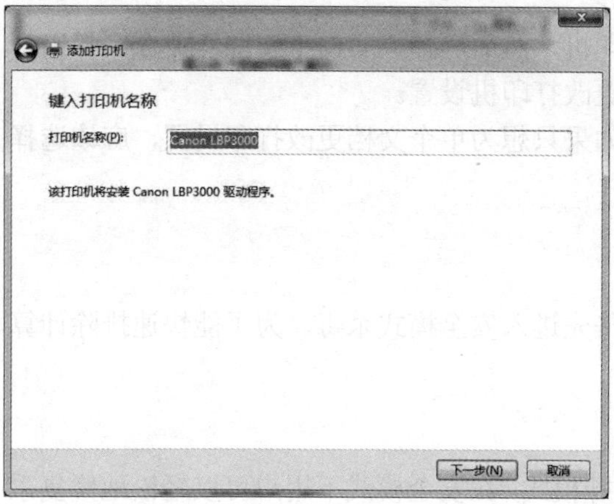


图 2-40　命名打印机

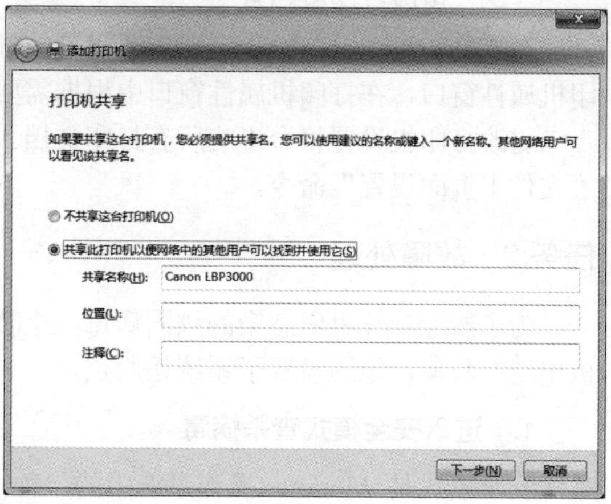


图 2-41　共享打印机

⑦ 单击“下一步”按钮，在弹出的对话框中勾选“设置为默认打印机”复选框，并单击“完成”按钮，如图 2-42 所示。

安装完成后，打印机的图标将出现在设备和打印机文件夹中，如图 2-43 所示。

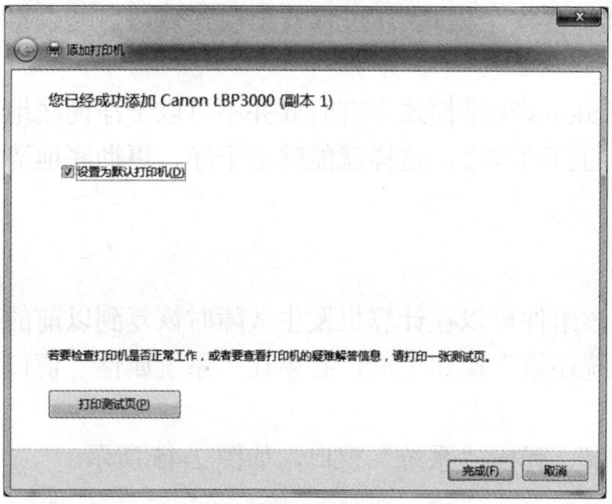


图 2-42　设置为默认打印机

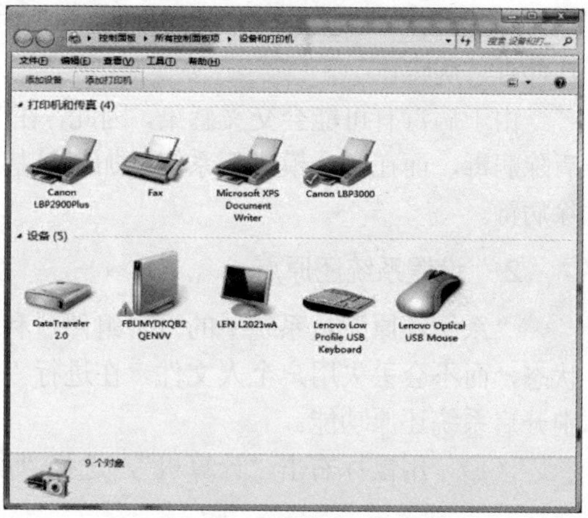


图 2-43　设备和打印机文件夹窗口

（2）　打印文档

文档打印有两种方法。

① 如果文档已在相应的应用程序中打开，则选择“文件｜打印”命令打印文档。

② 如果文档未在相应的应用程序中打开，将文档直接拖动到“打印机”图标上即可。

打印文档时，在任务栏上将出现一个打印机图标。该图标消失表示文档打印完毕。

（3）　查看打印机状态

在文档打印过程中，用鼠标左键双击任务栏右侧的打印机图标则出现打印队列窗口，其中包含该打印机的所有打印作业。如果要取消或暂停要打印的文档，则可选定该文档，然后选择“打印机”菜单中的相应命令即可完成操作。文档打印完成后，任务栏右侧的打印机图标自动消失。

（4） 更改打印机设置

在“打印机”窗口中选定要更改设置的打印机，然后选择“文件 | 属性”命令，弹出打印机属性窗口，在打印机属性窗口中根据需要更改打印机设置。

更改打印机设置将会影响所有打印文档。如果只想为单个文档更改打印设置，应该选择“文件 | 页面设置”命令。

## 任务 2 故障处理

为了清除计算机所感染的顽固病毒，李晓华先进入安全模式杀毒。为了能快速排除计算机出现的故障，她还设置了系统还原点。

### 1. 进入安全模式查杀病毒

安全模式是 Windows 操作系统中的一种特殊模式，在安全模式下用户可以轻松地修复系统的一些错误。安全模式的工作原理是在不加载第三方设备驱动程序的情况下启动计算机，使计算机运行在系统最小模式，可以完成删除顽固软件或病毒、揪出恶意的自启动程序或服务等操作，方便用户检测与修复计算机系统的各种错误。

（1） 启动计算机，BIOS 加载完成之后，迅速按下 F8 键，出现“Windows 高级选项菜单”界面，如图 2-44 所示。

（2） 在“Windows 高级选项菜单”中选择“安全模式”，进入安全模式后，启动杀毒软件查杀病毒。

由于病毒有可能会交叉感染，因此，在 Windows 正常模式下有时候并不可以干净彻底地清除病毒，而在安全模式下系统只加载最基本的驱动程序，这样就能够更干净、更彻底地清除病毒。

### 2. 设置系统还原点

“系统还原”是系统中的一个组件，利用该组件可以在计算机发生故障时恢复到以前的状态，而不会丢失用户个人文件。在进行“系统还原”操作之前，必须在“系统属性”窗口中开启系统还原功能。

（1） 用鼠标右击“计算机”，选择“属性”，弹出“系统”窗口，如图 2-45 所示。

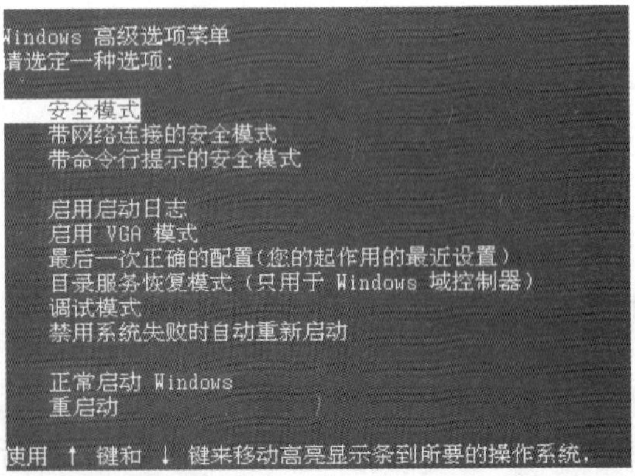


图 2-44 Windows 高级选项菜单

图 2-45 “系统”窗口

（2） 在“系统”窗口中，单击左侧的系统保护选项，弹出“系统属性”对话框，如图

2-46 所示。

（3） 在“系统属性”对话框中，选择“系统保护”选项卡，然后在“保护设置”选项框中选择相应的驱动器，本案例选择“本地磁盘（C:）”，并单击“配置”按钮，弹出“系统保护本地磁盘”对话框，如图 2-47 所示。在对话框中勾选“还原系统设置和以前版本的文件”单选项，并单击“确定”按钮。

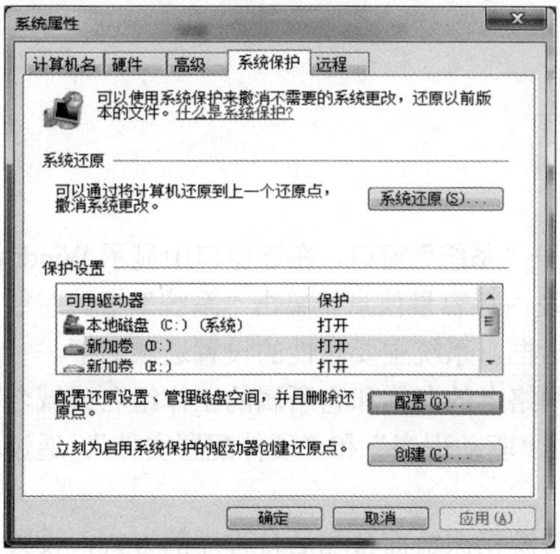


图 2-46 “系统属性”对话框

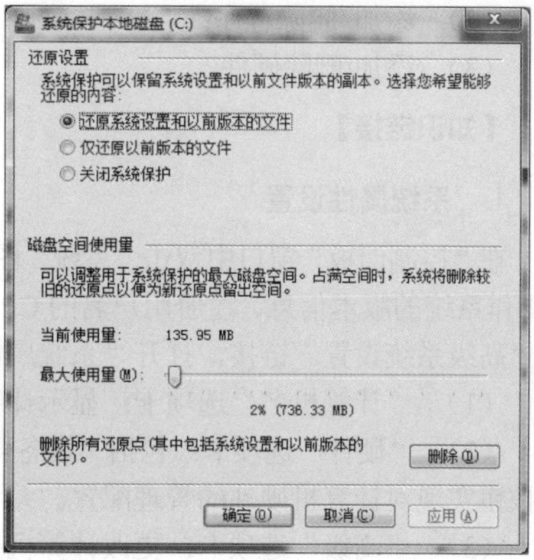


图 2-47 “系统保护本地磁盘”对话框

（4） 返回到“系统属性”对话框，在对话框中，单击“创建”按钮，弹出“系统保护”对话框，如图 2-48 所示。在对话框中输入还原点名称，并单击“创建”按钮，系统便会自动创建还原点。

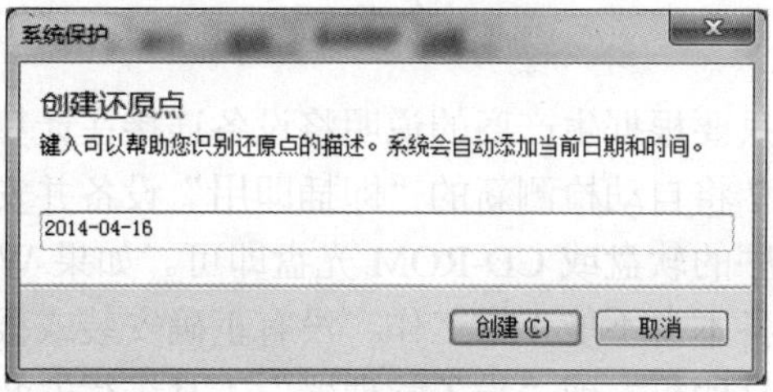


图 2-48 “系统保护”对话框

## 实训项目 定制工作环境

### 1. 实训目标

（1） 熟悉控制面板的基本构成；
（2） 掌握控制面板的使用方法；
（3） 掌握应用程序的添加/删除；
（4） 掌握输入法的添加/删除等。

### 2. 实训要求

（1） 添加“中文简体-搜狗拼音”输入法，删除“微软拼音”输入法；

（2） 添加腾讯 QQ 应用程序；

（3） 安装打印机 Epson LQ-1600K，并设置为默认打印机，不打印测试页，并且脱机使用；

（4） 进入安全模式查杀病毒，并修复系统的一些错误。

### 3. 相关知识点

（1） 添加/删除输入法；

（2） 添加/删除程序；

（3） 添加/删除硬件。

**【知识链接】**

### 1. 系统属性设置

在“控制面板”窗口中双击“系统”图标，打开“系统”窗口，在该窗口中显示 Windows 7 操作系统的版本信息、注册用户名的 CPU 频率及内存容量信息。单击“系统”窗口左栏中的“高级系统设置”链接，打开“系统属性”对话框，系统主要属性的设置选项如下。

（1） “计算机名”选项卡：显示计算机在网络上的名称和它所属的工作组名或域名。

（2） “硬件”选项卡：包括“设备管理器”、“驱动程序”和“硬件配置文件”。通过相应按钮实现对计算机硬件的管理配置。

（3） “高级”选项卡：更改计算机处理器资源指派给前台和后台程序的方式，设置计算机页面文件和注册表大小；更改环境变量；更改打开计算机时启动的默认操作系统；选择系统意外终止时，Windows 7 应采取的操作。

（4） “系统保护”选项卡：通过对“在所有驱动器上关闭系统还原”复选框的设置，控制是否跟踪并更正对计算机进行的更改。

（5） “远程”选项卡：设置“远程协助”和“远程桌面”。

### 2. 添加硬件

对于即插即用设备，只要根据生产商的说明将设备连接在计算机上，然后打开计算机启动 Windows 7，Windows 7 将自动检测新的“即插即用”设备并安装所需要的驱动程序，必要时插入含有相应驱动程序的软盘或 CD-ROM 光盘即可。如果 Windows 7 没有检测到新的“即插即用”设备，则设备本身不能正常工作、没有正确安装或根本没有安装。这时需要使用控制面板中的“设备和打印机”或“设备管理器”工具进行安装。

## 练习题

### 1. 选择题

（1） 在窗口中关于当前窗口的有关信息显示在_______中。

A. 标题栏　　B. 导航窗格

C. 状态栏　　D. 地址栏

（2） 要选中某个对象时，通常使用鼠标的_______操作。

A. 单击　　B. 双击

C. 右击　　D. 拖动

（3） 可执行文件的扩展名为________。

A. COM　　　　B. EXE

C. BAK　　　　D. BAT

（4） 数字锁定键是________。

A. Caps Lock　　　　B. Num Lock

C. Scroll Lock　　　　D. Pause

（5） 在 Windows 7 的“资源管理器”窗口右部，若已单击了第一个文件，再按住 Ctrl 键，并单击了第 5 个文件，则________。

A. 有 0 个文件被选中　　　　B. 有 5 个文件被选中

C. 有 1 个文件被选中　　　　D. 有 2 个文件被选中

（6） 在 Windows 7 中，能直接进行中/英文转换的操作是________。

A. Shift + Space　　　　B. Ctrl + Space

C. Ctrl + Alt　　　　D. Ctrl + Shift

（7） 按下________组合键，可以迅速锁定计算机。

A. Ctrl + M　　　　B. Win +M

C. Ctrl + L　　　　D. Win +L

（8） 在 Windows 7 环境下，文档文件都与某个应用程序关联。类型名.txt 的关联应用程序名是________。

A. 画图　　　　B. 写字板

C. Word　　　　D. 记事本

（9） 在 Word 下打开“Wan1.DOC”文档，经过修改，想将编辑后的文档以“Wan2.DOC”为名存盘，应当执行“文件”菜单中的________命令。

A. 保存　　　　B. 另存为

C. 另存为 Web 页　　　　D. 发送

（10） Windows 7 是________。

A. 工具软件　　　　B. 应用软件

C. 系统软件　　　　D. 办公自动化软件

（11） 下列操作中能在各种输入法之间切换的是________。

A. Ctrl+Shift 组合键　　　　B. Ctrl+空格键

C. Alt+F 功能键　　　　D. Shift+空格键

（12） 画图程序可以实现________。

A. 制作动画　　　　B. 查看和编辑图片

C. 编辑文档　　　　D. 编辑表格

（13） 关于添加打印机，正确的描述是________。

A. 在同一操作系统中只能安装一台打印机

B. 在 Windows 7 中不能安装网络打印机

C. 在 Windows 7 中可以安装多台打印机，但同一时间只有一台打机印是默认的

D. 以上都不对

（14） Windows 7 的菜单项前带有“ √”标记的表示________。

A. 选择该项将打开一个下拉菜单　　　　B. 选择该项将打开一个对话框

C. 该项是复选项且被选中　　　　　　　D. 该项是单选项且被选中

（15） 在 Windows 7 中，用于定制工作环境的应用程序是________。

A. 计算机　　　　　　　　B. 资源管理器

C. 控制面板　　　　　　　D. 任务管理器

（16） 要想文件不被修改和删除，可把文件设置成________。

A. 存档文件　　　　　　　B. 隐含文件

C. 只读文件　　　　　　　D. 系统文件

2. 填空题

（1） 在 Windows 7 中，文件或文件夹的管理可以在“计算机”或__________中进行。

（2） 如果软件没有自带卸载程序，可以使用系统的__________对软件进行卸载。

（3） 文件名一般由__________和__________两部分组成，这两部分用一个小圆点隔开。__________代表文件的类型。

（4） 在 Windows 7 中选取某一菜单后，若菜单项后面带有省略号（…），表示单击该项（或执行该命令）后将打开一个__________。

（5） 当某个窗口占满整个桌面时，双击窗口的标题栏，可以使窗口__________。

（6） 用“写字板”所创建文件的默认扩展名为__________。

（7） 在 Windows 7 中，当用鼠标左键在不同驱动器之间拖动对象时，系统默认的操作是__________。

3. 简答题

（1） 如果某个应用程序或文件夹经常用到，应该怎么设置？

（2） 如何限制他人使用自己的计算机？

（3） 如何添加/删除输入法？

（4） 什么是库？如何创建与使用库？

（5） 什么是快捷方式？使用快捷方式有什么好处？

（6） 搜索文件和文件夹的含义是什么？如何限定搜索条件？

# 模块3　Word 2010 文字处理软件

## 教学目标：

通过本模块的学习，用户可以熟悉 Word 2010 的工作环境，理解 Word 2010 的基本功能及用途，熟练掌握 Word 2010 文档的管理与操作、文本的基本编辑及段落排版技术，掌握图形、图片及艺术字的插入与格式设置，熟练掌握表格的制作编辑及数据的排序与公式计算、目录及邮件合并等操作方法，从而使用户可以轻松地制作图文并茂、具有专业水准的精美文档。

## 教学内容：

本章主要介绍 Word 2010 软件的基本概念和使用 Word 2010 编辑文档、排版、页面设置、表格制作和图形绘制等基本操作。主要包括：

1. Word 2010 的基本概念，启动和退出。
2. 文档的创建、输入、打开、保存、保护和打印。
3. 文本的选定、移动与复制、插入与删除、查找与替换等基本编辑技术。
4. 文字格式、段落设置、页面设置和分栏等基本排版技术。
5. 图片和艺术字的插入与格式设置、图形的绘制和编辑。
6. 表格的制作、修改以及表格中文字的编排和格式设置等。
7. 表格中数据的排序与公式计算。
8. 邮件合并。

## 教学重点与难点：

1. 文档的基本编辑。
2. 文字格式及段落设置。
3. 图形、图片的编辑与格式设置。
4. 表格的制作及编排。
5. 表格中数据的排序与公式计算。
6. 邮件合并。

## 案例一　制作一封信

**【任务描述】**

新生军训结束后，学校将在新生中举行“一封家书”活动，要求每个学生利用 Word 字处理软件写封电子稿家信发给父母，同时也希望家长们能给孩子回信。

**【任务分析】**

“一封家书”内容中主要包括文字、符号、日期和时间等。要完成制作，必需先熟悉Word的基本知识、界面主要组成元素和相关按钮的使用，掌握Word文档的新建、内容输入、保存、修改等基本操作。信件文本内容编辑版面效果参考如图3-1所示。

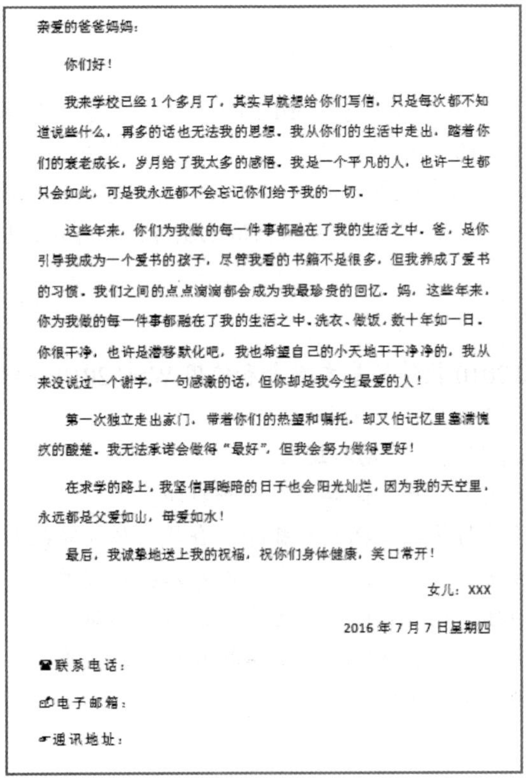

亲爱的爸爸妈妈：

你们好！

我来学校已经1个多月了，其实早就想给你们写信，只是每次都不知道说些什么，再多的话也无法我的思想。我从你们的生活中走出，踏着你们的衰老成长，岁月给了我太多的感悟。我是一个平凡的人，也许一生都只会如此，可是我永远都不会忘记你们给予我的一切。

这些年来，你们为我做的每一件事都融在了我的生活之中。爸，是你引导我成为一个爱书的孩子，尽管我看的书籍不是很多，但我养成了爱书的习惯。我们之间的点点滴滴都会成为我最珍贵的回忆。妈，这些年来，你为我做的每一件事都融在了我的生活之中。洗衣、做饭，数十年如一日。你很干净，也许是潜移默化吧，我也希望自己的小天地干干净净的，我从来没说过一个谢字，一句感激的话，但你却是我今生最爱的人！

第一次独立走出家门，带着你们的热望和嘱托，却又怕记忆里塞满愧疚的酸楚。我无法承诺会做得“最好”，但我会努力做得更好！

在求学的路上，我坚信再晦暗的日子也会阳光灿烂，因为我的天空里，永远都是父爱如山，母爱如水！

最后，我诚挚地送上我的祝福，祝你们身体健康，笑口常开！

女儿：XXX

2016年7月7日星期四

☎联系电话：

电子邮箱：

☞通讯地址：

图3-1　“一封家书”效果图

**【实施方案】**

## 任务1　认识Word 2010

Microsoft Office 2010是目前最为流行的办公自动化软件之一，Word 2010作为Microsoft Office 2010的重要组件之一，在人们日常办公应用中占有重要的地位。它充分利用Windows图形界面的优势，基本操作和使用方法简单，功能强大，具有丰富的文字处理功能；图、文、表格并茂；提供菜单和图标的操作方式，易学易用，使用它可以排版内容极为丰富多彩的文档，如书籍、信函、通知、公文、报刊、简历、海报等，真正实现所见即所得的效果。

### 1. Word 2010的功能

（1）文档管理

包括创建文档、输入文本、以多种方式保存文档、自动保存文档、文档加密及意外恢复等。

（2） 文档的编辑与排版

包括文本的插入、删除、移动、复制、查找和替换等操作，页面有多种美观的排版方式，以提高排版效率，制作出丰富多彩的文章。

（3） 所见即所得

它采用了 Windows 的 TrueType 字体，文字格式丰富，字体可以无级放大而不出现锯齿边。编辑时，在屏幕上见到的就是可以得到的结果，真正实现了“所见即所得”的效果。

（4） 图文混排

图文混排是 Word 的一大功能。在图文混排的状态下，仍可以做到“所见即所得”。可以利用 Word 提供的图形工具在文档中插入图形或图片，也可以插入由其他软件产生的图形或图片，使文档具有图文并茂的效果。

（5） 表格制作

利用 Word 软件不仅可以自动创建一般的表格，还可以用手动的方式绘制特殊的表格，以完成各种复杂表格的制作。Word 提供丰富的表格编辑功能和表格的自动套用格式，使得表格的制作成为一件轻松的事情。

（6） 兼容性好

Word 能把 WPS 和纯文本等格式的文件转换成 Word 格式进行处理，也可以把 Word 格式的文件转换成 WPS 或 PDF 等其他格式的文件。它的兼容性为用户提供了方便。

（7） 撤销和重复操作的功能

利用“撤销操作”的功能可以恢复被误删除的文字，利用“重复操作”的功能可以多次重复同一个操作。

（8） 自动更正

Word 可以让用户根据自己的习惯来建立自动更正库，在输入英文单词时会自动修正单词的拼写错误。例如，可能在输入时常常会把 the 错输成 hte 或 teh，那么可以在自动更正库中加入 hte 和 teh 这两项，以后再输错时，Word 就会自动更正为 the 了。

（9） 自动生成目录

可以快速地完成目录的要求，并且内容改变时，更新和修改目录也非常方便。

（10） 邮件合并

如果将内容大同小异的信函发给一批人，可使用邮件合并功能来简化工作。

### 2. Word 2010 的启动和退出

（1） 启动

启动 Word 2010 有多种方法，用户可以根据个人的习惯选择。其中常用的启动 Word 的方法有以下 3 种。

① 常规方法

在 Windows 下运行一个应用程序的操作，单击“开始 | 程序（P） | Microsoft Office | Microsoft Office Word 2010”命令。

② 快捷方式

双击 Windows 桌面上的 Word 2010 快捷方式图标，这是启动 Word 的一种快捷的方法。

③ 利用文档启动 Word 2010

打开保存有 Word 文档的文件夹，双击一个 Word 2010 文档的文件名，系统会自动启动

Word 2010，并将该文档装入到系统内。

（2） 退出 Word

退出 Word 的方法有以下几种，可任选其一：

① 单击“文件”下拉菜单中的“退出”命令。

② 单击标题栏右端 Word 窗口的关闭按钮。

③ 双击标题栏左端 Word 窗口的 Word 图标。

④ 利用快捷键：按下 Alt+F4 组合键。

在执行退出 Word 的操作时，如文档输入或修改后尚未保存，那么 Word 将会出现一个对话框，询问是否要保存文档，这时若单击“是”按钮，则保存当前输入或修改的文档，而且 Word 还会出现另一个对话框询问保存到的文件夹和文档类型等；若单击“否”按钮，则放弃当前所输入或修改的内容，退出 Word；若单击“取消”按钮，则取消这次操作，继续工作。

### 3. Word 2010 的工作窗口

Word 2010 启动后，首先看到的是 Word 2010 的标题屏幕，然后出现 Word 窗口并自动创建一个名为“文档 1”的新文档。其窗口由快速访问工具栏、标题栏、功能区、工作区和状态栏等部分组成。在 Word 窗口的工作区中包含标尺、滚动条、文档编辑区和视图切换按钮等，如图 3-2 所示。

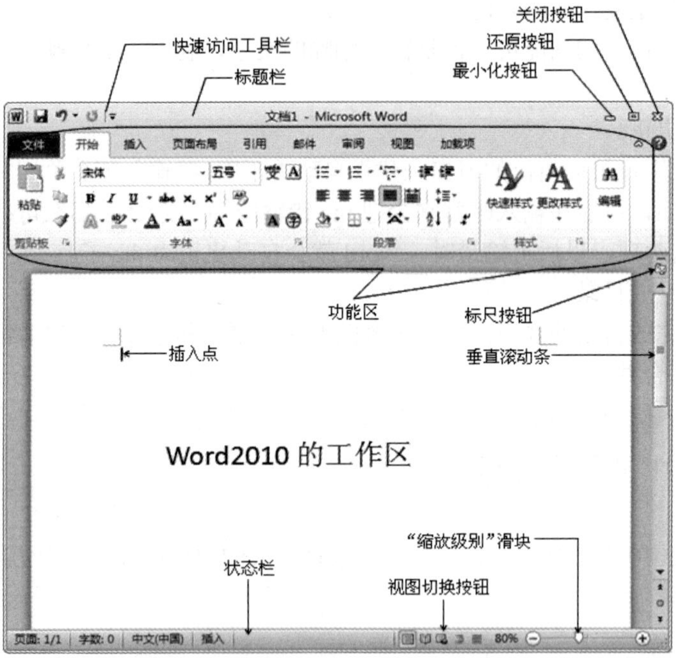


图 3-2 Word 2010 主窗口的组成

熟悉 Word 窗口的主要组成部分和它们的功能对掌握 Word 的操作是有益的，下面分别对 Word 窗口的主要组成部分作简要说明。

（1） 标题栏

标题栏位于程序窗口的最上方，快速访问工具栏的右面，显示了程序名称、当前编辑的文档名和“最小化”、“向下还原/最大化”及“关闭”按钮。“最小化”按钮 用于将程序窗口缩小为一个图标显示在屏幕最底端的任务栏中；“向下还原/最大化”按钮 用于使 Word 程序窗口还原为上次调整后的大小或者最大化以充满整个屏幕；“关闭”按钮 用于退出 Word。在当前窗口未处于最大化或最小化状态时，用鼠标按住标题栏并拖动标题栏可移动窗口在屏幕上的位置。右击标题栏的任意位置可弹出 Word 控制菜单，用于改变窗口的大小、位置和关闭 Word。

（2） 快速访问工具栏

快速访问工具栏位于标题栏的左边，默认显示“控制菜单”、“保存”、“撤销插入”和“重复清除”4 个按钮。它是 Office 2010 的组成部分，始终显示在程序界面中。单击快速访问工具栏右端的“自定义快速访问工具栏”按钮 ，可弹出一个下拉菜单，其中包含一些常用工具，如“新建”、“打开”、“打印预览”、“绘制表格”等，如图 3-3 所示。

在“自定义快速访问工具栏”下拉菜单中选择某一命令，即可使其显示在快速访问工具栏中；而取消对其选择，又可将其隐藏。若在下拉菜单中选择“在功能区下方显示”命令，则可以将快速访问工具栏移到功能区的下方显示。

（3） “文件”选项卡

“文件”选项卡位于 Word 2010 程序窗口的左上角，单击该按钮弹出一个下拉菜单，其中包括一些常用的命令及选项按钮，并列出最新打开过的文档，以便用户快速打开这些文档，如图 3-4 所示。

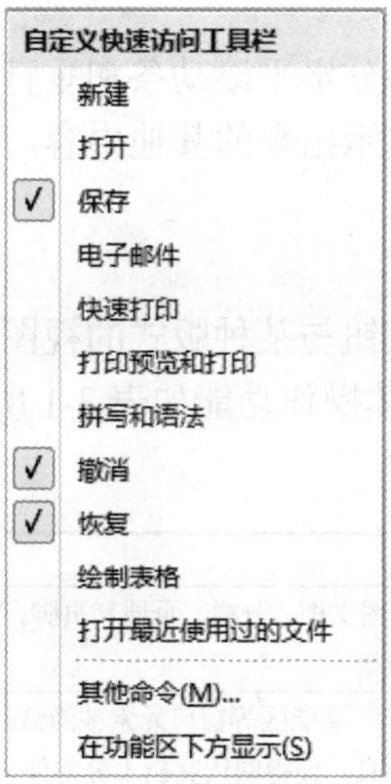


图 3-3 快速访问工具栏及其下拉菜单

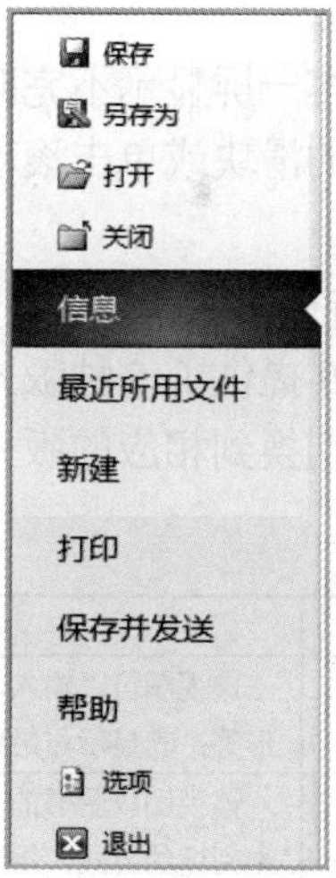


图 3-4 “文件”选项卡下拉菜单

（4） 功能区

Word 2010 的功能区位于快速访问工具栏和标题栏的下方，它代替了传统的菜单栏和工具栏，可以帮助用户快速找到完成某一任务所需的命令。功能区中的命令被组织在逻辑组中，逻辑组集中在选项卡下。每个选项卡都与一种类型的活动相关。

为了减少混乱，功能区中的某些选项卡只在需要时才显示。例如，仅当选择图片后，才显示“图片工具”选项卡。

用户可以用最小化功能区以增大屏幕中可用的空间，方法是单击“自定义快速访问工具栏”按钮，在弹出的下拉菜单中选择“功能区最小化”命令。在功能区最小化的情况下，若要使用其中的命令，只需单击包含该命令的选项卡标签，即可显示功能区，然后单击要使用的选项或命令即可。操作完毕，功能区会依然返回到最小化状态。

（5） 工作区

工作区即文档编辑区，是 Word 2010 主窗口中的主要组成部分。用户在该区域对文档进行输入、编辑、修改和排版等工作。在工作区的右侧，除垂直滚动条外，还有几个具有特殊作用的按钮：“标尺”、“前一次查找/定位”、“选择浏览对象”和“下一次查找/定位”按钮。它们的作用分别如下：

① 标尺。

“标尺”：用于显示或隐藏标尺。标尺有水平标尺和垂直标尺两种，在普通视图和 Web 版式下只能显示水平标尺，只有在页面视图下才能显示水平和垂直两种标尺。标尺除了显示文字所在的实际位置、页边距尺寸外，还可以用来设置制表位、缩进段落、改变栏宽、调整页边距、左右缩进、首行缩进等。

② 文档编辑区。

标尺下面是文档内容的显示区，称为文档编辑区，在此可以输入、编辑、排版和查看文档。

③ 插入点和文档结束标记。

在编辑区中闪烁的垂直竖线“I”，称为插入点。它表示键入字符将显示的位置。每输入一个字符，插入点自动向右移动一格，在编辑文档时，可以移动“I”状的鼠标指针并单击，来移动插入点的位置，也可使用光标移动键将插入点移到所希望的位置。

④ 滚动条。

当文档内容一屏显示不完时会自动出现滚动条。滚动条分水平滚动条和垂直滚动条，可拖动滚动条中的滑块或单击滚动箭头来翻动查看一屏中未显示出来的其他内容，从而浏览整个文档。

⑤ 视图与视图切换按钮。

Word 2010 提供了 5 种版式视图，该按钮组中的每个按钮与某种版式的视图对应，单击对应按钮即可切换到相应的版式视图。Word 中 5 种视图具体操作功能如表 3-1 所示。

**表 3-1　视图切换按钮的操作**

| 视　　图 | 视图模式功能 |
| --- | --- |
| 页面视图 | 该视图可以输入、编辑和排版文档，也可以处理页边距、图文框、分栏、页眉和页脚、Word 绘制的图形等；其显示与最终打印的效果相同，具有所见即所得的效果 |
| 阅读版式视图 | 该视图以图书的分栏样式显示 Word 文档，“文件”选项卡、功能区等窗口元素被隐藏起来。它模拟书本阅读的方式，用户可以单击“工具”按钮选择各种阅读工具，使得阅读文档十分方便 |
| Web 版式视图 | 该视图使正文显示得更大，显示和阅读文章最佳。可看到背景和为适应窗口而换行显示的文本，且图形位置与在 Web 浏览器中的位置一致 |
| 大纲视图 | 该视图可显示文档结构，并可通过拖动标题来移动、复制或重新组织正文。也可以“折叠”文档的标题或子标题或通过工具栏上的“升级”或“降级”按钮可以升降标题级别 |
| 草稿视图 | 该视图仅显示文本和段落格式，而不能分栏显示、首字下沉，页眉、页脚、脚注、页号、边距，以及用 Word 绘制的图形等不可见 |

⑥ 状态栏。

状态栏位于 Word 窗口的最下端，它用来显示当前的一些状态，如当前光标所在的页号、当前页/总页数、位置、行号和列号。在状态栏的右侧还提供了视图方式切换按钮和显示比例控件，从而使用户可以非常方便地在各种视图方式之间进行切换，以及调节页面的显示比例。

## 任务 2　创建文档

### 1. 一封信的创建

当启动 Word 2010 后，就会在 Word 窗口中自动打开一个名为“文档 1”的新文档，如果在编辑文档的过程中还需另外创建一个或多个新文档时，可以用下列方法之一来创建。新建的文档以创建的顺序，依次命名为“文档 2”、“文档 3”等。

（1） 单击快速访问工具栏中的“新建”按钮。

（2） 单击“文件”选项卡，在弹出的菜单中选择“新建”命令。

（3） 直接按快捷键 Ctrl+N。

使用方法（2）创建文档时，会出现如图 3-5 所示的“新建”对话框，其他两种方法则直接打开一个空白文档，不打开“新建”对话框。

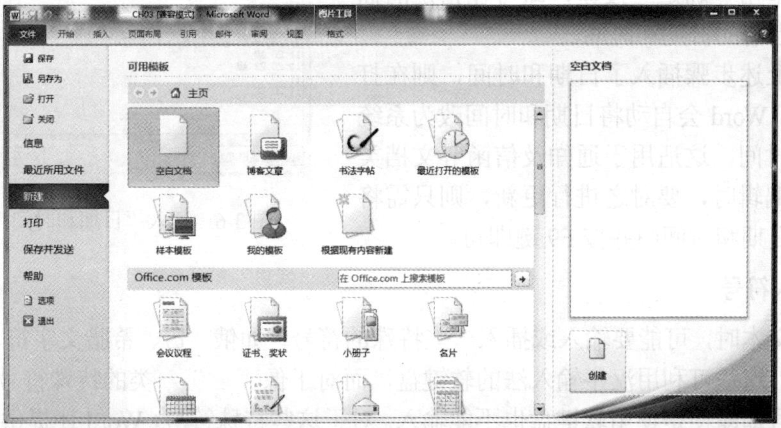


图 3-5　“新建”对话框

也可以选择“新建”对话框中的“可用模板”列表框中的“空白文档”并单击“创建”按钮来创建一个新的空白文档。

### 2. 输入信件内容

输入内容时，插入点自左向右移动。当输入到行末时，不必按 Enter 键换行，Word 会自动换行。只有完成一个段落的输入后想要另起一个新的段落时，才按 Enter 键换行。按 Enter 键，表示一个段落的结束，新段落的开始。

在中文 Word 中，既可以输入英文，又可以输入汉字。中/英文输入法的切换方法有：

（1） 单击“任务栏”右端的“语言指示器”按钮，在“输入法”列表中单击所需要的输入法。

（2） 按组合键 Ctrl+空格键可以在中/英文输入法之间切换。

（3） 按组合键 Ctrl+Shift 可以在各种输入法之间循环切换。

在中文输入法状态下，按组合键 Shift+空格键可以在半角和全角之间切换，但只有在小写字母状态时才能输入汉字，可用 CapsLock 键转换字母的大小写。

### 3. 在信件中插入日期和时间

在信件末尾插入日期可以直接键入，也可以使用“插入｜日期和时间”按钮来插入日期和时间。直接输入日期和时间后，当日期与时间发生改变时需要手工修改。用“插入”选项卡中的“日期和时间”按钮插入日期和时间，则可使之随系统日期和时间自动更新，具体步骤如下：

（1） 把插入点移到要插入日期和时间的位置。

（2） 单击“插入｜日期和时间”按钮，打开如图 3-6 所示的“日期和时间”对话框。

（3） 在“可用格式”列表框中选择合适的日期和时间格式。如果选中“自动更新”复选框，则插入的日期和时间会自动更新，否则保持原来的插入值。

（4） 单击“确定”按钮，即可在指定的插入点处插入当前的日期和时间。

如果按上述步骤插入了日期和时间，则在打印该文档时，Word 会自动将日期和时间改为系统当前日期和时间，这适用于通知及信函等文档类型。在浏览编辑时，要对之进行更新，则只需将插入点移到日期和时间中并按 F9 键即可。

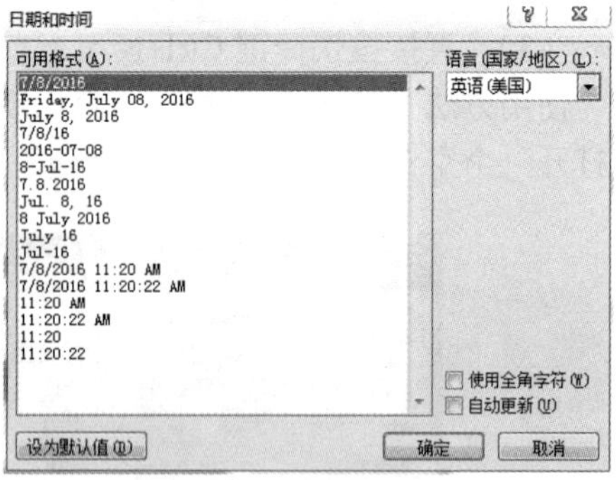


图 3-6 插入“日期和时间”对话框

### 4. 插入符号

在输入文本时，可能要输入或插入一些特殊的符号，如俄、日、希腊文字符、数学符号、图形符号等，这些可利用汉字输入法的软键盘，而对于像“✍”一类的特殊符号或“☎”一类的图形符号却即使是使用软键盘也不能输入。对于这些特殊符号，Word 还提供“插入符号”的功能，具体操作步骤如下：

（1） 把插入点移动到要插入符号的位置。

（2） 单击“插入｜符号｜其他符号（<u>M</u>）…”按钮Ω，打开如图 3-7 所示的“符号”对话框。

（3） 在“符号｜字体”列表框中选定适当的字体项，单击符号列表框中所需要的符号，该符号将以蓝底白字放大显示。

（4） 单击“插入”按钮就可将选择的符号插入到文档的插入点处。

（5） 单击“关闭”按钮，关闭“符号”对话框，返回文档。

另外，还可以使用“符号”对话框中的“特殊字符”选项卡来插入其他的特殊符号。例如：如果要插入版权符号©、注册符号®或商标符号™等不常见的特殊符号时，则可打开“符号”对话框中的“特殊字符”选项卡，选择后单击“插入”按钮即可。

为了方便起见，Word 还将单位符号、数字序号、拼音符号、标点符号、数学符号及其他一些常用的特殊符号单独组织到了一起。单击“插入｜特殊符号｜符号”按钮，选择“更多…”命令，可打开“插入特殊符号”对话框，如图 3-8 所示。在适当的选项卡中选择所需的符号，然后单击“确定”按钮将其插入到文档中。此外，常用的特殊符号会显示在“插入｜特殊符号｜符号”下拉菜单中，单击某一图标按钮即可插入相应的符号。

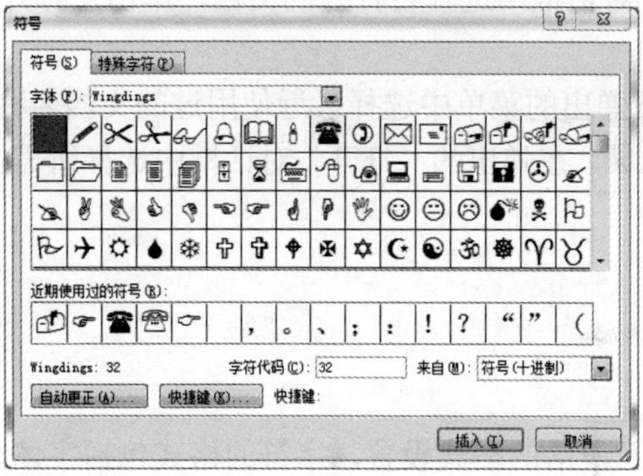


图 3-7 “符号”对话框

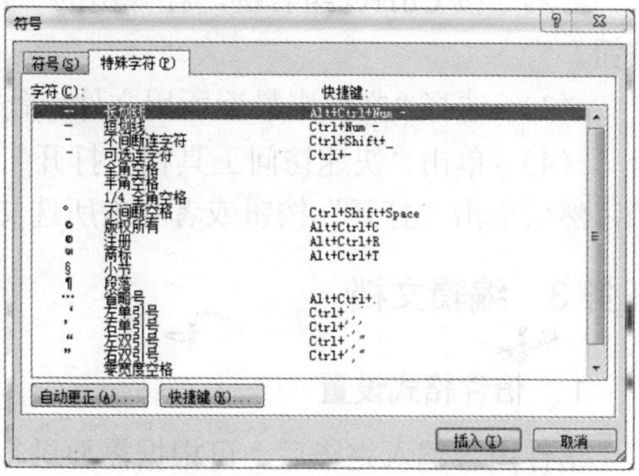


图 3-8 插入特殊字符

## 5. 保存文档

在编辑 Word 文档的过程中也要注意随时执行保存操作，以保存最新编辑数据，避免丢失文档信息。Word 2010 在保存文档时默认为 DOCX 格式，而不是传统的 DOC 格式。要使早期的 Word 版本能够打开使用 Word 2010 编辑的文档，还必须将其保存类型指定为“Word 97-2003 文档”，通常 Word 中保存文档的方法有如下几种：

（1） 单击“快速访问工具栏 | 保存”按钮。

（2） 单击“文件按钮 | 保存”命令，即可保存当前文档。

（3） 直接按快捷键 Ctrl+S。

当对新建的文档第一次进行“保存”操作时，会打开如图 3-9 所示的“另存为”对话框，在此可指定保存位置、文件名称、保存类型，设置完毕后单击“保存”按钮，即可保存文档。文档保存后，该文档窗口并没有关闭，用户可以继续输入或编辑该文档。

## 6. 打开文档

如果当前没有启动 Word 2010，可通过双击所要打开的文件名来启动 Word 并打开该文档。如果已启动了程序，则可通过以下几种方法来打开文档。

（1） 选择“文件 | 打开”命令，打开如图 3-10 所示的“打开”对话框，从中选择要打开的文档，然后单击“打开”按钮。

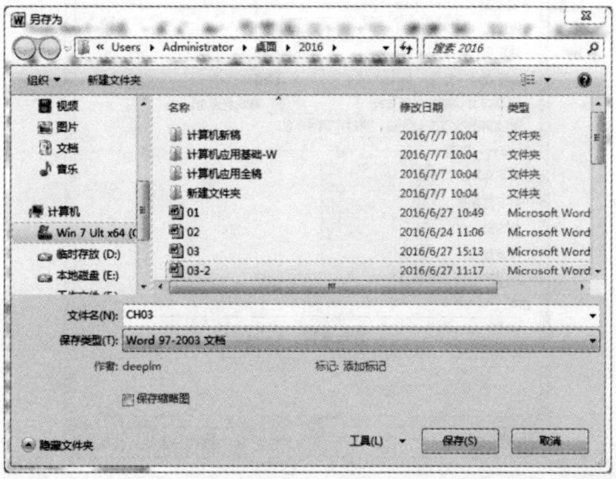


图 3-9 “另存为”对话框

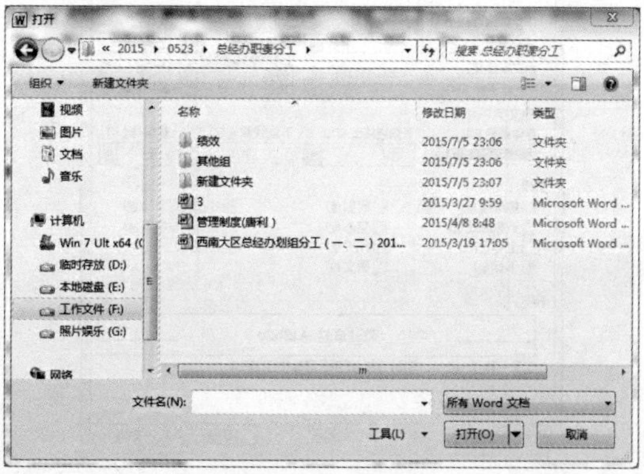


图 3-10 “打开”对话框

（2） 按 Ctrl+O 组合键，在弹出的“打开”对话框中选择要打开的文档，单击“打开”按钮。

（3） 选择“文件 | 最近所用文件”命令，从弹出的菜单中选择最近使用过的文档名称。

（4） 单击“快速访问工具栏 | 打开”按钮，在弹出的“打开”对话框中选择所需文档，然后单击“打开”按钮或者双击所选文档。

## 任务 3 编辑文档

### 1. 信件格式设置

信件内容输入完毕后，可根据需要进行文字及段落的格式设置，字符的格式包括字体、字号、字形、颜色及特殊的阴影、空心字等修饰效果。

（1） 设置文字格式

① 按钮设置。

单击“开始 | 字体”组中的“字体”、“字号”、“加粗”、“倾斜”、“下画线”、“字符边框”、“字符底纹”和“字体颜色”等按钮来设置文字的格式。

② 浮动格式工具栏。

Word 2010 还提供了一个相当智能的格式工具栏，当用户选中文档中的任意文字松开鼠标后，选中区域的右上角就会显示一个半透明的浮动工具栏，其中包含了字体、字号、对齐方式、字体颜色等格式设置工具。用鼠标指向它即可使其正常显示，如图 3-11 所示。

图 3-11 浮动格式工具栏

③ 对话框设置。

单击“开始 | 字体”右下角的按钮，弹出“字体”对话框，如图 3-12 所示。选定“字体”标签设置字体格式，在预览框中查看所设置的字体效果，确认后单击“确定”按钮。

（2） 字符间距设置

在信件中，需要将“联系电话”、“通讯地址”字符间距加宽 1.5 磅，Word 提供了 3 种方式：标准、加宽、紧缩。首先在“字体”对话框中选择“高级”标签，如图 3-13 所示。可在间距列表中选择“加宽”，在磅值项中设置“1.5 磅”，单击“确定”按钮即可。

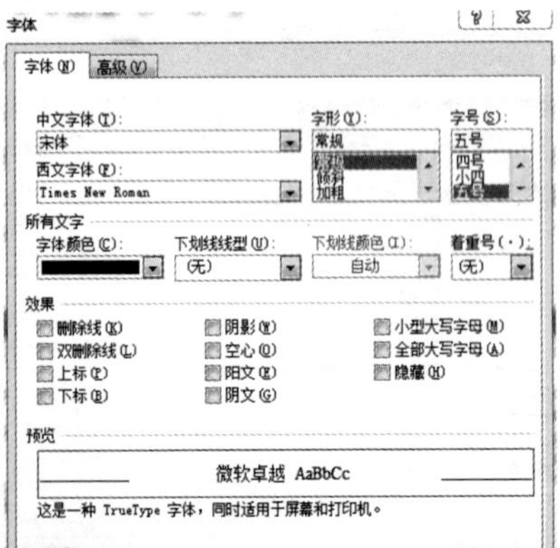


图 3-12 设置“字体”对话框

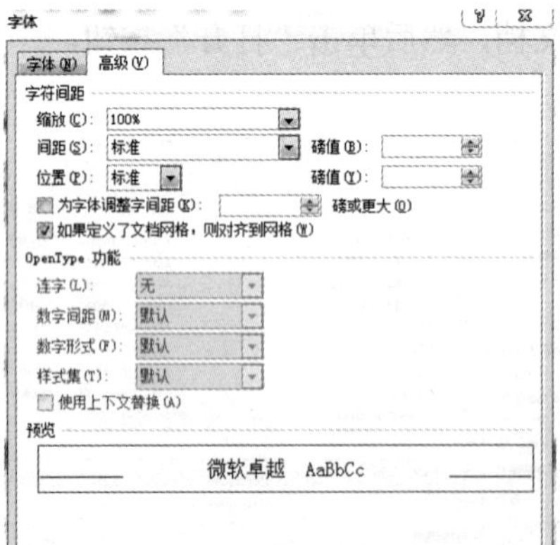


图 3-13 设置“字符间距”对话框

（3） 段间距、行间距设置

在信件中，如果需要调整各段落间距，例如：各段间距为 0.3 行、行间距为 22 磅。可单击“开始 | 段落”右下角的按钮，打开“段落”对话框，如图 3-14 所示。选择“缩进和间距”标签，可精确设置信件内容的段落间距及行间距。

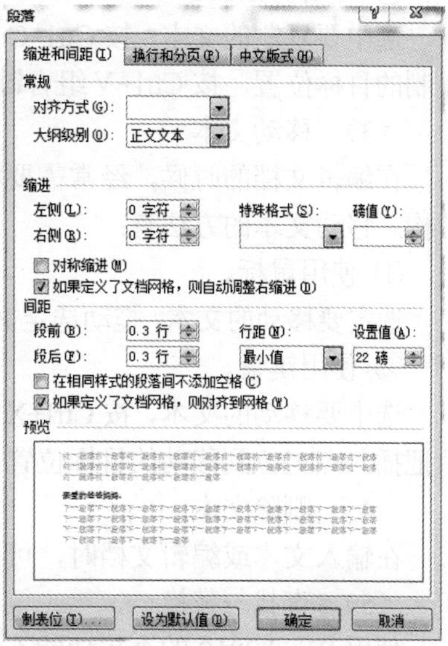

图 3-14 “段落”对话框

## 2. 信件编辑

在插入状态下（是 Word 的默认状态），每输入一个字符或汉字，插入点右面的所有文字都相应右移一个位置，可以在插入点前插入所需要的文字和符号。根据用户的需要可对文档内容进行选定、复制或剪切、移动、插入、删除等编辑操作。

（1） 选定文本

如果要复制或移动文本的某一部分，或者要对文本中某部分进行排版，则首先要选定这部分文本。

① 用鼠标选定文本：可以按住 Ctrl 键，将鼠标光标移到所要选的句子的任意位置处单击选定一个句子；拖动鼠标左键直到要选定文本区的最后一个文字并松开选定任意大小的文本区。将鼠标指针移动到所选区域的左上角，按住 Alt 键，拖动鼠标直到区域的右上角，放开鼠标可以选定矩形区域中的文本。

② 用键盘选定文本时可用的组合键如表 3-2 所示。

表 3-2 选定文本常用的组合键

| 组 合 键 | 功 能 |
| --- | --- |
| Shift+→ | 选定插入点右边的一个字符或汉字 |
| Shift+← | 选定插入点左边的一个字符或汉字 |
| Shift+↑ | 选定到上一行同一位置之间的所有字符或汉字 |
| Shift+↓ | 选定到下一行同一位置之间的所有字符或汉字 |
| Shift+Home | 从插入点选定到它所在行的开头 |
| Shift+End | 从插入点选定到它所在行的末尾 |
| Shift+PageUp | 选定上一屏 |
| Shift+PageDown | 选定下一屏 |
| Ctrl+A | 选定整个文档 |

③ 利用 Word 的扩展功能键（F8）选定文本也是很方便的，例如：按→键选取插入点右边的一个字符或汉字，按↓键选取下一行。注意：用此方法时，首先将插入点移到选定区域的开始处。按 Esc 键可以关闭扩展选取方式，再按任意键取消选项区域。

（2） 复制文本

在输入文本或编辑文档时，若重复输入一些已经输入过的内容或段落时，使用复制命令可以将内容复制到其他应用程序的文档中。方法有：

① 使用鼠标。

选定要复制的文本，按住 Ctrl 键拖动选定文本（此时指针变成箭头下带一个正方形内有加号的形状）到目标位置。

② 使用剪贴板。

选中要复制的文本，按 Ctrl+C 组合键将选定文本复制到剪贴板中。然后把插入点定位到复制的目标位置，按 Ctrl+V 组合键。

（3） 移动文本

在编辑文档的时候，经常需要将某些文本从一个位置移动到另一个位置，以调整文档的结构。移动文本的方法有：

① 使用鼠标。

选定要移动的文本，拖动选定文本（此时指针变成箭头下带一个矩形的形状）到目标位置。

② 使用键盘。

选中要移动的文本，按 Ctrl+X 组合键将选定文本从原位置处剪切，并放入剪贴板中。然后把插入点定位到移动的目标位置，按下 Ctrl+V 组合键。

（4） 删除文本

在输入文本或编辑文档时，可以利用 Backspace 键或 Delete 键删除。

（5） 查找与替换

使用 Word 2010 的查找功能不仅可以查找文档中某一指定的文本，而且还可以查找特殊符号，如段落标记、制表符等。查找和替换功能主要用于在当前文档中搜索和替换指定的文本或特殊字符，例如：查找文中的“你”并替换为“您”，如图 3-15 所示。

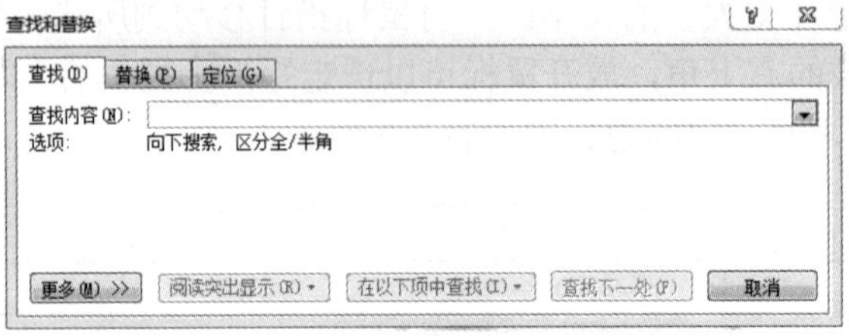


图 3-15 “查找和替换”对话框

（6） 撤销与恢复

在“快速访问工具栏”中有一组“撤销 XX”和“重复 XX”（或“恢复 XX”）命令，其中“XX”两字是随着不同的操作而改变的。例如：做了一次键入“你们好”三个字的操作后，那么这组命令就变为“撤销键入”和“重复键入”。如果此时单击“重复键入”命令，那么就在插入点处重复键入“你们好”三个字，此命令可以不断使用；如果单击了“撤销键入”命令，那么刚刚键入的“你们好”三个字就被清除了，同时“重复键入”的命令变成了“恢复清除”命令。单击“恢复清除”命令又可以把前面清除的“你们好”三个字再恢复到文档中。

在“快速访问工具栏”中有“撤销”和“恢复”两个按钮和列表框。对于编辑过程的误操作（例如：误删除了不应删除的文本），可用“快速访问工具栏”中的“撤销”按钮来挽回。单击“撤销”按钮右端的下拉箭头按钮可以打开记录各次编辑操作的列表框，最上面的一次操作是最近的一次操作，单击一次“撤销”按钮撤销一次操作，如果选定“撤销”列表框中某次操作，那么这次操作上面的所有操作也同时撤销。同样，所撤销的操作可以按“恢复”按钮重新执行。

## 实训项目　制作求职信

### 【任务描述】

学校将在下周邀请大型企业来我校举行招聘会，希望每一位求职者对自己预求职的单位提前递交一份求职信，具体文本内容编辑版面效果参考如图 3-16 所示。

尊敬的领导：

您好！

我是 XX 职业技术学院的一名学生，即将面临毕业。

XX 职业技术学院素以治学严谨、育人有方而著称；三年来，在师友的严格教益及个人的努力下，我具备了扎实的专业基础知识，系统地掌握了专业知识；熟悉涉外工作常用礼仪；具备较好的英语听、说、读、写、译等能力；能熟练操作计算机办公软件。同时，我利用课余时间广泛地涉猎了大量书籍，不但充实了自己，也培养了自己多方面的技能。更重要的是，严谨的学风和端正的学习态度塑造了我朴实、稳重、创新的性格特点。

此外，我还积极地参加各种社会活动，抓住每一个机会，锻炼自己。大学三年，我深深地感受到，与优秀学生共事，使我在竞争中获益；向实际困难挑战，让我在挫折中成长。前辈们教我勤奋、尽责、善良、正直；学院培养了我实事求是、开拓进取的作风。我热爱贵单位所从事的事业，殷切地期望能够在您的领导下，为这一光荣的事业添砖加瓦；并且在实践中不断学习、进步。

收笔之际，郑重地提一个小小的要求：无论您是否选择我，尊敬的领导，希望您能够接受我诚恳的谢意！祝愿贵单位事业蒸蒸日上！

此致

敬礼

XXX

2016 年 5 月 12 日

图 3-16　“求职信”制作效果图

### 1. 实训目标

通过本案例的学习，使学生充分了解文档的基本操作，掌握合理的文本字符输入方法，学会插入日期及各种符号，掌握对文字的格式设置，为后期文档的编辑处理奠定基础。

### 2. 实训任务

新建 Word 文档，制作求职信的内容输入不少于 500 字（自定义分段），并以“学号-姓名（求职信）”命名保存在 E:\个人文件夹中。具体要求如下：

（1）“求职信”内容要以自己的专业方向或工作意向为主题；

（2）内容包含文字、特殊符号、日期等；

（3）根据纸张大小合理设置字间距、行间距和段间距。

## 案例二　制作迎新欢迎词

**【任务描述】**

新学期开学了，学校将要举行新生开学典礼，请你作为学生代表发言，向新生致欢迎词，具体内容案例效果如图 3-17 所示。

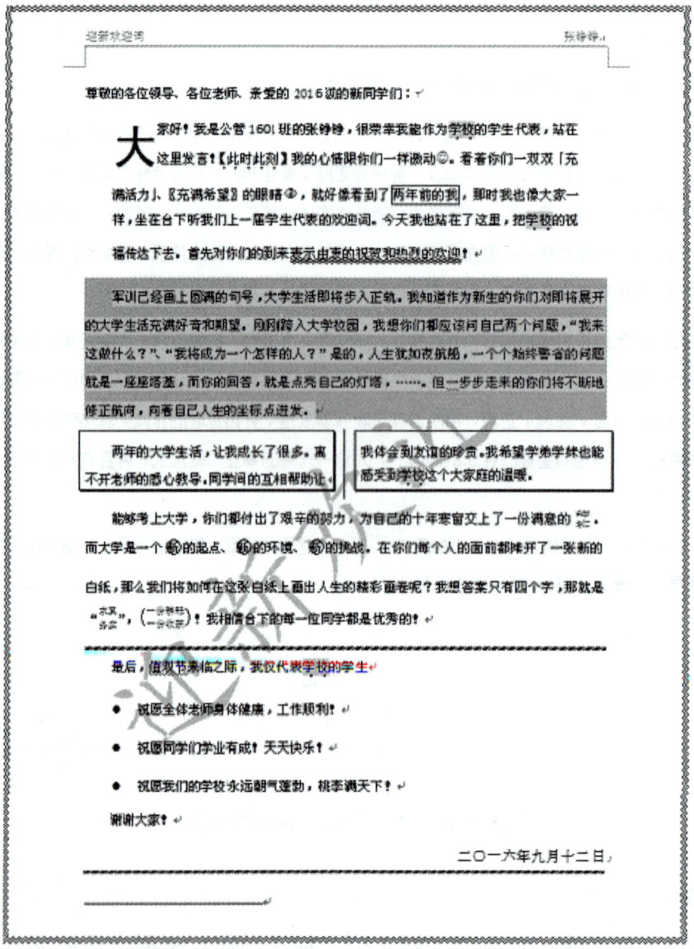
迎新欢迎词　张铮铮

尊敬的各位领导、各位老师、亲爱的 2016 级的新同学们：

大家好！我是公管 1601 班的张铮铮，很荣幸我能作为学校的学生代表，站在这里发言！【此时此刻】我的心情跟你们一样激动☺。看着你们一双双「充满活力」、『充满希望』的眼睛②，就好像看到了两年前的我，那时我也像大家一样，坐在台下听我们上一届学生代表的欢迎词。今天我也站在了这里，把学校的祝福传达下去。首先对你们的到来表示由衷的祝贺和热烈的欢迎！

军训已经画上圆满的句号，大学生活即将步入正轨。我知道作为新生的你们对即将展开的大学生活充满好奇和期望。刚刚跨入大学校园，我想你们都应该问自己两个问题，“我来这做什么？”、“我将成为一个怎样的人？”是的，人生犹如夜航船，一个个始终警省的问题就是一座座塔基，而你的回答，就是点亮自己的灯塔，……。但一步步走来的你们将不断地修正航向，向着自己人生的坐标点进发。

两年的大学生活，让我成长了很多。离不开老师的悉心教导，同学间的互相帮助让我体会到友谊的珍贵。我希望学弟学妹也能感受到学校这个大家庭的温暖。

能够考上大学，你们都付出了艰辛的努力，为自己的十年寒窗交上了一份满意的答卷。而大学是一个新的起点、新的环境、新的挑战。在你们每个人的面前都摊开了一张新的白纸，那么我们将如何在这张白纸上画出人生的精彩画卷呢？我想答案只有四个字，那就是“求真务实”，（一份耕耘一份收获）！我相信台下的每一位同学都是优秀的！

最后，值双节来临之际，我仅代表学校的学生

- 祝愿全体老师身体健康，工作顺利！
- 祝愿同学们学业有成！天天快乐！
- 祝愿我们的学校永远朝气蓬勃，桃李满天下！

谢谢大家！

二〇一六年九月十二日

图 3-17　“迎新欢迎词”排版效果

**【任务分析】**

“迎新欢迎词”内容中主要包括文字、项目符号、文字及段落的边框和底纹、特殊字符、脚注等。要完成制作，必需先熟悉 Word 文档的基本排版和编辑操作，掌握在 Word 文档中文字格式及段落格式的设置等操作。

**【实施方案】**

## 任务 1　设置文本格式

### 1. 迎新欢迎词的创建与保存

启动 Word 2010，输入欢迎词内容并插入特殊符号，选择“文件 | 保存”（或“另存为”）命令，打开“另存为”对话框。在“文件名”下拉列表框中输入“迎新欢迎词”，单击“保存”按钮，将建立“迎新欢迎词.docx”的文档文件。

### 2. 在迎新欢迎词中添加文字的边框和底纹

边框是围在文本或段落四周的框（不一定是封闭的）；底纹是指用背景颜色填充一个段落或部分文本。例：两年前的我加文字边框，学校加文字底纹。具体操作步骤如下：

（1） 选择将要加边框和底纹的文本内容。

（2） 单击“开始 | 段落 | 边框和底纹”按钮下拉菜单中的“边框和底纹”命令，打开如图 3-18 所示的“边框和底纹”对话框。

（3） 打开“边框”标签。在“边框”选项卡的“设置”、“样式”、“颜色”和“宽度”等列表框中选定合适的参数。在“应用于”列表中选定为“文字”，即可针对所选择的文字添加边框。

（4） 在预览框中查看结果，确认后单击“确定”按钮。

另外，如果要加“底纹”，那么单击“底纹”标签类似上述操作，如图 3-19 所示。在选项卡中选定底纹的颜色和图案；在“应用于”列表中选定为“文字”；在预览框中查看结果，确认后单击“确定”按钮。

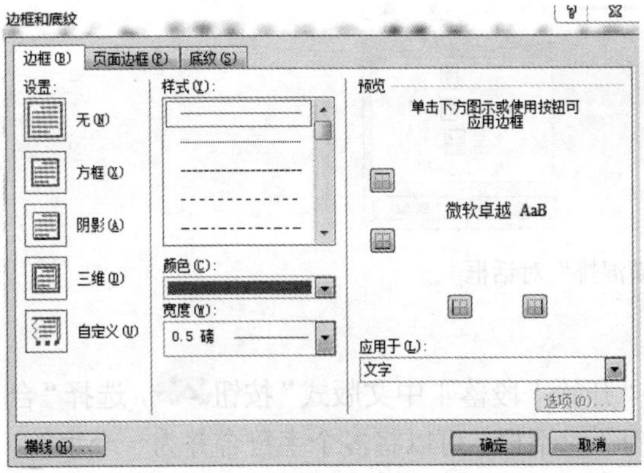


图 3-18　“边框和底纹”对话框

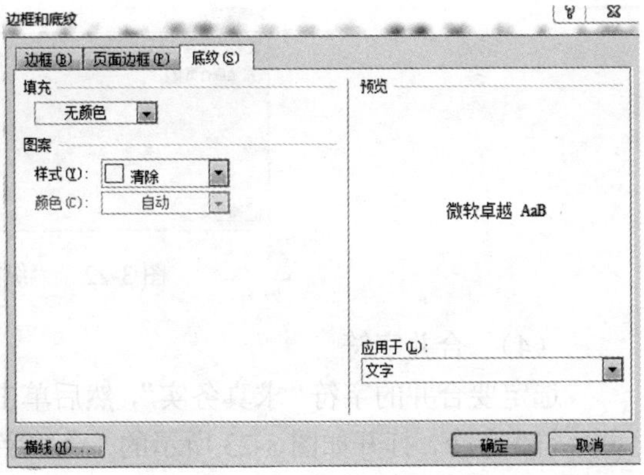


图 3-19　设置“底纹”对话框

### 3. 在迎新欢迎词中设置文字特殊格式

在迎新欢迎词内容的编辑排版中，还有一些比较特殊的排版格式，具体操作方法及步骤如下：

（1） 首字下沉

选择第一段文本，单击“插入 | 文本 | 首字下沉”按钮，可在弹出的下拉菜单中选择首字的下沉样式，选择“首字下沉选项”命令，还打开“首字下沉”对话框，设置更多选项，如图 3-20 所示。

（2） 带圈字符

首先选定要插入带圈字符的文本“新”，单击“开始｜字体｜带圈字符”按钮，打开如图 3-21 所示的“带圈字符”对话框，在“字符”下的文本框内输入字符，在“圈号”框内选择要加的圈的形状，单击“确定”按钮，就可以为字符“新”加圈号，例如：㊍。也可以根据需要为子符添加其他的圈号，例如：正方形□、三角形△和菱形◇。

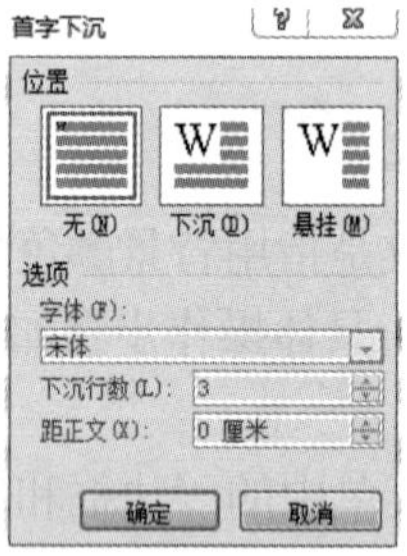


图 3-20 “首字下沉”对话框

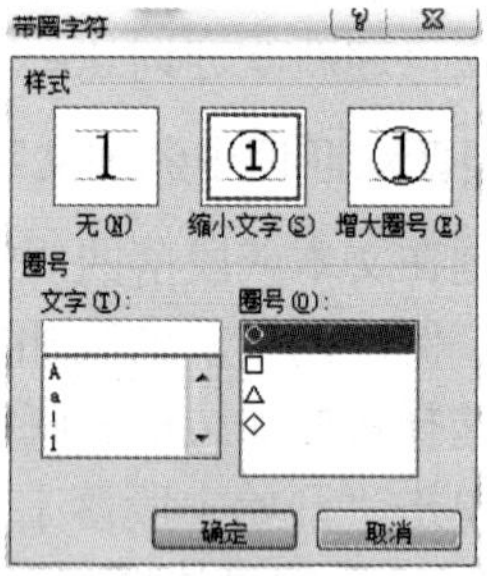


图 3-21 “带圈字符”对话框

（3） 纵横混排

首先选定要纵向显示的文本“答卷”，然后单击“开始｜段落｜中文版式”按钮，选择“纵横混排”命令，打开如图 3-22 所示的“纵横混排”对话框，便可以使文字纵向与横向混合排版，例如：一份满意的答卷。如果要恢复原来的样子，就将光标定位在混排的文字中，打开“纵横混排”对话框，单击“删除”按钮后单击“确定”按钮。

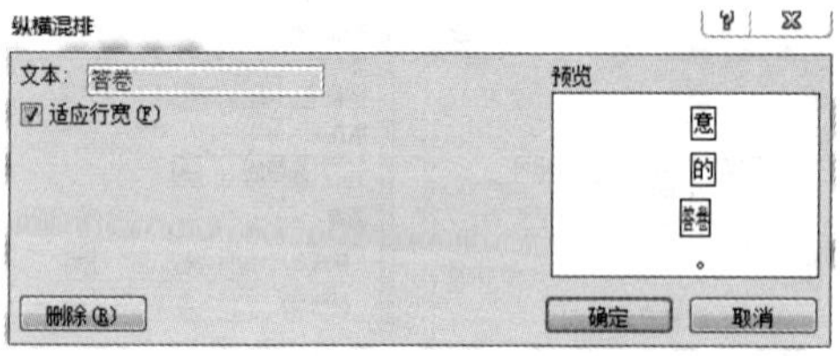


图 3-22 “纵横混排”对话框

（4） 合并字符

选定要合并的字符“求真务实”，然后单击“开始｜段落｜中文版式”按钮，选择“合并字符”命令，打开如图 3-23 所示的“合并字符”对话框，可以将多个字符合并为一个字符，如：求真务实。如果想取消字符的合并，则可以把光标定位在被合并的字符中，打开“合并字符”对话框，单击“删除”按钮，文档中的合并字符效果就消失了。

（5） 双行合一

选定要合并的文字“一份耕耘一份收获”，单击“开始｜段落｜中文版式”按钮，选择“双行合一”命令，打开如图 3-24 所示的“双行合一”对话框，选定的文字已经出现在“文字”输入框中，从“预览”窗中可以看到效果。如果想要“双行合一”后的文字带上括号，可以将“带括号”选项前的复选框选中。单击“确定”按钮，文档中的这些文字就变成了一行的高度中显示两行的样子，如：（一份耕耘一份收获）。

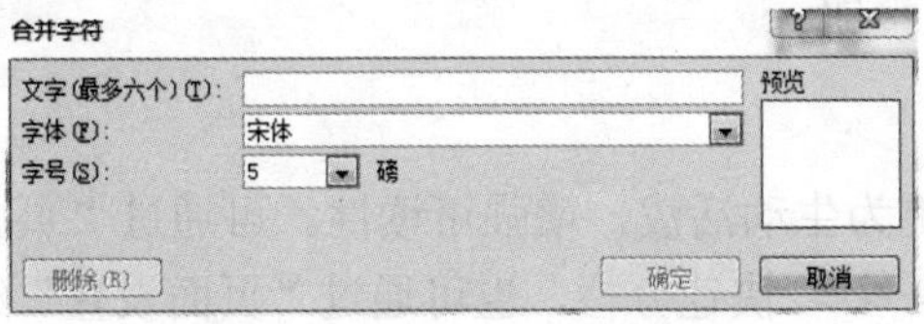


图 3-23 “合并字符”对话框

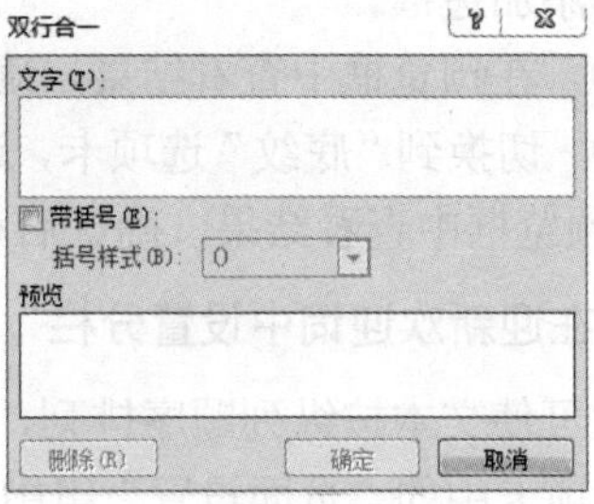


图 3-24 “双行合一”对话框

如果要取消双行合一，可以把光标定位到这个双行合一处，打开“双行合一”对话框，单击“删除”按钮就可以将两行上的文字合为一行。

“双行合一”同“合并字符”的作用有些相似，但不同的是：“合并字符”有 6 个字符的限制，而“双行合一”没有，“合并字符”时可以设置合并的字符的字体的大小，而“双行合一”却不行。

## 任务 2　设置段落格式

### 1. 设置迎新欢迎词的段落缩进

（1）选定需要设置格式的段落，单击“开始 | 段落”右下角的按钮，打开“段落”对话框，选择“缩进和间距”标签，可精确设置各段落的缩进方式。

（2）使用标尺可以快速灵活地设置段落的缩进，水平标尺上有 4 个缩进滑块，如图 3-25 所示。用鼠标拖动滑块时可以根据标尺上的尺寸确定缩进的位置。

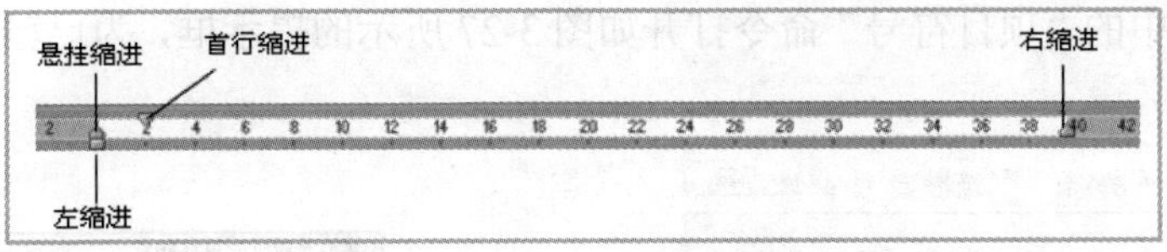


图 3-25 标尺上的缩进滑块

①“首行缩进”：用于使段落的第一行缩进，其他部分不动。

②“悬挂缩进”：用于使段落除第一行外的各行缩进，第一行不动。

③“左缩进”：用于使整个段落的左部跟随滑块移动缩进。

④“右缩进”：用于使整个段落的右部跟随滑块移动缩进。

拖动相应标记块即可改变缩进方式；先按住 Alt 键再拖动相应标记块，可显示位置值。

### 2. 在迎新欢迎词中添加段落的边框和底纹

（1） 选择将要加边框和底纹的段落。

（2） 单击“开始 | 段落 | 边框和底纹”按钮下拉菜单中的“边框和底纹”命令，打开对话框。

（3） 切换到“边框”选项卡，在“边框”选项卡的“设置”、“样式”、“颜色”和“宽度”等列表框中选定合适的参数。在“应用于”列表中选定为“段落”，即可针对所选择的文字或段落添加边框。

（4） 在预览框中查看结果，确认后单击“确定”按钮。

（5） 切换到“底纹”选项卡，选定底纹的颜色和图案；在“应用于”列表中选定为“段落”；在预览框中查看结果，确认后单击“确定”按钮。

### 3. 在迎新欢迎词中设置分栏

分栏可使文本按纵列顺序排列，使版面显得更为生动活泼，增强可读性。可通过“页面布局”选项卡中的“页面设置”组中的分栏按钮快速分栏，也可通过“页面设置”组中的“更多分栏”命令对文档进行分栏，具体操作如下：

（1） 选定需要分栏的文本内容（例如：第三段）。

（2） 单击“页面布局 | 页面设置 | 分栏”按钮，选定“更多分栏”命令，打开“分栏”对话框，如图 3-26 所示。

（3） 选定“预设”框中的分栏格式，或在“列数”文本框中键入分栏数，在“宽度和间距”框中设置栏宽和间距。

（4） 单击“栏宽相等”复选框，则各栏的宽度相等，否则可以逐栏设置宽度。

（5） 单击“分隔线”复选框，可以在各栏之间加一分割线。

（6） 在“应用范围”框中有“整篇文档”、“插入点以后”、“所选文字”等，选定后单击“确定”按钮。

如果对整篇文档分栏时，显示结果未达到预想的效果，改进的办法是先在文档结束处插入分节符，然后再分栏。只有在页面视图或打印预览下才能显示分栏效果。

### 4. 添加项目符号

选择需要添加项目符号的文档段落文本，单击“开始 | 段落 | 项目符号”按钮。也可使用快捷菜单中的“项目符号”命令打开如图 3-27 所示的提示框，为已输入的段落添加项目符号。

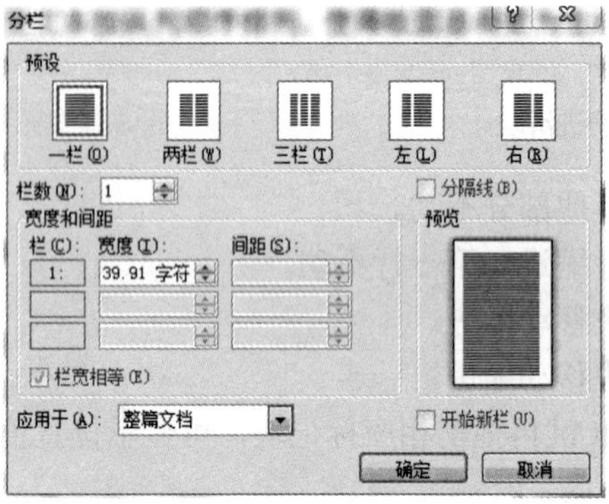


图 3-26 “分栏”对话框

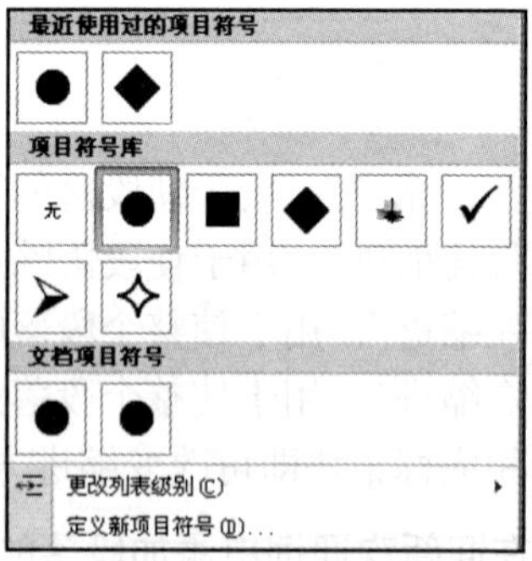


图 3-27 项目符号框

## 任务 3 设置页面格式

### 1. 添加页面背景、页面边框及文字水印

“页面布局 | 页面背景”组中的工具用于设置文档页面的背景效果，其中各选项的功能

如下。

（1）“水印”：用于在页面内容后面插入虚影文字。通常表示要将文档特殊对待或提示。

① 单击“水印”按钮，单击“自定义水印…”命令，弹出“水印”对话框，如图 3-28 所示。

② 选择“文字水印”项，在文字列表框中输入“迎新欢迎词”，并选择合适的文字格式，单击“确定”按钮即可为文本添加文字水印效果。

另外，也可通过“图片水印”项设置，为文档添加图片水印效果。

（2）“页面颜色”：用于选择页面的背景颜色或图案效果。

（3）“页面边框”：用于添加或更改页面周围的边框，例如：为本文添加红色双曲线边框效果。

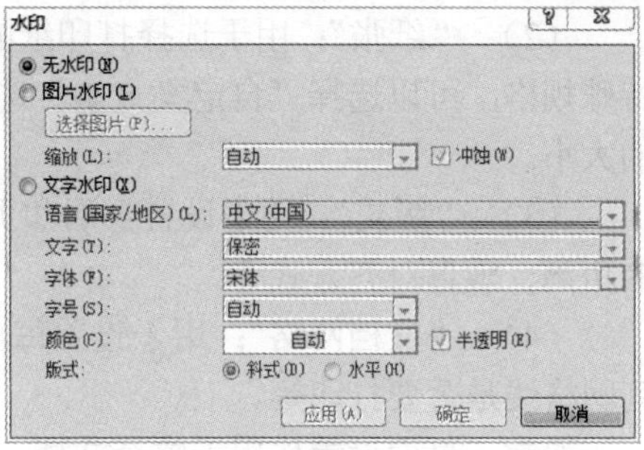


图 3-28 “水印”对话框

**2. 插入页眉\页脚及页码**

页眉和页脚通常用于打印文档，页眉出现在每页的顶端，打印在上页边距中；而页脚出现在每页的底端，打印在下页边距中。用户可以在页眉或页脚中插入文本或图形，如页码、日期、徽标、文档标题、文件名或作者名等，以美化文档。

（1） 插入页眉和页脚

① 单击“插入 | 页眉和页脚”组中的“页眉和页脚”按钮，在弹出的“页眉和页脚”菜单中选择“编辑页眉”。

② 在页眉区中输入文本和图形。

③ 要创建页脚，单击“页眉和页脚”组中的“页眉和页脚”按钮，在弹出的“页眉和页脚”菜单中选择“编辑页脚”。然后输入文本或图形。

④ 单击“设计 | 关闭页眉和页脚”按钮。

（2） 删除页眉或页脚

删除一个页眉或页脚时，Word 2010 中自动删除整篇文档中相同的页眉或页脚。

① 单击“插入”选项卡中的“页眉和页脚”组中的“页眉和页脚”按钮，在弹出的“页眉和页脚”菜单中选择“删除页眉”或“删除页脚”。

② 在页眉或页脚区中选定要删除的文字或图形，然后按 Delete 键。

**3. 页面设置**

页面设置包括设置纸张的大小、页边距、页眉和页脚的位置、每页容纳的行数和每行容纳的字数等。在新建一个文档时，其页面设置使用于大部分文档。用户也可以根据需要自行设置，通过“页面布局 | 页面设置”组中的按钮或在“页面设置”对话框中进行操作，如图 3-29 所示。

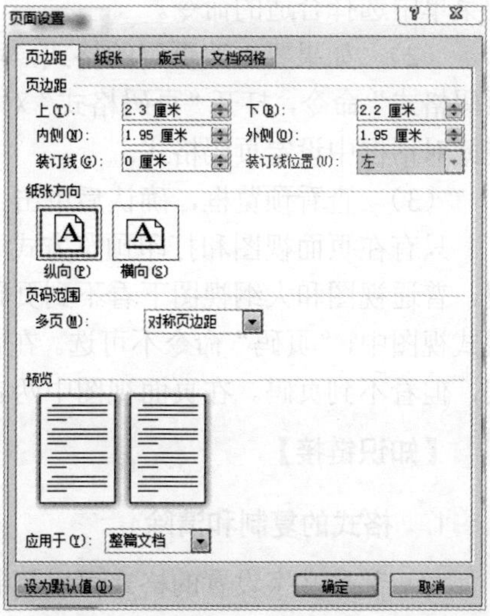


图 3-29 设置“页边距”对话框

（1）“页边距”：用于设置文档内容和纸张四边的距离，通常正文显示在页边距以内，包括脚注和尾注，而页眉和页脚显示在页边距上。页边距包括“上边距”、“下边距”、“左边距”和“右边距”。在设置页边距的同时，还可以设置装订线的位置或选择打印方向等。

（2）“纸张”：用于选择打印纸的大小。一般默认值为A4纸。如果当前使用的纸张为特殊规格，可以选择“自定义大小”选项，并通过“高度”和“宽度”文本框定义纸张所需的大小。

（3）“版式”：用于设置页眉和页脚的特殊选项，如奇偶页不同、首页不同、距页边界的距离、垂直对齐方式等。

（4）“文档网络”：用于设置每页容纳的行数和每行容纳的字数，文字打印方向，行、列网格线是否要打印等。

通常，页面设置作用于整个文档，如果对部分文档进行页面设置，应在“应用于”下拉列表中选择范围。

### 4. 分页设置

Word具有自动分页的功能，也就是说，当键入的文本或插入的图形满一页时，Word会自动分页，当编辑排版后，Word会根据情况自动调整分页的位置。有时为了将文档的某一部分内容单独形成一页，那么可以插入分页符号进行强制人工分页。插入分页符的步骤：

① 将插入点移到新的一页的开始位置。

② 按组合键Ctrl+Enter。

在普通视图下，人工分页符是水平虚线。如果想删除分页符，那么只要把插入点移到人工分页符的水平虚线中，按Delete键即可。

### 5. 设置页码

如果希望在每页文档的打印件中插入页码，那么可以使用“插入 | 页眉和页脚 | 页码”按钮。具体操作如下：

（1）单击“插入 | 页眉和页脚 | 页码”按钮，在下拉菜单中选择合适的命令。

（2）如果要更改页码的格式，可以单击“页码 | 设置页码格式”命令，打开“页码格式”对话框，如图3-30所示，在此对话框中设定页码格式。

（3）查看预览框，确认后单击“确定”按钮。

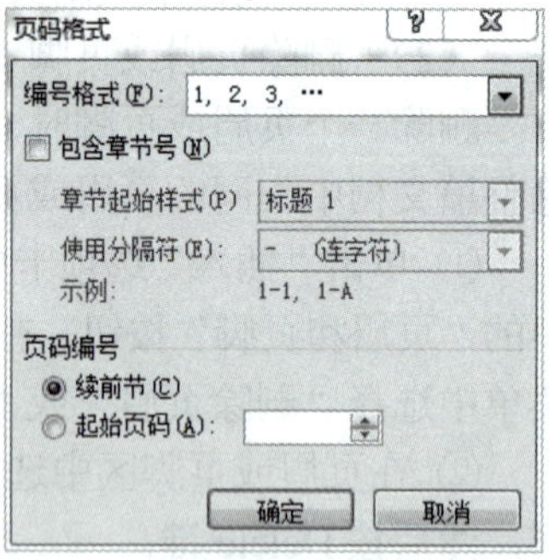

图3-30 “页码格式”对话框

只有在页面视图和打印预览方式下才可以看到插入的页码，普通视图和大纲视图下看不到页码。在大纲视图或Web版式视图中，“页码”命令不可选。在普通视图中可以添加页码，但看不到页码。在页面视图中两者均可。

**【知识链接】**

### 1. 格式的复制和清除

对一部分文字设置的格式可以复制到另一部分文字上，使其具有同样的格式。设置好的格式如果觉得不满意，也可以清除它。使用“开始 | 剪贴板 | 格式刷”按钮可以实现格式的复制。

（1） 格式的复制。

① 选定已设置格式的文本。

② 单击“开始 | 剪贴板 | 格式刷”按钮，此时鼠标指针变为刷子形。

③ 将鼠标指针移到要复制格式的文本的开始处。

④ 拖动鼠标直到要复制格式的文本的结束处，放开鼠标左键即可。

**注意：**上述方法的格式刷只能使用一次。如果想多次使用，应双击“格式刷”按钮，此时，“格式刷”就可使用多次；如果要取消“格式刷”功能，只要再单击“格式刷”按钮或按Esc键即可。

（2） 格式的清除。

如果对于所设置的格式不满意，可以选定文本，按组合键Ctrl+Shift+Z，清除其格式。

**2. 插入特殊编号**

在文档中我们需要输入特殊格式的数字，如⑴、①、㈠、或Ⅰ、ⅰ、甲、壹等，除了可以使用插入符号的方法以外，还可以使用“插入 | 编号”按钮，在打开的“编号”对话框中输入数字，如图3-31所示。同时选择数字的格式类型，单击“确定”按钮，则该种格式类型的数字便会出现在插入点位置处。

**3. 编号设置**

选择文档段落文本，在“开始”选项卡上单击“段落 | 编号”按钮，从弹出的下拉菜单中为已输入的段落添加编号。

**4. 制表位的设定**

Word 2010提供了灵活的制表功能，可以方便地用制表位产生制表信息。使用制表位能够向左、向右或居中对齐文本行，或将文本与小数点字符或竖线字符对齐。

设置制表位的方法如下：

（1） 利用标尺。

在水平标尺上单击要插入制表位的位置。

（2） 利用对话框。

将插入点置于要设置制表位的段落，单击“开始 | 段落”组右下角的按钮，打开“段落”对话框。点击“段落”对话框左下角的“制表位”按钮，打开“制表位”对话框，如图3-32所示。

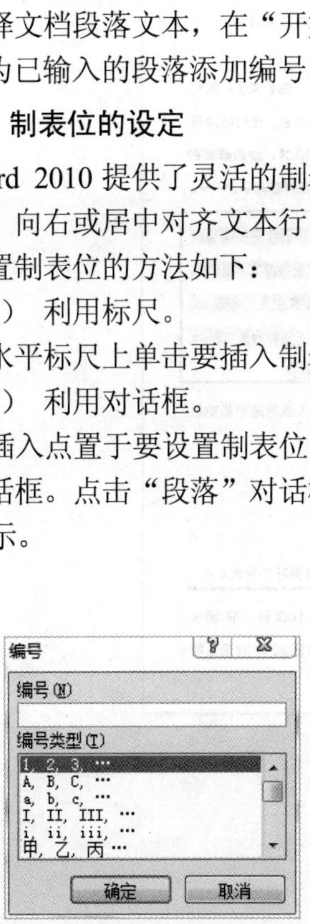


图3-31 “编号”对话框

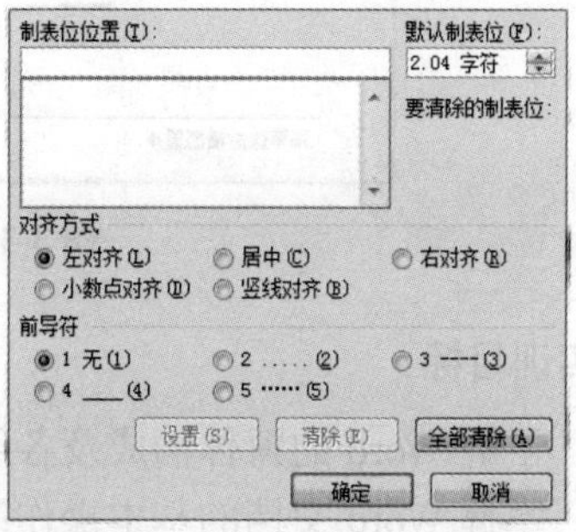


图3-32 “制表位”对话框

① 在“制表位位置”文本框中键入具体的位置。

② 在“对齐方式”组中单击某一对齐方式单选框。

③ 在“前导符”组中选择一种前导符。

④ 单击“设置”按钮。

⑤ 重复以上步骤，可以设置多个制表位。

如果要删除某个制表位，则可以在“制表位”文本框中选定要清除的制表位位置，并单击“清除”按钮即可。单击“全部清除”按钮可以一次清除所有设置的制表位。

## 实训项目　主题：军训生活感言

**【任务描述】**

新生军训结束后，学院要求每个新入校的学生对大学的军训生活写出自己的真实感想，具体文本内容编辑版面效果参考如图 3-33 所示。

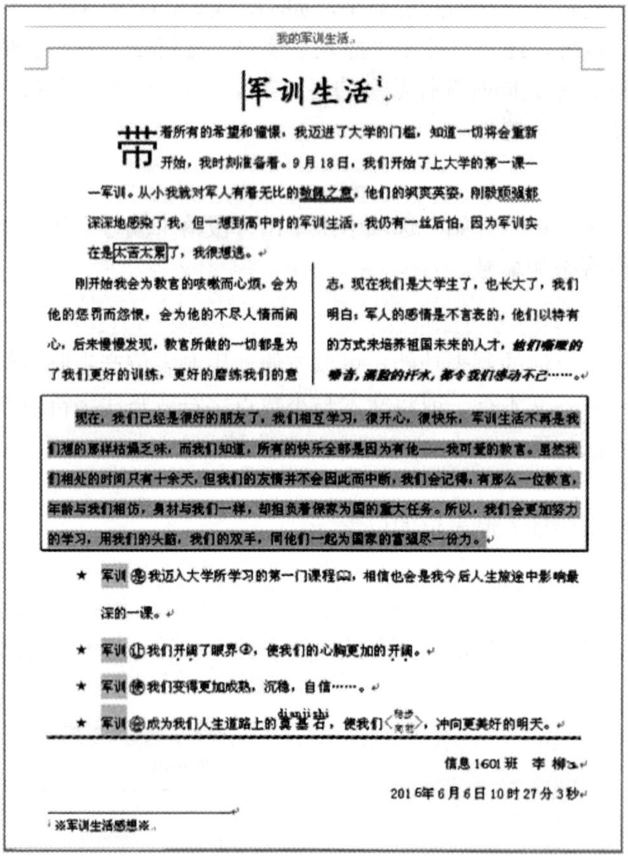

我的军训生活

军训生活[i]

带着所有的希望和憧憬，我迈进了大学的门槛，知道一切将会重新开始，我时刻准备着。9 月 18 日，我们开始了上大学的第一课——军训。从小我就对军人有着无比的敬佩之意，他们的飒爽英姿，刚毅顽强都深深地感染了我，但一想到高中时的军训生活，我仍有一丝后怕，因为军训实在是太苦太累了，我很想逃。

刚开始我会为教官的吆喝而心烦，会为他的惩罚而怨恨，会为他的不尽人情而闹心，后来慢慢发现，教官所做的一切都是为了我们更好的训练，更好的磨练我们的意志，现在我们是大学生了，也长大了，我们明白：军人的感情是不言表的，他们以特有的方式来培养祖国未来的人才，*他们嘶哑的嗓音，满脸的汗水，都令我们感动不已……。*

现在，我们已经是很好的朋友了，我们相互学习，很开心，很快乐，军训生活不再是我们想的那样枯燥乏味，而我们知道，所有的快乐全部是因为有他——我可爱的教官。虽然我们相处的时间只有十余天，但我们的友情并不会因此而中断，我们会记得，有那么一位教官，年龄与我们相仿，身材与我们一样，却担负着保家为国的重大任务。所以，我们会更加努力的学习，用我们的头脑，我们的双手，同他们一起为国家的富强尽一份力。

★ 军训是我迈入大学所学习的第一门课程，相信也会是我今后人生旅途中影响最深的一课。

★ 军训让我们开阔了眼界②，使我们的心胸更加的开阔。

★ 军训使我们变得更加成熟，沉稳，自信……。

★ 军训会成为我们人生道路上的奠基石（dianjishi），使我们〈稳步〉，冲向更美好的明天。

信息 1601 班　李 柳

2016年 6 月 6 日 10 时 27 分 3 秒

i ※军训生活感想※

图 3-33　“军训生活”模板

### 1. 实训目标

（1） 了解 Word 的窗体构成及各组成部分的功能；

（2） 掌握 Word 文档的基本操作；

（3） 掌握 Word 文档中文字的录入及格式设置；

（4） 掌握 Word 文档中段落格式的设置。

2. 实训任务

（1） 新建 Word 文档，以“军训生活”为主题，输入不少于 700 字的内容（分四段），并以“学号-姓名（军训生活）”命名保存在 E：\个人文件夹中；
（2） 设置纸张大小为 A4，上、下页边距为 2.1 厘米，左、右页边距为 2.1 厘米；
（3） 标题居中、加粗、楷体、小一号、字体效果使用阴影；
（4） 正文字体为五号宋体、行距为 23 磅；第二段分 2 栏，部分文字为蓝色；
（5） 第一段左右缩进 3 个字符，并设置首字下沉 2 行；
（6） 输入页眉“我的军训生活”，华文彩云、小五号字，居中对齐；
（7） 为第三段文字添加段落边框和文字底纹；（颜色自定义）
（8） 参考模板添加项目符号、特殊符号、特殊字体格式等设置；
（9） 为标题插入尾注，内容为：“※军训生活感想※”；
（10） 在文档末尾插入当前自动更新的日期和时间，并添加对应的页面边框。

## 案例三 制作电子简报

**【任务描述】**

学校将在 12 月份举办一期以宣传“环保”为主题的电子简报，请你为学校报社设计制作本期电子简报的版面及内容，具体案例效果参考模板如图 3-34 所示。

图 3-34 “电子简报”效果图

**【任务分析】**

“电子简报”作品内容中主要包括文字、图片、文本框、图形和艺术字。要完成制作，必需先熟悉 Word 文档的对象的插入与编辑等操作，掌握在 Word 文档中图片、艺术字、文本框的插入与编辑等操作。

**【实施方案】**

## 任务 1　图片的插入与编辑

### 1. 电子简报的创建与保存

（1） 启动 Word 2010，输入电子简报中的文字内容，选择“文件按钮 | 保存”（或“另存为”）命令，打开“另存为”对话框。

（2） 在“另存为”对话框中的“文件名”下拉列表框中输入“电子简报”，单击“保存”按钮，将建立“电子简报.docx”的文档文件。

### 2. 在电子简报中插入图片

（1） 单击要插入图片的位置。

（2） 单击“插入 | 插图 | 剪贴画”按钮，打开“剪贴画”对话框，在“搜索文字”文本框中输入所需剪贴画的主题，并指定搜索范围和媒体类型后，单击“搜索”按钮，即可搜索所需的剪贴画，并将搜索结果显示在列表框中，如图 3-35 所示。

如果文档中需要插入剪辑库以外的图片，则单击“插入 | 插图 | 图片”按钮，打开如图 3-36 所示的“插入图片”对话框。选择所需的图片后单击“插入”按钮，即可在文档中插入一幅外部图片。

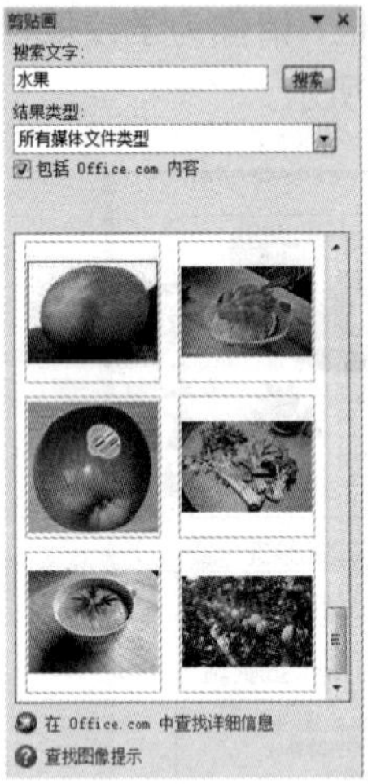


图 3-35　“剪贴画”对话框

图 3-36　“插入图片”对话框

### 3. 编辑图片

（1） 选择插入的剪贴画或图片后，Word 2010 会自动在功能区中的“格式”选项卡上方显示“图片工具”栏，可用于对图片进行各种调整和编辑，如图 3-37 所示。

图 3-37　“格式”选项卡的图片工具

（2） 调整图片的大小和位置。

可以通过以下两种方法缩放图形。

① 使用鼠标：单击图片，在图片的四周将出现 8 个尺寸控制点，拖动该控制点即可缩放图片。

② 使用“图片工具”栏：单击“格式”选项卡上方显示“图片工具”，调出“图片工具”栏，在“大小”组中输入适合的高度、宽度。

（3） 图片与文字环绕方式。

是指文本内容和图形之间的环绕方式，常用的有嵌入型（默认）、四周型（在其四周方形区域外可放其他内容）、紧密型（在其形状区域外即可放其他内容）、浮于文字上方（盖住其下面文字）、衬于文字下方（文字将出现在其上）等。文字环绕效果如图 3-38 所示。

图 3-38 文字环绕效果

（4） 图片的裁剪。

① 使用“图片工具”栏：单击“格式”选项卡上方显示“图片工具”，调出“图片工具”栏，单击“大小”组中的“剪裁”按钮，鼠标指针变成形状，表示裁剪工具已被激活。

② 将鼠标指针移到图片的小方块处，根据指针方向拖动鼠标，可裁去图片中不需要的部分。如果拖动鼠标的同时按住 Ctrl 键，那么可以对称裁去图片。

（5） 调整图片的色调。

根据需要，可以为图片的颜色设置灰度和黑白等特殊效果。选定要改变颜色类型的图片，单击“格式”选项卡上方显示“图片工具”，调出“图片工具”栏，在“调整”组中设置。

（6） 图片的边框设置。

通过“边框”对话框可以为所选择的图片添加对应格式的边框线，选择应用于“图片”，单击“确定”按钮即可，如图 3-39 所示。

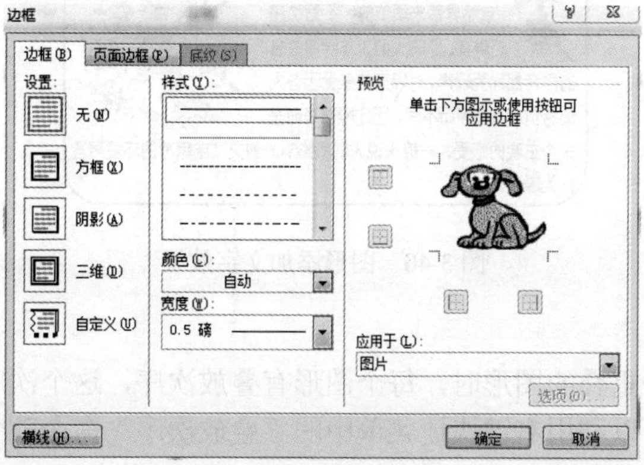


图 3-39 文字环绕效果

## 任务 2　图形的插入与编辑

### 1. 在电子简报中绘制图形

（1） 单击要绘制图形的位置。

（2） 单击“插入 | 插图 | 形状”按钮，在弹出的菜单中单击与所需形状相对应的图标按钮，然后在页面中单击或者拖动鼠标，即可绘制出所需的图形。

### 2. 编辑图形

（1） 调整图形大小。

选中一个图形后，在图形四周会出现 8 个尺寸控制点，将指针移动到图形对象的某个控制点上，然后拖动它即可改变图形大小。

此外，在“设置自选图形格式”对话框中可精确地设置图形的尺寸。

（2） 移动图形。

使用鼠标可以自由地移动图形的位置。将指针指向要移动的图形对象或组合对象，当指针变为 状时按下鼠标左键，此时鼠标变为 状，按住鼠标拖动对象到达目标位置后，松开鼠标键即可。如果需要图形对象沿直线横向或竖向移动，可在移动过程中按住 Shift 键。

此外，还可以按住 Ctrl 键+键盘上的方向键，即可对选定对象进行微移。

（3） 旋转和翻转图形。

可以将在文档中绘制的图形向左或向右旋转任何角度，旋转对象可以是一个图形、一组图形或组合对象。一般情况下，在选中图形后，图形上会出现一个绿色的圆点，鼠标拖动绿色的圆点可以将图形进行图形旋转。

（4） 添加文字。

在需要添加文字的图形上单击鼠标右键，在快捷菜单中选择“添加文字”命令。这时光标出现在选定的图形上，输入需要的文字内容，这些输入文字变成图形的一部分，会跟随图形一起移动，如图 3-40 所示。

图 3-40　图形添加文字效果

（5） 叠放次序。

当文档中绘制多个重叠的图形时，每个图形有叠放次序，这个次序与绘制的次序相同，最先绘制的在下面。可以利用右键快捷菜单中的“叠放次序”命令改变图形的叠放次序。

（6） 设置图形格式。

如果要改变图形的填充效果，可在选定图形后切换到“格式 | 文本框样式 | 形状填充”

按钮，从弹出的菜单中选择所需的颜色，或者选择所需的命令指定其他填充效果。

若要改变图形的轮廓效果，则可单击“形状轮廓”按钮，从弹出的菜单中选择所需的颜色，或者选择所需的命令指定其他线条效果。

（7） 图形组合。

选中多个图形后，选择“绘图工具｜排列｜组合｜组合”命令，即可将它们组合为一个整体。若要取消对图形的组合，选择“绘图工具｜排列｜组合｜取消组合”命令即可。

## 任务 3　艺术字的插入与编辑

### 1. 在电子简报中插入艺术字

（1） 单击要插入艺术字的位置。

（2） 单击“插入｜文本｜艺术字”按钮，弹出如图 3-41 所示的“艺术字”库。

（3） 单击要应用的艺术字样式，弹出如图 3-42 所示的“编辑艺术字文字”对话框，在“文字”文本框中输入要应用艺术字的字符，在本例中输入“黄淮电子”。

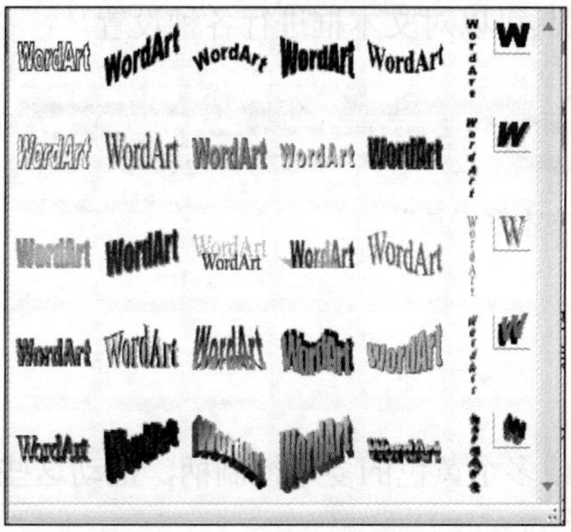

图 3-41　“艺术字”库

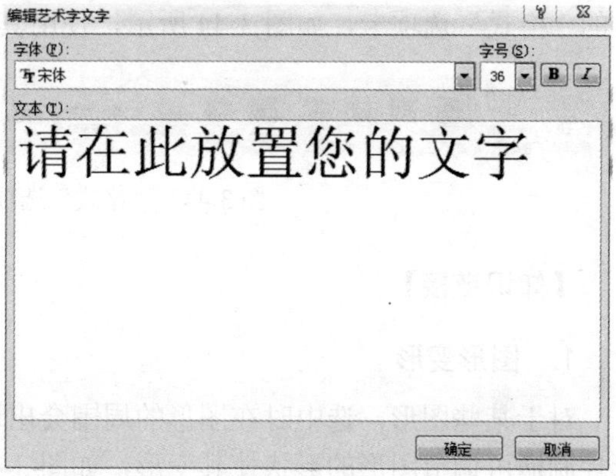


图 3-42　“编辑艺术字文字”对话框

（4） 在“字体”下拉列表框中选择 “黑体”，在“字号”下拉列表框中选择为“36”号，单击“确定”按钮。

### 2. 编辑艺术字

（1） 新插入的艺术字默认处于选定状态，可在功能区中显示“艺术字工具”的“格式”选项卡，使用其中的工具可以对艺术字进行各种设置，如图 3-43 所示。

图 3-43　“格式”选项卡的“艺术字工具”

（2） 改变艺术字形状：单击“艺术字样式”组中的“更改形状”按钮，弹出“艺术字形状”选项板，在该选项板中可以选择一种应用到艺术字上的形状。

（3） 设置艺术字的位置：单击“排列｜位置｜”按钮，在弹出的下拉菜单中可以选择所需要的文字位置布局方式。

（4） 设置艺术字的环绕方式：单击“排列｜自动换行｜”按钮，在弹出的下拉菜单中可以选择所需要的文字环绕方式。

## 任务 4　文本框的插入与编辑

### 1.　在电子简报中插入文本框

在电子简报的图片中输入文字内容可选择插入文本框，而文本框是一独立的对象，框中的文字和图片可随文本框移动，可以把文本框看作一个特殊的图形对象。

单击“插入”选项卡“文本”组中的“文本框”按钮，从弹出的菜单中选择“绘制文本框”或“绘制竖排文本框”命令，然后在页面中的文档中拖动鼠标，即可绘制出一个横排或竖排的文本框。

### 2.　文本框的编辑

对文本框的格式编辑设置与图形对象相同。选择文本框，即可在功能区中显示文本框工具的“格式”选项卡，如图 3-44 所示，使用其中的工具可以对文本框进行各种设置。

图 3-44　“格式”选项卡的“文本框工具”

【知识链接】

### 1.　图形变形

对于某些图形，选中时在图形的周围会出现一个或多个黄色的菱形控制柄，拖动这些菱形控制柄可调节图形的形状使其变形，如图 3-45 所示。

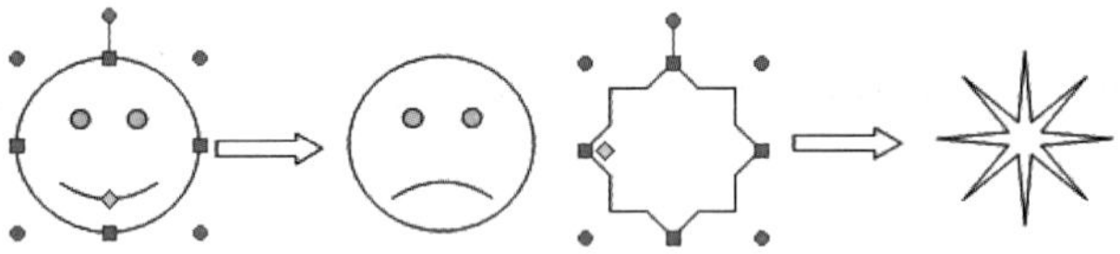

图 3-45　图形变形前后对比

### 2.　文本框链接

当一个文本框中的文本超出了该文本框的大小而不能在该文本框中显示时，则将自动转入与之相链接的下一个文本框中显示。若要建立文本框之间的链接，则首先选中要与其他文本框建立链接的文本框，然后单击“文本｜创建链接”按钮。鼠标形状会发生变化，此时单击要与之建立链接的下一个空文本框，这样，两个文本框之间就建立了链接。

每个文本框只能有一个前向链接和一个后向链接，如果将一个文本框的链接断开，则文本便不再排至下一个文本框。若要断开文本框的链接，可以选定要断开链接的文本框，单击“断开链接”按钮即可。

## 实训项目　制作产品宣传单

**【任务描述】**

在元旦节即将来临之际，单位需要对自己的产品做出新的宣传，请你为自己单位设计一份产品宣传单页，具体实训作品效果参考模板如图 3-46 所示。

图 3-46　幼教“宣传单”

### 1. 实训目标

（1） 掌握图片的插入、编辑和格式化；

（2） 掌握用“绘图”工具绘制各种简单的图形；

（3） 掌握艺术字的使用；

（4） 掌握文本框的插入及格式设置；

（5） 掌握图文混排、绘制画布的使用；

（6） 掌握 Word 中多种对象的插入、编辑与排版。

### 2. 实训任务

（1） 新建 Word 文档，以“产品宣传”为主题，选择并制作出某产品的宣传单，并以“学号-姓名（产品宣传单）”命名保存在 E：\个人文件夹中；

（2） 作品中需输入相关产品的文字介绍；

（3） 插入产品对应的宣传图片；

（4） 插入艺术字标题；

（5） 插入文本框及图形的绘制和编辑等操作；

（6） 添加页面背景及文字水印等页面设置。

# 案例四　制作学生成绩统计表

**【任务描述】**

新学期开始，辅导员张森需要对上学期的成绩做进一步统计，包括排序、总成绩、平均成绩、不及格等数据，请帮辅导员制作一张学生成绩统计表，具体案例效果如图 3-47 所示。

**学生成绩统计表**

| 课程 / 成绩 / 姓名 | 公共基础 | | 专业基础 | | 总成绩 | 平均分 |
|---|---|---|---|---|---|---|
| | 大学英语 | 高等数学 | 计算机基础 | C语言 | | |
| 聂　伟 | 90 | 64 | 97 | 75 | 326 | 81.5 |
| 谢　君 | [illegible] | 72 | 84 | 66 | 274 | 68.5 |
| 张　丽 | 76 | 82 | 83 | 76 | 317 | 79.25 |
| 胡容华 | 88 | 85 | 76 | 58 | 307 | 76.75 |
| 最高分 | 90 | 85 | 97 | 76 | 326 | |
| 最低分 | 52 | 64 | 76 | 58 | 274 | |

图 3-47　“学生成绩统计表”效果

**【任务分析】**

在 Word 中制作“学生成绩统计表”首先要熟悉在 Word 文档中表格的插入与编辑等操作，掌握在 Word 文档中如何插入表格、修改行\列格式、输入内容、设置表格边框和底纹等操作。

**【实施方案】**

## 任务 1　创建学生成绩统计表

Word 2010 提供了多种创建表格的方法，既可以直接插入规范表格或者手工绘制表格，然后向其中填充内容，也可以直接将文本转换为表格，还可以插入 Excel 电子表格，或者套用 Word 2010 内置的表格样式和内容，修改其中的内容。

（1）　自动创建表格。

将鼠标定位在要插入表格的位置后，单击“插入 | 表格 | 表格”按钮，在弹出菜单上半部的示例表格中拖动鼠标，示例表格顶部就会显示相应的行列数，如图 3-48 所示。当行列数达到所需数目时释放鼠标按键，即可插入一个具有相应行列数的表格。

（2）　插入表格。

如果要预先指定表格的格式，可在“表格”按钮弹出菜单中选择“插入表格…”命令，打开“插入表格”对话框，指定表格的列数和行数，并进行其他参数设置，如图 3-49 所示。

图 3-48　示例表格

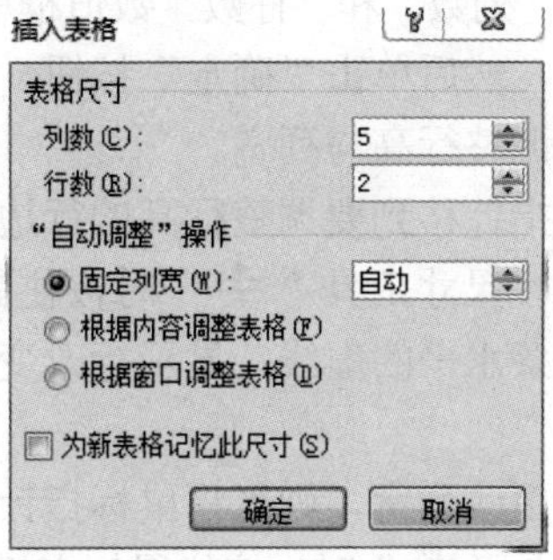


图 3-49　"插入表格"对话框

## 任务 2　修改学生成绩统计表

在修改表格前需要先选定将要修改的部分，如：表格、单元格、行或列。选定的方法及步骤如下：

（1）　用鼠标选定。

把鼠标指针移到要选定的单元格的左下角，当指针变为右指箭头"↗"时，单击鼠标左键，就可以选定该单元格；如果拖动鼠标，就可以选定多个连续的单元格。被选定的单元格呈反相显示。若把鼠标指针移到表格的顶端的选定区中，当鼠标指针变成向下箭头"↓"时，单击鼠标左键，就可以选定箭头所指的列。

另外，在"布局"选项卡中的按钮中提供了选择单元格、列、行或整个表格的命令。其操作方法如下：

① 选定单元格：将插入点置于欲选行的某一单元格中，单击"选择 | 选择单元格"命令。

② 选定列：将插入点置于欲选列的某一单元格中，单击"选择 | 选择列"命令。

③ 选定行：将插入点置于欲选列的某一单元格中，单击"选择 | 选择行"命令。

④ 选定整个表格：将插入点置于表格的任一单元格中，单击"选择 | 选择表格"命令。

（2）　插入和删除行或列。

① 插入行、列或单元格。

在表格中如果缺少行或列，可以选择某行或某列，或者将插入点置于要插入行或列的位置，然后在表格工具的"布局"选项卡中单击"行和列"组中的"在上方插入"、"在下方插入"、"在左侧插入"或"在右侧插入"按钮，即可在相应位置插入行、列或单元格。

② 删除表格、行、列或单元格。

选择要删除的表格、行、列或单元格，然后单击表格工具的"布局 | 行和列 | 删除"按钮，即可删除表格、行、列或单元格。

（3）　合并单元格。

在规则表格的基础上，通过对单元格的合并或拆分可以制作比较复杂的表格。合并单元格的方法比较简单，选定要合并的单元格区域后，单击"布局 | 合并 | 合并单元格"按钮，即可将多个单元格合并为一个大单元格。

（4） 拆分单元格。

首先选定这些要拆分的单元格，单击“布局｜合并｜拆分单元格”按钮，打开如图 3-50 所示的“拆分单元格”对话框，在“列数”和“行数”数值框中分别输入要拆分的列数和行数，然后单击“确定”按钮。

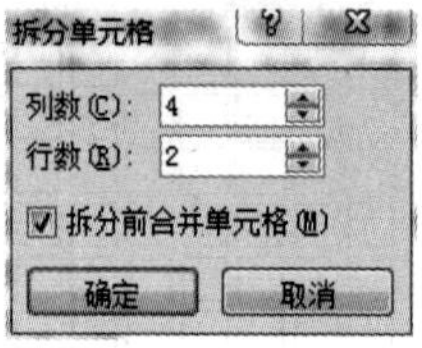


图 3-50 “拆分单元格”对话框

（5） 调整行高与列宽。

将鼠标指针移到要调整行高的行边框线上，当出现一个改变大小的行尺寸工具“ ”时按住鼠标左键拖动鼠标，此时出现一条水平的虚线，显示行改变后的大小。移到合适位置释放鼠标，行的高度即被改变。

如果要更改列宽，则可将鼠标指针移到要调整列宽的列边框线上，当出现一个改变大小的列尺寸工具“ ”时，按住鼠标左键拖动鼠标，此时出现一条垂直的虚线，显示列改变后的大小。移到合适位置释放鼠标，列的大小被改变。

另外，也可在“布局｜单元格大小｜高度”数值框中指定选定单元格所属行的行高，在“布局｜单元格大小｜宽度”数值框中指定选定单元格所属列的列宽。

（6） 在学生成绩统计表中绘制斜线表头。

表头位于所选表格的第 1 个单元格中，绘制斜线表头的方法可利用手工绘制表格的方法，可以在表格表头中绘制出斜线；如果需要多个斜线表头，可通过插入图形中的绘制直线来完成。而所需要的文字可以直接输入也可以通过前面学过的文本框实现。

## 任务 3 格式化学生成绩统计表

选择表格或表格元素后，可以使用表格工具的“设计”选项卡来设置表格的整体外观样式，如边框的样式、底纹的颜色等，如图 3-51 所示。

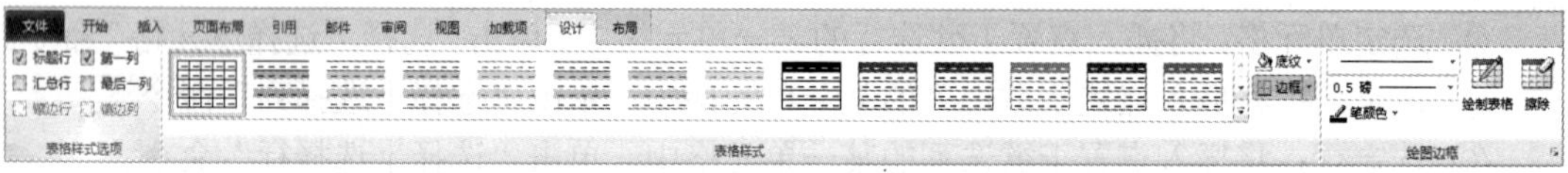


图 3-51 表格工具的“设计”选项卡

“设计”选项卡中各组工具的功能如下：

（1） “表格样式选项”：当为表格应用了样式后，可在此组中的工具栏内更改样式细节。其中标题行指第一行；汇总行指最后一行；镶边行和镶边列是指使偶数行或列与奇数行或列的格式互不相同。

（2） “表样式”：用于选择表格的内置样式，并可使用“底纹”和“边框”两个按钮更改所选样式中的底纹颜色和边框样式。

（3） “绘图边框”：“笔样式”、“笔画粗细”和“笔颜色”3 种工具分别用于更改线条的样式和粗细、颜色；“擦除”按钮用于启用橡皮擦，拖动它可以擦除已绘制的表格边框线；“绘制表格”按钮用于开始或结束表格的绘制状态。

## 任务 4　表格中的数据处理

### 1. 学生成绩统计表中数据的排序

（1）将插入点置于要排序的表格数据中。

（2）单击“布局 | 排序”按钮，打开如图 3-52 所示的“排序”对话框。

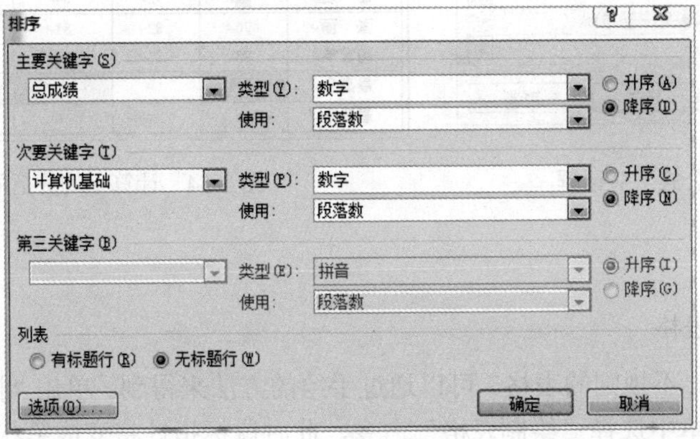


图 3-52　“排序”对话框

（3）在“主要关键字”列表框中选定“总成绩”项，在其右边的“类型”列表框中选定“数字”，再单击“降序”单选框。

（4）在“次要关键字”列表框中选定“计算机基础”项，在其右边的“类型”列表框中选定“数字”，再单击“降序”单选框。

（5）在“第三关键字”列表框中选定“大学英语”项，在其右边的“类型”列表框中选定“数字”，再单击“降序”单选框。

（6）在“列表”选项组中，单击“有标题行”单选框。

（7）单击“确定”按钮，即可完成表格中数据的排序操作。

### 2. 学生成绩统计表中数据的公式计算

Word 提供了对表格数据的一些诸如求和、求平均值等常用的计算功能。利用这些计算功能可以对表格中的数据进行计算。具体步骤如下：

（1）将插入点移到存放总成绩的单元格中（例如放在第 3 行的第 6 列）。

（2）切换到表格工具中的“布局”选项卡，单击“数据”组中的“公式”按钮 *fx*，打开如图 3-53 所示的“公式”对话框。

（3）在“公式”列表框中显示“=SUM(LEFT)”表明要计算左边各列数据的总和，单击“确定”按钮；或在“公式”列表框中显示“=SUM(B3：E3)”也可以求得其总分。

（4）求平均分与求和步骤类似，只需输入求平均值函数“=Average( )”，在括号内输入参数“B3：E3”，单击“确定”按钮。

（5）在“公式”对话框中可通过“编号格式”设置平均值的结果显示格式，例如：需要保留的 1 位小数位，可选择：0.0。

（6）计算公式中所需要的函数也可通过“公式”对话框中的“粘贴函数”选取获得。

通过以上步骤得到如图 3-54 所示的结果，按同样的操作方法可以输入求最高分函数

“=Max( )”和求最低分函数“=Min( )”，并在括号内输入对应的参数，单击“确定”按钮，即可得出对应的计算结果。

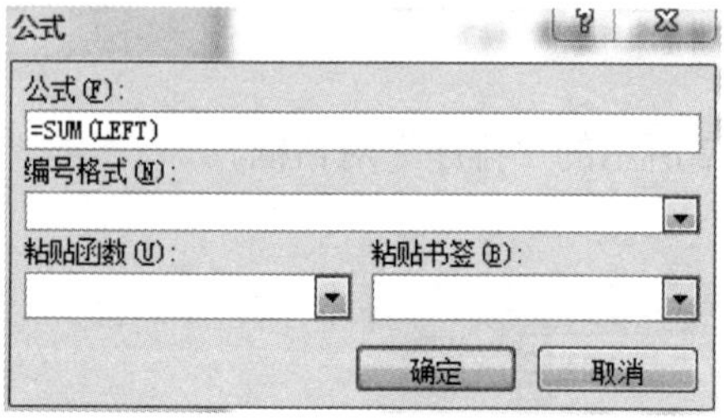


图 3-53 “公式”对话框

| 课程 成绩 姓名 | 公共基础 | | 专业基础 | | 总成绩 | 平均分 |
|---|---|---|---|---|---|---|
| | 大学英语 | 高等数学 | 计算机基础 | C语言 | | |
| 聂 伟 | 90 | 64 | 97 | 75 | 326 | 81.5 |
| 谢 君 | [redacted] | 72 | 84 | 66 | 274 | 68.5 |
| 张 丽 | 76 | 82 | 83 | 76 | 317 | 79.25 |
| 胡容华 | 88 | 85 | 76 | [redacted] | 307 | 76.75 |
| 最高分 | | | | | | |
| 最低分 | | | | | | |

图 3-54 计算平均分后的结果

**【知识链接】**

## 1. 手工绘制表格

在实际应用中，不规则的表格，可以通过手绘的方法来得到。单击“插入 | 表格 | 表格”按钮，从弹出的菜单中选择“绘制表格”命令，此时鼠标指针将变成笔状 ✎，在页面中拖动可直接绘制表格外框，行列线及斜线（在线段的起点单击鼠标左键并拖动至终点释放），表格绘制完成后按 Esc 键，取消选定状态。

在绘制过程中，可以根据需要在“表格工具”中选择表格线的线型、宽度和颜色。对多余的线段可利用“擦除”按钮擦除。

## 2. 文本转换成表格

如果已经有了需要将来添加到表格中的数据，如图 3-55 所示，可以使用 Word 中的文本转换为表格功能直接将其转换成表格。

在转换之前，必须先确定已在文本中添加了分隔符，以便在转换时将文本放入不同的列中，然后单击“插入 | 表格 | 表格”按钮，从弹出的菜单中选择“文本转换为表格”命令，打开如图 3-56 所示的“将文字转换成表格”对话框。

| 学号 | 姓名 | 语文 | 数学 | 英语 | 计算机 | 备注 |
|---|---|---|---|---|---|---|
| 2014-01 | 张三 | 86 | 78 | 90 | 92 | |
| 2014-02 | 李峰 | 90 | 66 | 76 | 71 | |
| 2014-03 | 王敏 | 73 | 56 | 86 | 87 | |

图 3-55 要转换为表格的文本

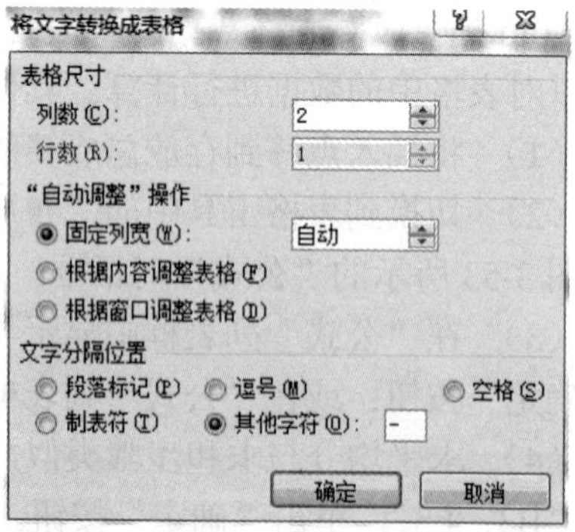


图 3-56 “将文字转换成表格”对话框

从中指定表格的行列数及正确的列分隔符，即可将选定文字转换为表格。完成转换后的表格，如表 3-3 所示。

表 3-3 转换后的表格

| 学　号 | 姓　名 | 语　文 | 数　学 | 英　语 | 计算机 | 备　注 |
|---|---|---|---|---|---|---|
| 2014-01 | 张　三 | 86 | 78 | 90 | 92 | |
| 2014-02 | 李　峰 | 90 | 66 | 76 | 71 | |
| 2014-03 | 王　敏 | 73 | 56 | 86 | 87 | |

### 3. 表头的重复

当一张表格超过一页时，通常希望在第二页的续表中也包括第一页的表头。Word 提供了表头的重复功能，具体步骤如下：

（1） 选定第一页表格中由一行或多行组成的标题行。

（2） 单击“布局 | 重复标题行”按钮。

这样，Word 会在因分页而拆开的续表中重复表头标题，在页面视图方式下可以查看此重复的标题。用这种方法重复的标题，修改时也只要修改第一页表格的标题就可以了。

## 实训项目 制作联创公司员工工资表

【任务描述】

联创公司要为员工制作一份新的工资表，需要对工资做进一步统计，包括排序、基本工资、职务工资、补贴等数据，请你帮财务处小张制作一份新的工资统计表，如图 3-57 所示。

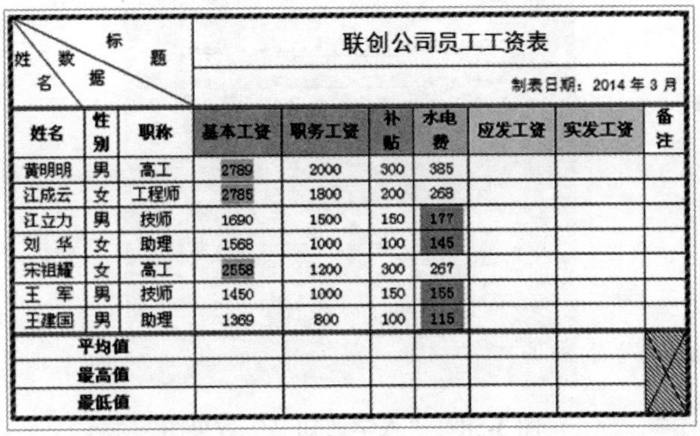

| 标题 / 数据 / 姓名 | | | 联创公司员工工资表<br>制表日期：2014 年 3 月 | | | | | | |
|---|---|---|---|---|---|---|---|---|---|
| 姓名 | 性别 | 职称 | 基本工资 | 职务工资 | 补贴 | 水电费 | 应发工资 | 实发工资 | 备注 |
| 黄明明 | 男 | 高工 | 2789 | 2000 | 300 | 385 | | | |
| 江成云 | 女 | 工程师 | 2785 | 1800 | 200 | 268 | | | |
| 江立力 | 男 | 技师 | 1690 | 1500 | 150 | 177 | | | |
| 刘　华 | 女 | 助理 | 1568 | 1000 | 100 | 145 | | | |
| 宋祖耀 | 女 | 高工 | 2558 | 1200 | 300 | 267 | | | |
| 王　军 | 男 | 技师 | 1450 | 1000 | 150 | 155 | | | |
| 王建国 | 男 | 助理 | 1369 | 800 | 100 | 115 | | | |
| 平均值 | | | | | | | | | |
| 最高值 | | | | | | | | | |
| 最低值 | | | | | | | | | |

图 3-57 “联创公司员工工资表”参考模板

### 1. 实训目标

（1） 掌握表格制作的方法及格式设置；

（2） 掌握表格中插入文字及图片的方法；

（3） 掌握表格中数据的公式计算方法。

### 2. 实训任务

（1） 新建 Word 文档，以“联创公司员工工资表”为主题，制作员工工资表，并以“学号-姓名（员工工资表）”命名保存在 E：\个人文件夹中；

（2） 设计制作“联创公司员工工资表”，内容包括：艺术字标题、表格及所需内容；

（3） 利用公式计算其对应结果；

（4） 为表格设置边框和底纹；

（5） 其他格式可参考模板设置。

# 案例五　入学通知书的批量制作

**【任务描述】**

请你协助学院招办的张老师为学院批量制作一份新生“入学通知书”，并通过邮件合并和打印文档发送给2016级的所有新生。具体案例效果参考模板如图3-58所示。

**【任务分析】**

制作“入学通知书”首先要熟悉在Word文档中页面设置、通知书模板的制作、联系人表格制作、邮件合并以及打印操作。掌握在Word文档中如何整体编辑排版文档、批量制作入学通知书等操作。

**【实施方案】**

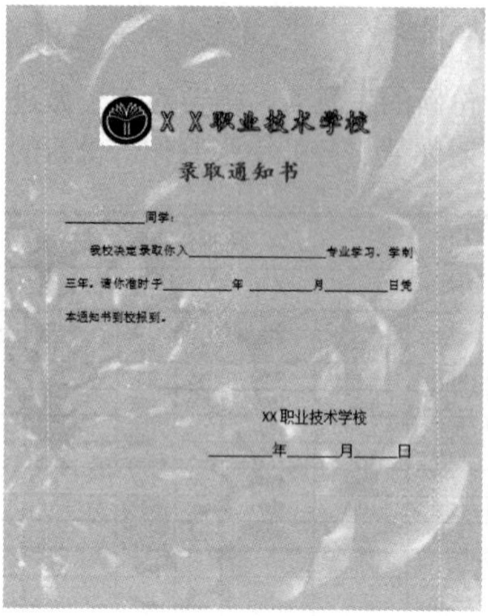


图3-58　“入学通知书”效果图

## 任务1　制作入学通知书

### 1. 制作入学通知书模板

利用新建文档、文字录入、插入图片、艺术字及图形的绘制与编辑制作录取通知书，并以“入学通知书”为名保存至E：\个人文件夹中。

## 任务2　创建录取名单

### 1. 制作录取名单表格

这里的通讯录，是指存放发送入学通知书对方的一些信息，如姓名、性别、学院名称、专业、籍贯等，便于在邮件合并时使用。创建录取名单方法及步骤：

(1) 光标定位表格要插入的位置，单击“插入 | 表格 | 表格”按钮，选择“插入表格…”命令，在弹出的“插入表格”对话框中设置表格所需的行和列。

(2) 在第一行输入字段名：姓名、性别、学院名称、专业、籍贯。

(3) 根据字段名称输入对应的学生信息，如表 3-4 所示。完成后以“录取名单”为文件名保存在指定位置。

表 3-4 录取名单

| 姓 名 | 性 别 | 专 业 | 籍 贯 |
|---|---|---|---|
| 李明 | 男 | 铁路安检 | 郑州 |
| 张蕾 | 女 | 高铁与动车乘务 | 安阳 |
| 刘茹 | 女 | 贵宾服务 | 新乡 |
| 王珊珊 | 女 | 列车员 | 商丘 |
| 张斐 | 男 | 铁路管理人才 | 周口 |
| 杨洋 | 男 | 调度指挥、管理 | 南阳 |

## 任务 3 邮件合并

邮件合并应用于要处理一批通知或信函时，而其内容中有相同的公共部分，但是又有变化的部分，具体操作步骤如下：

(1) 选择文档类型。在打开上述步骤创建的入学通知书文件中，单击“邮件 | 开始邮件合并 | 开始邮件合并”按钮，从弹出的下拉菜单中选择“邮件合并分布向导”命令，在文档右边窗口会出现“邮件合并”任务窗格，如图 3-59 所示。

(2) 选择“信函”文档类型，并单击“下一步：正在启动文档”文字链接。

(3) 选择开始文档。在邮件合并的第二步，即如图 3-60 所示的任务窗格中，选择“使用当前文档”来放置信函。也可根据需要，进行其他选择。

(4) 选择收件人。用户可以使用“现有的联系人表”，并单击“浏览…”文字链接，如图 3-61 所示。

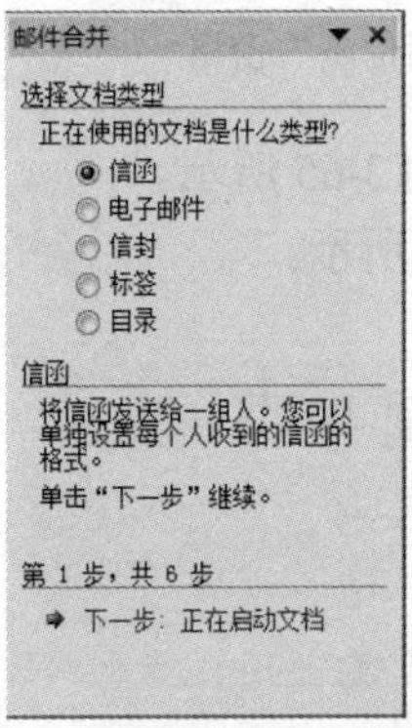


图 3-59 选择文档类型

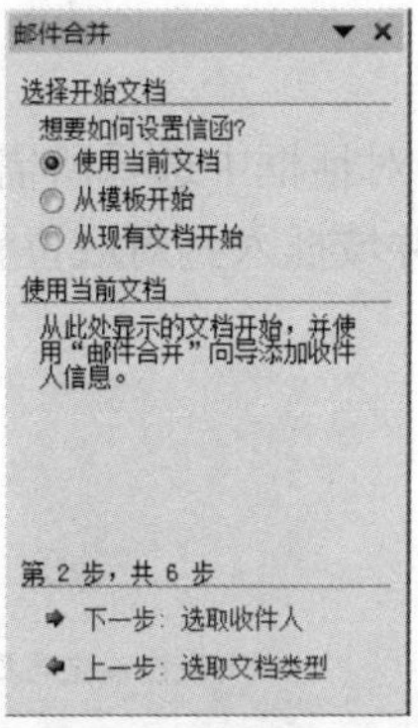


图 3-60 选择开始文档

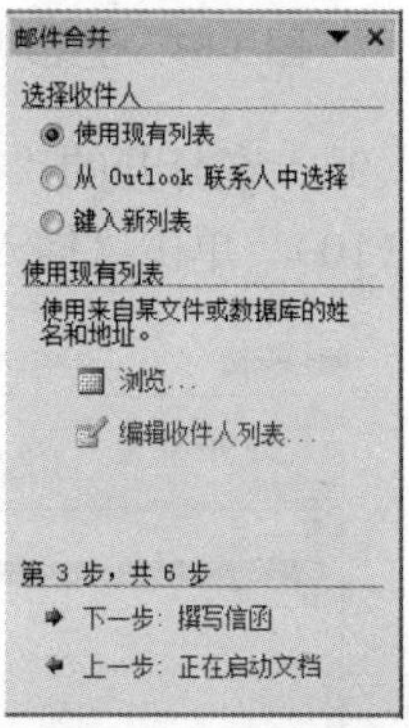


图 3-61 选择收件人

(5) 选取数据源。在弹出的“选取数据源”对话框中，可以使用已建好的 Word 表格“录取名单”。

(6) 选取收件人。在出现的“邮件合并收件人”对话框中，如图 3-62 所示，根据需要选取收件人。单击“全选”按钮，单击“确定”按钮即可。

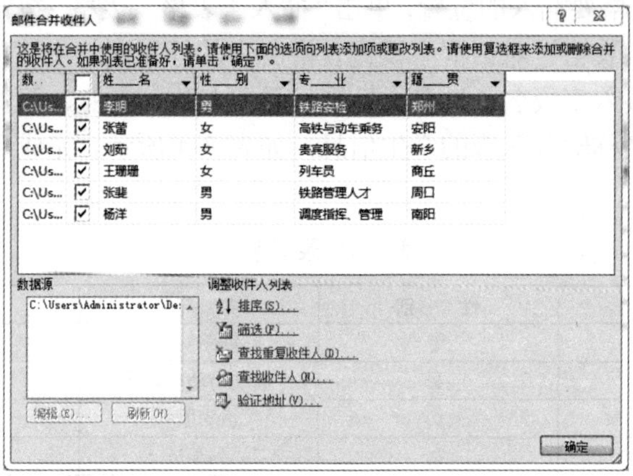


图 3-62 “邮件合并收件人”对话框

（7） 使用现有列表。返回“邮件合并”第三步任务窗格，单击“下一步：撰写信函”文字链接，如图 3-63 所示。

（8） 撰写信函。在如图 3-64 所示的“撰写信函”窗格中选择“其他项目…”。

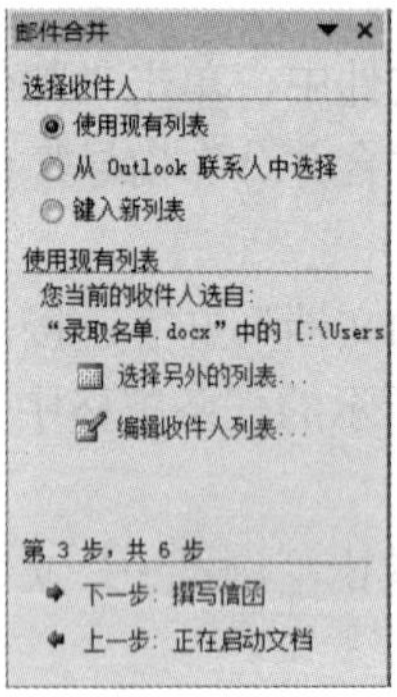


图 3-63 使用现有列表

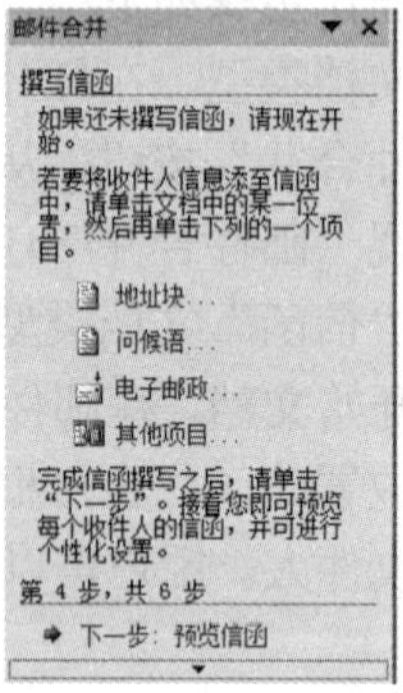


图 3-64 “撰写信函”窗格

（9） 在打开的“插入合并域”对话框中选择所需的域名，如图 3-65 所示。

（10） 单击“插入”按钮将合并域插入到对应位置，如图 3-66 所示。

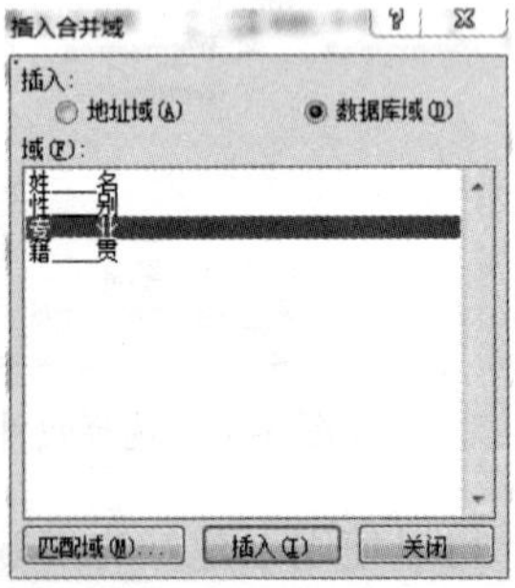


图 3-65 “插入合并域”对话框

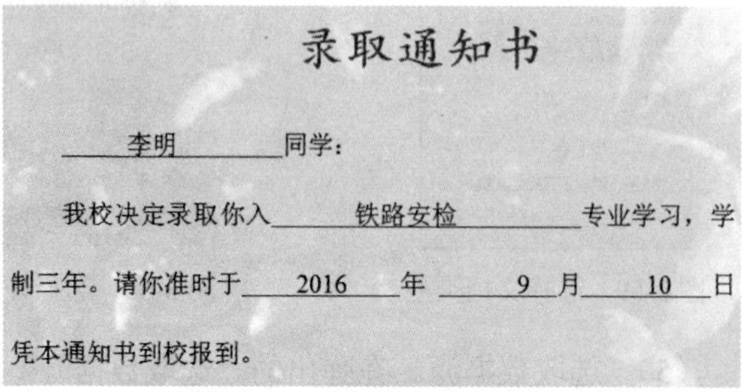


图 3-66 插入合并域后的效果

（11） 预览信函。单击邮件合并向导“下一步：预览信函”，如图 3-67 所示。再单击“下一步：完成合并”文字链接。

（12） 完成合并。在向导第 6 步设置中，单击“编辑单个信函”，如图 3-68 所示。

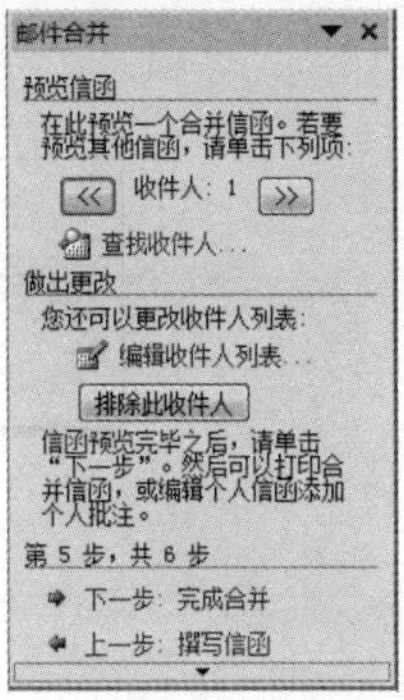


图 3-67 预览信函

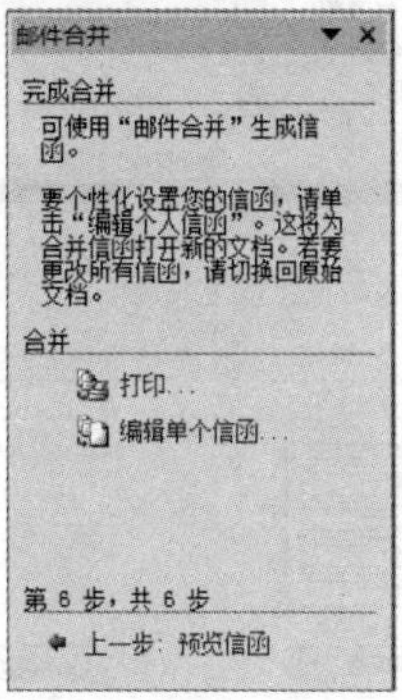


图 3-68 完成合并

（13） 在打开的如图 3-69 所示的“合并到新文档”对话框中选择“全部”，单击“确定”按钮。即可完成所有入学通知书的制作并保存文件到相应位置。

（14） 通过以上操作步骤，即可得出如图 3-70 所示的入学通知书的批量文本效果。

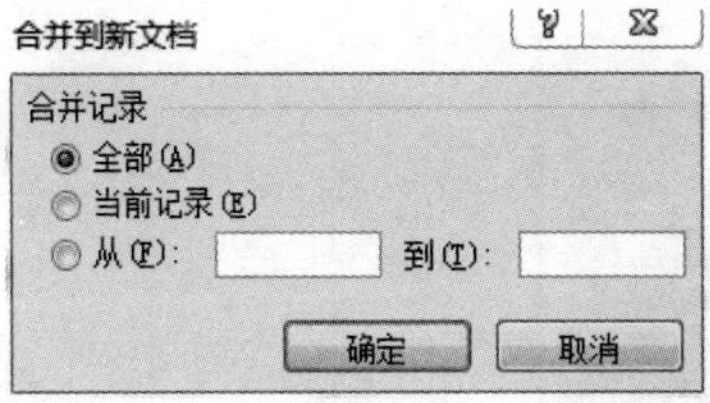


图 3-69 “合并到新文档”对话框

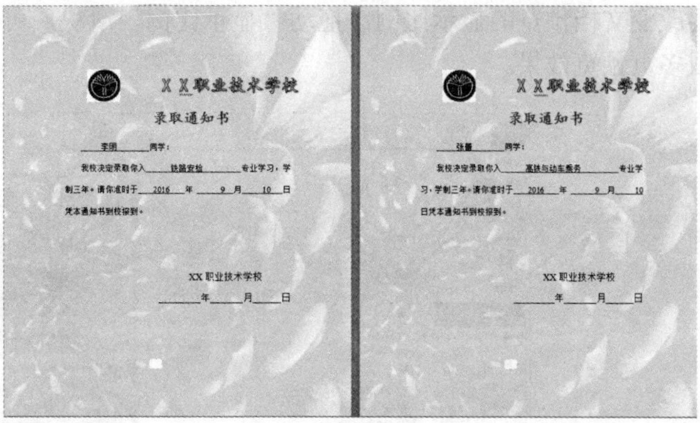


图 3-70 录取通知书

## 任务 4 打印预览与设置

### 1. 页面设置

① 单击“页面布局 | 页面设置 | 页面设置 ”按钮，打开“页面设置”对话框，如图 3-71 所示。

② 选择“纸张”选项卡，可根据打印需要分别进行选择设置。

### 2. 设置打印机属性

单击“文件” | “打印” | “打印机属性”按钮，弹出如图 3-72 所示的“打印”对话框，用户可以在其中设置打印文档的需要选项。

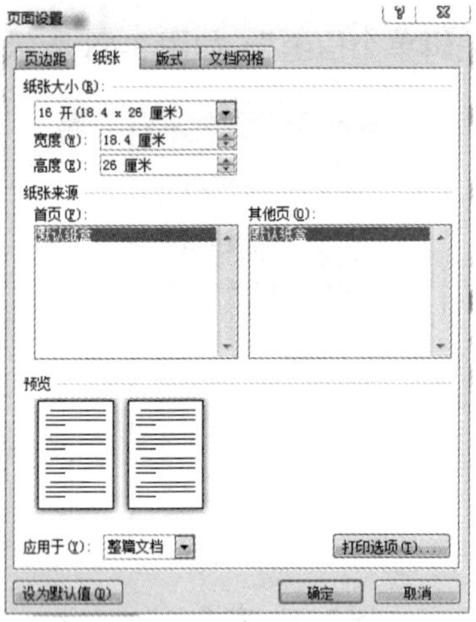


图 3-71 “页面设置”对话框

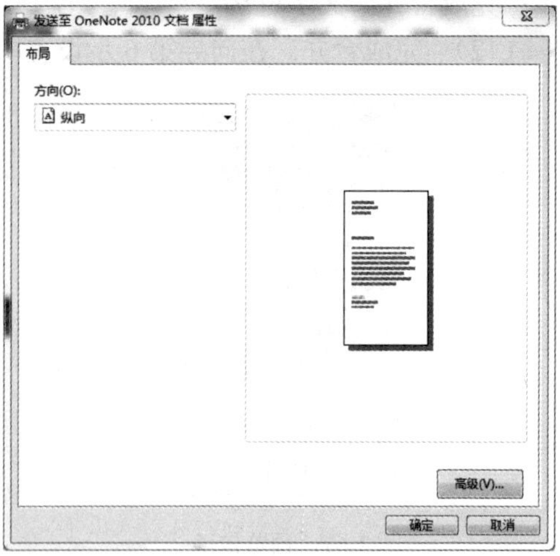


图 3-72 “打印”文档属性

### 3. 打印设置

单击“文件”|“打印”|“设置”命令，可切换到文件打印设置状态，如图 3-73 所示。要改变文档预览的显示比例，拖动“显示比例”滑块，可以选择文档的缩放比例，显示单页或多页预览效果。

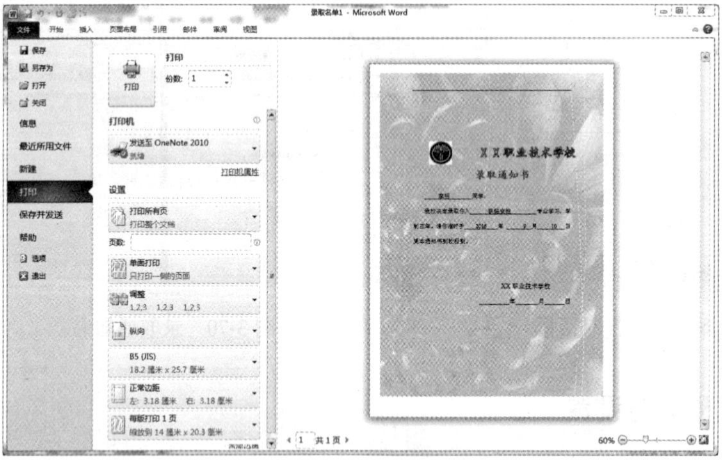


图 3-73 “打印设置”项

对文档的打印预览效果满意后，在“设置”项中设置后就可以打印文档。打印文档有许多方法，有打印整篇文档、打印几页文档和打印选定的文本等多种方法。

## 实训项目 制作会议邀请函

### 【任务描述】

学校要在 11 月份举办《计算机基础》交流会，请你协助学院宣传部的张老师为学院批量制作一份邀请函，并通过邮件合并按照邀请函名单发送出去，邀请函效果如图 3-74 所示。

**邀请函**

尊敬的 《姓名》 女士/先生：

我校将于2016年11月10日星期五下午15:00时整在校电教室举行《计算机基础》课程教研会，特邀请您届时光临指导。

校《计算机基础》教程教研室

2016年10月31日

图 3-74 “邀请函”模板

### 1. 实训目标

（1） 了解邀请函的基本编排格式；

（2） 掌握邀请函的制作方法；

（3） 掌握邀请函的批量发送。

### 2. 实训任务

（1） 制作邀请函，并以“学号-姓名（邀请函）”命名保存在 E:\个人文件夹中；

（2） 制作通讯录，主要指存放发送邀请函对方的一些信息（包括：姓名、性别、单位、联系方式等），如表 3-5 所示。并以“学号-姓名（通讯录）”命名保存在 E:\个人文件夹中；

（3） 邮件合并，根据现有的通讯录文档，完成邀请函的批量发送制作。

表 3-5 邀请函名单

| 姓　名 | 性　别 | 职　称 | 单位名称 | 邮　编 |
|---|---|---|---|---|
| 张蕾 | 女 | 副教授 | 湖南大学 | 410083 |
| 刘康 | 男 | 讲师 | 中南大学 | 410083 |
| 王茹 | 女 | 讲师 | 广州大学 | 510006 |
| 李柳迪 | 男 | 副教授 | 郑州大学 | 450052 |
| 张铮铮 | 男 | 教授 | 同济大学 | 200092 |

## 综合实训　创作“祝福祖国”作品

**【任务描述】**

在国庆节来临之际，单位要举行“祝福祖国”作品电子创意大赛，题目和内容可自定义发挥设计，例如：“祝福祖国——我爱祖国”等。

### 1. 实训目标

通过本实验的学习，进一步熟悉 Word 2010 的工作环境，理解 Word 2010 的基本功能及用途，熟练掌握 Word 2010 文档的管理与操作、文本的基本编辑及段落排版技术，掌握图形、图片及艺术字的插入与格式设置，熟练掌握表格的制作编辑及数据的公式计算等操作方法。

2. 实训任务

（1） 页面纸张用 A4、上下边距为 1cm、左、右边距为 2cm，上为 0cm 处装订。页眉距上边界 0.5cm，页眉字体采用小五号仿宋体，页脚内容为：“制作人：姓名”；

（2） 文字标题采用艺术字、隶书，48 磅。表格标题采用艺术字、行楷，32 磅，题目其他部分若无特殊说明，汉字字体均采用宋体，字号为 5 号，行距为 16 磅；

（3） 在标题区域插入绘制的图形；

（4） 第一段设置分栏、底纹等格式；

（5） 第二段按模板效果绘制图形，并添加对应的文字；

（6） 绘制表格，并添加艺术字标题；

（7） 输入表格内容，并要求使用公式计算填充表格的空白单元格；

（8） 参考模板制作个人信息区格式，并输入相关信息；

（9） 添加页面边框及水印文字；

（10） 本页涉及颜色的处理，相近即可；其他按版面要求设计，并排版出模板所示效果。

3. 参考模板如图 3-75 所示

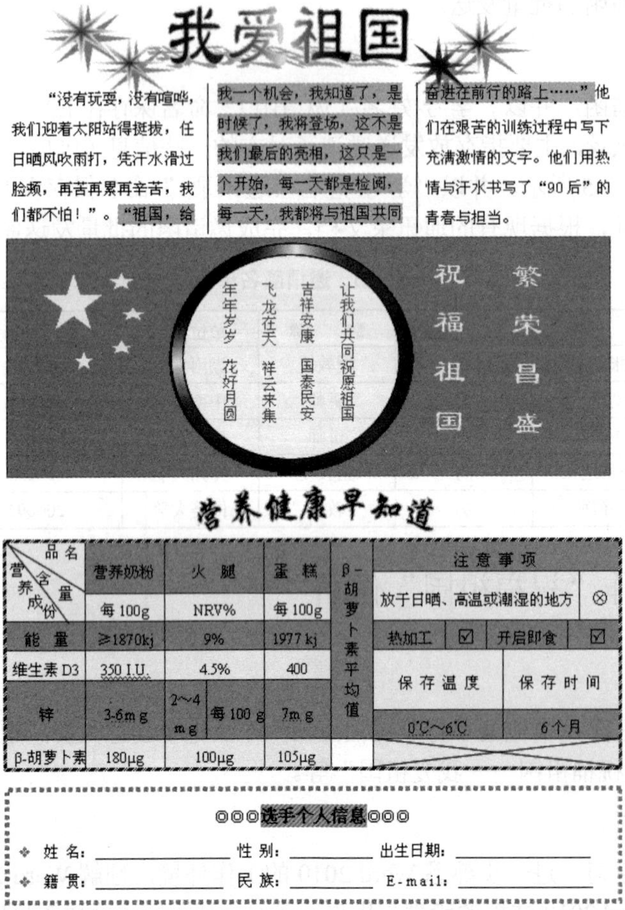


图 3-75 “祝福祖国”作品参考模板

【知识链接】

Word 2010 在 Word 2007 基础之上又有一些新功能的增加，下面针对 Word 2010 在图片操作方面，增加的新功能做一下简单的介绍，帮助用户增进对于 Word 2010 新增功能方面的认识。同时也希望能给用户的工作和学习带来一些帮助，具体内容如下。

1. 截屏工具

Office 2010 的 Word、PowerPoint 等组件里也增加了这个非常有用的功能，在插入标签里可以找到（屏幕截图），支持多种截图模式，特别是会自动缓存当前打开窗口的截图，单击鼠标就能插入文档中，具体操作如下：

（1） 单击“插入”选项卡，切换至插入选项卡项。

（2） 单击“插图”组中的“屏幕截图”按钮，打开其下拉菜单。

（3） 单击“屏幕剪辑”命令，鼠标将变成“+”形；选择需要截取的区域，松开鼠标后即可将所选取的区域截图插入至当前文档中，如图 3-76 所示。

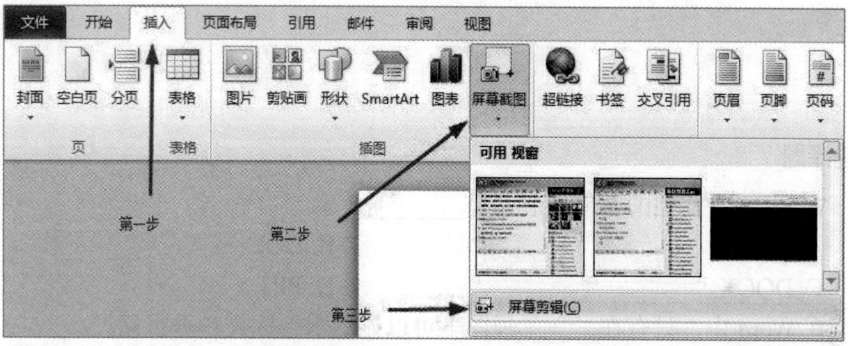


图 3-76　Office 2010 截屏工具

2. 保护模式（Protected Mode）

如果打开从网络上下载的文档，Word 2010 会自动处于保护模式下，默认禁止编辑，想要修改单击“启用编辑”按钮即可，如图 3-77 所示。

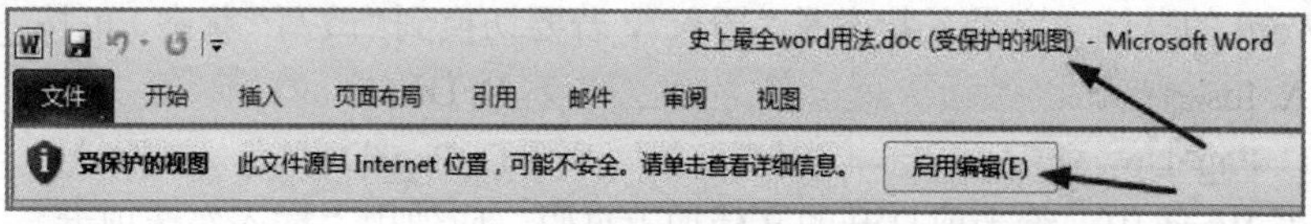


图 3-77　Word 2010 保护模式

3. 作者许可

在线协作是 Office 2010 的重点努力方向，也符合当今办公趋势。Office 2007 里审阅标签下的保护文档现在变成了限制编辑（Restrict Editing），旁边还增加了阻止作者（Block Authors），如图 3-78 所示。

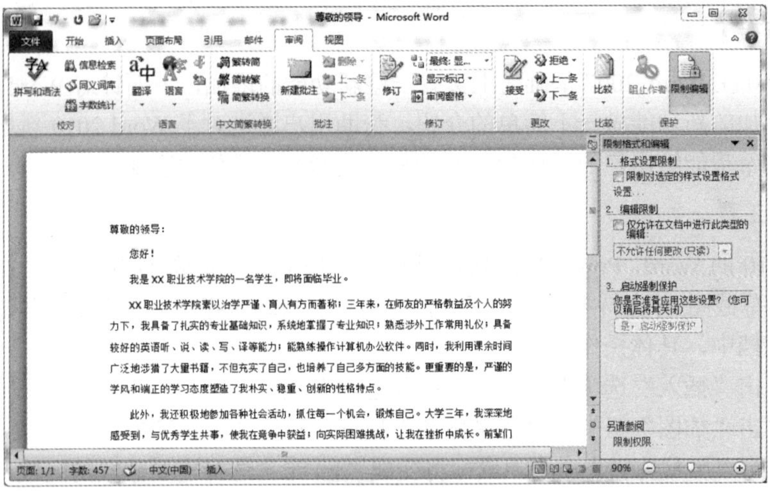


图 3-78 Office 2010 限制编辑界面

# 练习题

## 1. 选择题

（1） Word 2010 文档的文件扩展名是________。

A. XLS　　B. DOC

C. DOCX　　D. PPT

（2） 在 Word 中，只有在______视图下可以显示水平标尺和垂直标尺。

A. 普通　　B. 大纲

C. 页面　　D. 阅读版式

（3） 在 Word 中，如果要使文档内容横向打印，在“页面设置”中应选择的标签是________。

A. 纸张大小　　B. 纸张来源

C. 版面　　D. 页边距

（4） Word 的默认文字录入状态是“插入”，若要切换到“改写”状态，可按________键。

A. Insert　　B. Delete

C. PageUp　　D. PageDn

（5） 在 Word 中，给当前打开的文档加上页码，应使用“插入”选项卡________组中的“页码”按钮。

A. 文本　　B. 符号

C. 页眉和页脚　　D. 页面设置

（6） 在 Word 编辑状态下，如要调整段落的左右边界，用________的方法最为直观、快捷。

A. 格式栏　　B. 页面布局

C. 常用工具栏　　D. 拖动标尺上的缩进标记

（7）在 Word 编辑状态下查看排版效果，可以________。

A. 选择“文件”选项卡中的“打印\打印预览”命令

B. 选择“视图”选项卡中的“全屏显示”命令

C. 选择“视图”选项卡中的“模拟显示”命令

D. 直接按 F8 键

（8）使用字处理软件 Word 编辑文档时，将文档中所有地方的“E-mail”替换成“电子邮件”，应使用“开始”选项卡上________组中的“替换”按钮。

A. 编辑　　B. 视图

C. 插入　　D. 格式

（9）在 Word 文档中可以有图文框，图文框的边框上有 8 个控点，若用鼠标按下其右上角的控点，向左下角拖动，则图文框的________。

A. 长与宽同时按比例变大　　B. 宽度按比例变大

C. 宽度按比例变小　　D. 长与宽同时按比例变小

（10）在 Word 中，如果当前光标在表格中某行的最后一个单元格的外框线上，按 Enter 键后________。

A. 光标所在行加宽　　B. 在光标所在行下增加一行

C. 光标所在列加宽　　D. 对表格不起作用

（11）在 Word 编辑状态下绘制图形时，文档应处于________。

A. 普通视图　　B. 大纲视图

C. 页面视图　　D. 全屏视图

（12）在 Word 编辑时，文字下面有红色波浪下画线表示________。

A. 已修改过的文档　　B. 对输入的确认

C. 可能是拼写错误　　D. 可能的语法错误

（13）在 Word 编辑状态，可以使插入点快速移动到文档首部的组合键是________。

A. Ctrl+Home　　B. Alt+Home

C. Home　　D. PageUp

（14）在 Word 编辑状态，要退出使用后的格式刷状态，可以按________键。

A. Ctrl　　B. Alt+Shift

C. Esc　　D. PageUp

（15）在 Word 编辑状态，如何统计文档字符的多少________。

A. 单击“审阅 | 修订 | 字数统计”按钮

B. 单击“审阅 | 更改 | 字数统计”按钮

C. 单击“审阅 | 校对 | 字数统计”按钮

D. 单击“审阅 | 批注 | 字数统计”按钮

**2. 填空题**

（1）若要使用 Word 的替换功能将查找到的内容从文档中删除，应在“替换为”文本框内________。

（2）当文字的大小以“号”为单位时，数值越小，字体越________；以“磅”为单位时，数值越小，字体越________。

（3） 在输入文本时按________键可以删除插入点之前的字符，按________键可以删除插入点之后的字符。

（4） 默认情况下，在新建的文档中输入中文时以________的格式输入。

（5） 若要使在 Word 2010 中创建的文档能够在低版本的 Word 程序中打开使用，应将其保存为________文档。

（6） 在 Word 表格中，第 1 行第 3 列的那个单元格用________表示。

（7） Word 允许用户选择不同的文档显示方式，如“普通”、“页面”、“大纲”、“Web 板式”等视图，处理图像对象应在________视图中进行。

（8） Word 提供了__________、__________、__________、__________和__________ 5 种水平对齐方式。

（9） 在 Word 中，用鼠标在文档选定区中连续快速击打三次，其作用是________与快捷键________的作用等价。

（10） 在 Word 中，若对已经输入的文档进行分栏操作，需要使用___________选项卡。

（11） 在 Word 中，新建一个 Word 文档，默认的文件名是“文档 1”，文档内容的第一行标题是“说明书”，对该文件保存时没有重新命名，则该 Word 文档的文件名是________。

### 3. 简答题

（1） Word 2010 属于哪一类应用软件？它的运行环境要求是什么？

（2） 能否利用“格式刷”按钮来取消对文本格式的设置？若能，应如何操作？若不能，为什么？

（3） 在 Word 中，如何把稿件中所有的“编排”替换成“排版”？

（4） 要一次全部关闭所打开的文档应如何操作？

（5） 如何将普通文本转换为表格？

# 模块 4　Excel 2010 电子表格制作软件

## 教学目标：

通过本模块学习，可以熟悉 Excel 2010 的工作环境，理解工作簿、工作表与单元格等基本概念，掌握工作表的建立、编辑与格式化，正确使用公式与函数进行数据处理，掌握数据的管理与分析方法。能够使用 Excel 2010 顺利地制作电子表格并对电子表格中的数据进行编辑、管理与分析。

## 教学内容：

本模块主要介绍了 Excel 2010 的一些基础知识和常见的操作方法，如 Excel 2010 窗口的构成、工作表的建立、工作表的编辑、公式与函数的运用、数据的管理和分析、工作表的打印等。主要包括：

1. 工作表的建立。
2. 工作表的编辑。
3. 工作表的格式化。
4. 公式与函数的使用。
5. 数据的管理和分析。
6. 工作表的打印。

## 教学重点与难点：

1. 工作表的编辑。
2. 工作表的格式化。
3. 公式与函数的使用。
4. 数据的管理和分析。

## 案例一　制作学生成绩表

**【任务描述】**

电子科学与工程系新能源专业学期考试结束后，班长王雷要对本专业的成绩进行统计和分析，需要制作一个“学生成绩表”，输入相关数据，用计算机实现成绩的管理和分析工作，工作表的名称为“学生成绩表”。案例效果如图 4-1 所示，具体要求如下：

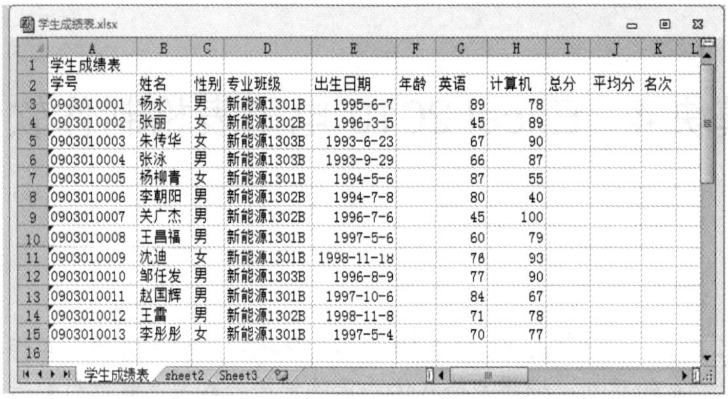


| | A | B | C | D | E | F | G | H | I | J | K |
|---|---|---|---|---|---|---|---|---|---|---|---|
| 1 | 学生成绩表 | | | | | | | | | | |
| 2 | 学号 | 姓名 | 性别 | 专业班级 | 出生日期 | 年龄 | 英语 | 计算机 | 总分 | 平均分 | 名次 |
| 3 | 0903010001 | 杨永 | 男 | 新能源1301B | 1995-6-7 | | 89 | 78 | | | |
| 4 | 0903010002 | 张丽 | 女 | 新能源1302B | 1996-3-5 | | 45 | 89 | | | |
| 5 | 0903010003 | 朱传华 | 女 | 新能源1303B | 1993-6-23 | | 67 | 90 | | | |
| 6 | 0903010004 | 张泳 | 男 | 新能源1303B | 1993-9-29 | | 66 | 87 | | | |
| 7 | 0903010005 | 杨柳青 | 女 | 新能源1301B | 1994-5-6 | | 87 | 55 | | | |
| 8 | 0903010006 | 李朝阳 | 男 | 新能源1302B | 1994-7-8 | | 80 | 40 | | | |
| 9 | 0903010007 | 关广杰 | 男 | 新能源1302B | 1996-7-6 | | 45 | 100 | | | |
| 10 | 0903010008 | 王昌福 | 男 | 新能源1301B | 1997-5-6 | | 60 | 79 | | | |
| 11 | 0903010009 | 沈迪 | 女 | 新能源1301B | 1998-11-18 | | 76 | 93 | | | |
| 12 | 0903010010 | 邹任发 | 男 | 新能源1303B | 1996-8-9 | | 77 | 90 | | | |
| 13 | 0903010011 | 赵国辉 | 男 | 新能源1301B | 1997-10-6 | | 84 | 67 | | | |
| 14 | 0903010012 | 王雷 | 男 | 新能源1302B | 1998-11-8 | | 71 | 78 | | | |
| 15 | 0903010013 | 李彤彤 | 女 | 新能源1301B | 1997-5-4 | | 70 | 77 | | | |
| 16 | | | | | | | | | | | |

图 4-1　学生成绩表

- 学号为 10 位字符，不能有缺失。
- 所有学科成绩为 0～100 之间的数字。
- 输入错误时显示出错信息。
- 工作表更名为“学生成绩表”。

**【任务分析】**

本案例可以让学生掌握合理的数据输入方法，学会用自动填充的方法实现大量数据的快速输入，培养学生思考问题解决问题的能力，理论联系实际的能力，为数据处理奠定基础。

**【实施方案】**

## 任务 1　认识 Excel 2010

Excel 2010 是 Office 2010 的重要组件之一，是一款功能强大的电子表格处理软件，具有强大的数据计算与分析功能，能够将数据转换为直观的图表等，被广泛应用于财务、金融、经济、审计和统计等众多领域。

### 1. Excel 2010 的功能

Excel 2010 具有界面友好、易于掌握、使用灵活、功能强大等优点。和其他 Office 组件一样，Excel 2010 在风格上也有很大的改变，并且增加和完善了许多实用的功能，在很大程度上满足了不同层次用户的需要。其主要功能如下：

（1） 制作表格，计算并表示表格中的数据，且自动维护数据之间的联系。

（2） 对表格中的全部或部分数据进行求和、求平均值、计数、汇总等统计处理。

（3） 按表格中某些区域的数据自动生成多种统计图表。

（4） 对表格中的数据进行查找、排序、筛选等简单的数据库操作。

### 2. Excel 2010 启动与退出

（1） 启动

启动 Excel 2010 通常有以下几种方法。

① 单击“开始｜所有程序｜Microsoft Office｜Microsoft Excel 2010”命令。

② 若桌面上有 Excel 快捷方式图标，双击它，也可启动 Excel。另外，还可通过双击

Excel 文档启动 Excel 2010。

（2） 退出

退出 Excel 2010 通常有以下方法。

① 单击“文件菜单｜退出”命令。

② 单击窗口右上角的“关闭”按钮。

③ 按 Alt+F4 组合键。

### 3. Excel 2010 的工作窗口

Excel 2010 启动后，会自动打开一个名为“工作簿 1”的 Excel 文件，其界面主要由文件菜单、标题栏、快速访问工具栏、功能区、数据编辑区、状态栏和工作簿窗口等组成，如图 4-2 所示。

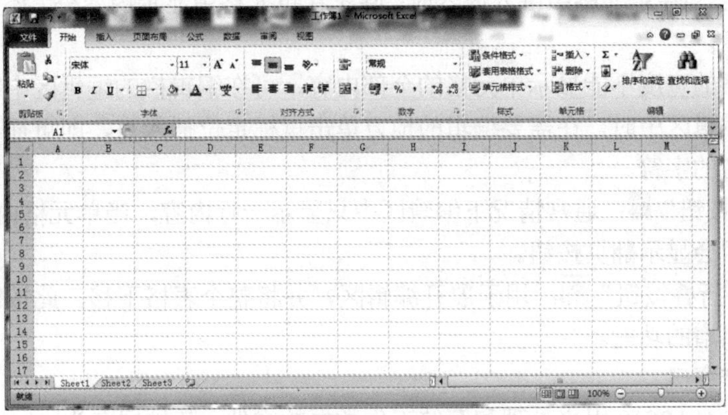


图 4-2 Excel 2010 工作窗口

（1） 标题栏

标题栏位于窗口的顶部。主要用来表明所编辑的文件的文件名、最小化按钮、还原按钮以及关闭按钮等。如果是新建文件，则 Excel 2010 会自动以“工作簿 1”、“工作簿 2”等默认名称顺序为文件命名。

（2） 文件菜单

文件菜单位于工作窗口的左上角，当单击该按钮时可以弹出一个下拉菜单，该菜单的功能主要有：新建文件、打开文件、保存文件、打印文件、退出等常用功能。

（3） 快速访问工具栏

快速访问工具栏位于文件菜单的右面，用户利用快速访问工具按钮可以更快速、更方便地工作。默认情况下有 3 个工具可用，分别是“撤销”、“恢复”和“保存”工具。用户可以单击工具栏右边的▼来增加其他工具。快速访问工具栏避免了使用文件菜单，给用户提供了更为快捷的操作方式。

（4） 数据编辑区

数据编辑区位于功能区的下方，它是 Excel 窗口特有的，用来显示和编辑数据、公式。有 5 个部分组成，从左向右依次是：名称框、“插入函数”按钮 $f_x$，单击它可打开“插入函数”对话框，同时它的左边会出现“取消”按钮✕和“输入”按钮✓、编辑区、展开/折叠和翻页按钮。其结构如图 4-3 所示。

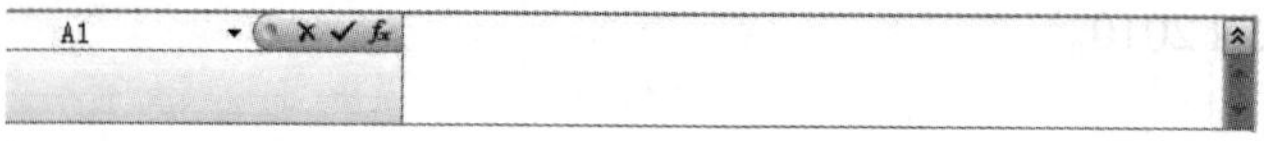


图 4-3　编辑栏

编辑栏中各元素的功能如下。

① “名称框”：用于定义单元格或单元格区域的名字，或者根据名字查找单元格或单元格区域。如果单元格定义了名称，则在“名称框”中显示单元格的名字；如果没有定义名字，在名称框中显示活动单元格的地址名称。

② “取消”：单击该按钮可取消输入的内容。

③ “输入”：单击该按钮可对输入的内容进行确认。

④ “插入函数”：单击该按钮可执行插入函数的操作。

⑤ 编辑区：当在单元格中键入内容时，除了在单元格中显示内容外，还会在编辑栏右侧的编辑区中显示。

有时单元格的宽度不能显示单元格的全部内容，可在编辑栏的编辑区中编辑内容。当把鼠标指针移到编辑区中时，在需要编辑的地方单击鼠标定位插入点，即可插入新的内容或者删除插入点左右的字符。

⑥ “翻页按钮”：通常情况下编辑区中只显示一行内容，当单元格内容超出一行时，编辑区的右侧即会显示翻页按钮。

⑦ “展开/折叠按钮”：用于展开编辑区，并将整个表格下移。此按钮与翻页按钮都是 Excel 2010 新增的功能。

（5） 工作窗口

工作簿是 Excel 2010 用来处理和存储工作数据的文件，其扩展名为 .xlsx。一个工作簿由多张工作表组成，默认情况下是 3 张。名称分别为 Sheet1、Sheet2 和 Sheet3，可改名。用户可以根据需要添加或删除工作表，最多 255 个工作表。工作簿窗口是 Excel 2010 窗口最重要的部分，它能管理多个不同类型的工作表，主要由以下几个部分组成。

① 工作表标签

在工作簿窗口的底部是工作表标签，用来显示工作表的名称（默认情况下，工作表名称为 Sheet1、Sheet2 和 Sheet3）。其中，当前正在使用的工作表标签以白底显示。如果单击工作表标签，即可迅速切换到所单击的工作表。如果想使用键盘切换工作表标签，按 Ctrl+PageDown 组合键。

如果要添加一张新工作表，则单击工作表标签右边的“插入工作表”按钮即可。当用户创建了多个工作表时，可以利用工作表标签左侧的四个滚动按钮来显示当前不可见的工作表标签。

② 工作表

工作表也称为电子表格，用于存储和处理数据，由若干个交叉而成的单元格构成的，行号用数字表示，自上而下为 1，2，3，……，列号用字母及字母的组合表示，从左到右为 A，B，C，……等。工作表是通过工作表标签来标识的。

③ 单元格

行和列交叉部分称为“单元格”，是存放数据的最小单元。又称为“存储单元”，是工作表中存储数据的基本单位。每个单元格都有其固定的地址，用列号和行号表示，例如，单元格 B7 表示其行号为 7，列标为 B。在一个单元格中输入并编辑数据之前，应选定该单元格为活动单元格（即当前正在操作的单元格，呈黑色外框显示）。

④ 单元格区域

当若干个单元格区域参与运算时，例如要计算 B1、B2、……B10 这 10 个单元格的数据之和，如果将它们的地址全部写出来显然会降低办公效率，Excel 使用单元格区域对此进行了简化。单元区域表示法是只写出单元格区域的开始和结束两个单元格的地址，二者之间用冒号分开，以表示包括这两个单元格在内的、它们之间所有的单元格。

同一列连续的单元格。A1：A6 表示从 A1 到 A6，连续的、都在第一列中从第一行到第六行的 6 个单元格。

同一行连续的单元格。A1：F1 表示从 A1 到 F1，连续的、都在第一行中从第一列到第六列的 6 个单元格。

矩形区域中的单元格。A1：C3 表示以 A1 和 C3 作为对角线两端的矩形区域，三行三列共 9 个单元格。

## 任务 2 创建工作簿

认识了 Excel 2010 后，为了尽快地完成任务，班长王雷就利用 Excel 来创建工作簿。

### 1. 建立、打开和保存工作簿文件

（1） 工作簿的建立

启动 Excel 2010 时系统将自动打开一个新的空白的工作簿，也可以通过下面 3 种方法之一来创建新的工作簿。

① 快速访问工具栏上单击“新建”按钮，创建一个空白工作簿。

② 单击文件菜单，从弹出的菜单中选择“新建”命令，打开“新建工作簿”对话框，在“模板”列表框中选择模板类型，然后选择模板。单击“创建”按钮，即可创建一个具体预定格式和内容的工作簿。

③ 按 Ctrl+N 组合键。

（2） 打开已有工作簿

如果当前没有启动 Excel 2010，可通过双击所要打开的文件名来启动 Excel 并打开该工作簿。如果已启动了程序，则可用下面 3 种方法之一来打开工作簿。

① 单击文件菜单，从弹出的菜单中选择“打开”命令，从“打开”对话框中选择要打开的工作簿，单击“打开”按钮。

② 按 Ctrl+O 组合键，打开“打开”对话框，从中选择要打开的工作簿，单击“打开”按钮。

③ 单击“文件”菜单，从弹出的菜单中选择最近使用过的所有文件。

（3）保存工作簿

在编辑过程中为防意外事故，也须经常保存工作簿，方法有以下几种。

① 单击快速访问工具栏中的“保存”按钮。

② 按 Ctrl+S 组合键。

③ 单击文件菜单，从弹出的菜单中选择“保存”命令。

如果想将当前文件保存到另一个文件中，则选择“文件”菜单的“另存为”命令。

## 任务 3 编辑工作表

默认情况下，新工作簿是由 Sheet1、Sheet2、Sheet3 这 3 个工作表组成的，每张工作表中都包含行、列、单元格等基本元素，用户可以对这些元素进行各种美化和修改，并且可以方便地向单元格中添加数据。

### 1. 工作表的编辑

用户可以更改工作表中默认的工作表的个数，并可根据需要对工作表进行选取、删除、插入和重命名。

（1） 更改工作表中默认的工作表的个数。

选择“文件 | 选项”命令，打开“Excel 选项”对话框的“常规”类别，在“包含的工作表数”选择框里可以更改工作表中默认的工作表个数，如图 4-4 所示。

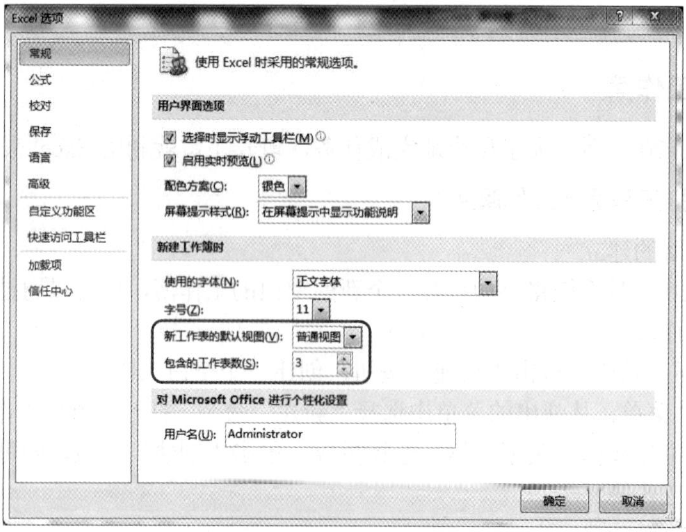


图 4-4 “Excel 选项”对话框的“常规”类别

（2） 选定工作表。

工作簿通常由多个工作表组成。若想对单个或多个工作表操作，必须先选取工作表。工作表的选取通过鼠标单击工作表标签栏进行。

鼠标单击要操作的工作表标签，该工作表内容出现在工作簿窗口。当工作表标签过多而在标签栏显示不下时，可通过标签栏滚动按钮前后翻阅标签名。

若选取多个连续工作表，可先单击第一个工作表，然后按 Shift 键同时单击最后一个工作表。

若选取多个非连续工作表，则通过按 Ctrl 键，再单击要选取的工作表。多个选中的工作表可以组成一个工作表组，在标题栏中出现“[工作组]”字样。选定工作组的好处是：在其中一个工作表的任意单元格中输入数据或设置格式，在工作组其他工作表的相同单元格中将出现相同数据或相同格式。显然，如果想在工作簿多个工作表中输入相同数据或设置相同格式，设置工作组将可以节省很多时间。

要选定全部工作表，可将鼠标指针指向其中一个工作表的标签，右击，从弹出的快捷菜单中选择“选定全部工作表”命令。

工作组的取消可通过鼠标单击工作组外任意一个工作表标签来进行。

（3） 删除工作表。

删除工作表时，只需要选中要删除工作表的标签，单击右键，从快捷菜单中选择“删除”命令，选中的工作表将被删除且相应标签也从标签栏中消失。工作表被删除后将无法恢复。

（4） 插入工作表。

右击某工作表标签（如 Sheet1），从弹出的快捷菜单中选择“插入”命令，打开如图 4-5 “插入”对话框。在“常用”选项卡中选择“工作表”图标，然后单击“确定”按钮，即可在当前工作表之前插入一个空白的新工作表，且成为活动工作表。

图 4-5 “插入”对话框

（5） 重命名工作表。

工作表初始名字为 Sheet1，Sheet2，…，如果一个工作簿中建立了多个工作表时，显然希望工作表的名字最好能反映出工作表的内容，以便于识别。重命名方法是：先双击要命名的工作表标签，工作表名将突出显示；再输入新的工作表名，按回车键确定；或者右击要命名的工作表，从弹出的快捷菜单中选择“重命名”命令。

（6） 移动、复制工作表。

根据用户的需求，有时需要调整工作表之间的关系（或把工作表复制一张到某个地方），此时可以通过移动（复制）操作来完成。具体方法是：右击要移动（复制）的工作表标签，在弹出的快捷菜单中单击“移动或复制”命令，打开“移动或复制工作表”对话框。在“下列选定工作表之前”列表框中选择要移动到的位置，然后单击“确定”按钮即可。

（7） 隐藏或显示工作表。

隐藏工作表能够避免用户对重要或机密数据的误操作，当需要时再将其恢复即可，隐藏工作表可以通过右击工作表标签，从快捷菜单中选择“隐藏”命令。如果要取消对工作表的隐藏，右击工作表标签，从快捷菜单中选择“取消隐藏”命令，打开“取消隐藏”对话框，在列表中选择需要再次显示的工作表，然后单击“确定”按钮即可。

（8） 冻结工作表。

通常处理的数据表格会有很多行，当移动垂直滚动条查看靠下的数据时，表格上方的标题行将会不可见，使得每列数据的含义不清晰，为此，可以冻结工作表标题来使其位置固定不变。方法为：单击标题行下一行中的任意的单元格，然后切换到“视图”选项卡，在“窗口”工具组中单击“冻结窗口”按钮，从下拉菜单中选择“冻结拆分窗格”命令。

（9） 设置工作表标签的颜色。

Excel 2010 允许为工作表标签添加颜色，以便轻松访问各工作表，例如，将已经制作完成的工作表标签设置为绿色，将还需要处理的工作表标签设置为红色，在为工作表标签添加颜色时，首先右击工作表标签，从快捷菜单中选择“工作表标签颜色”命令，然后在子菜单中选择所需的颜色。

### 2. 选择单元格及单元格区域

（1）选取单个单元格。

通常把被选择的单元格称为当前单元格。在某单元格中单击即可选中此单元格，被选中的单元格边框以黑色粗线条突出显示，且行、列号以高亮显示。

如果要选择不显示在当前屏幕中的单元格，可在“开始”选项卡中单击“编辑”组中的“查找和选择”按钮，从弹出的菜单中选择“转到”命令，打开“定位”对话框，在“引用位置”文本框中输入要选择的单元格，如图 4-6 所示。

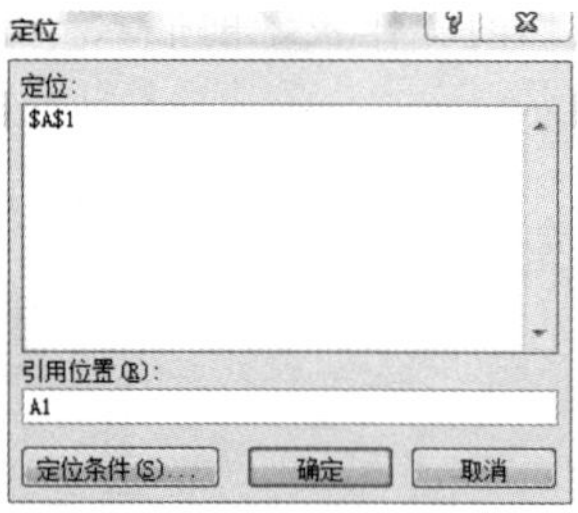


图 4-6 “定位”对话框

也可以单击“定位条件”按钮，在打开的对话框中设置定位条件。设置完毕，单击“确定”按钮即可选定特定的单元格。

（2） 选取多个连续单元格。

鼠标拖动可使多个连续单元格被选取。或者单击将要选择区域的左上角单元，按住 Shift 键再右击下角单元；选取整行或整列时，用鼠标单击工作表相应的行（列）号；选取整个工作表时，用鼠标单击工作表左上角行、列交叉的按钮。

（3） 选取多个不连续单元格。

用户可选择一个区域，再按住 Ctrl 键不放，然后选择其他区域。在工作表中任意单击一个单元格即可清除单元区域的选取。

### 3. 单元格、行、列的编辑

数据输入时难免会出现遗漏，有时是漏一个数据，有时可能漏掉一行或一列，在编辑工作表时可方便地插入单元格以及行、列、单元格区域，插入后工作表中的其他单元格将自动调整位置。

（1） 插入单元格、行、列或工作表。

选定待插入的单元格或单元格区域，选择“开始 | 单元格”命令，执行“插入”按钮，如图 4-6 所示。选择相应的插入方式即可。

（2） 删除单元格、行、列和工作表。

选定要删除的行、列或单元格，选择“开始 | 单元格”命令，执行“删除”按钮，选择相应的删除方式即可。

### 4. 单元格数据的编辑

单元格数据的编辑包括单元格数据的修改、清除、删除、移动和复制。

（1） 数据修改。

在 Excel 中，修改数据有两种方法：一是在编辑栏修改，只须先选中要修改的单元格，然后在编辑栏中进行相应修改，按✔按钮确认修改，按✘按钮或 Esc 键放弃修改，此种方法适合内容较多或公式的修改。二是直接在单元格修改，此时须双击单元格，然后进入单元格修改，此种方法适合内容较少的修改。

（2） 数据清除和删除。

Excel 中有数据清除和数据删除两个概念，它们是有区别的：

数据清除针对的对象是数据，单元格本身并不受影响。在选取单元格或一个区域后，选择“开始｜编辑｜清除”按钮。

① “清除”对话框中的菜单有：全部清除、清除格式、清除内容和清除批注，选择“清除格式”、“清除内容”或“清除批注”命令将分别只取消单元格的格式、内容或批注；选择“全部清除”命令将单元格的格式、内容、批注全部取消，数据清除后单元格本身仍留在原位置不变。

② 数据删除针对的对象是单元格，删除后所选单元格及其数据都从工作表中消失。

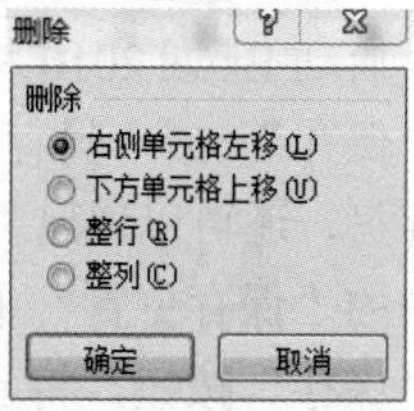


图 4-7 “删除”对话框

选取单元格或一个区域后，选择“开始｜单元格｜删除｜删除单元格”命令，出现如图 4-7 所示的“删除”对话框。

用户可选择“右侧单元格左移”或“下方单元格上移”来填充被删除单元格后留下的空缺。选择“整行”或“整列”将删除选取区域所在的行或列，其下方行或右侧列自动填充空缺。

（3） 数据复制和移动。

移动数据是指把某个单元格或单元格区域中的内容从当前的位置删除并放置到另外一个位置；而复制是指原位置内容不变，并把该内容复制到另外一个位置。如果原来的单元格中含有公式，移动或复制到新位置后，公式会因为单元格区域的引用变化生成新的计算结果。

① 用剪贴板或快捷键。

使用“开始｜剪贴板”组中的“复制”、“剪切”和“粘贴”按钮，可以方便地复制或移动单元格中的数据。也可以使用与之相对应的快捷键 Ctrl+C（复制）、Ctrl+X（剪切）和 Ctrl+V（粘贴）来达到目的。

② 使用鼠标拖放。

如果移动或者复制的源单元格和目标单元格相距较近，直接使用鼠标拖放的操作就可以更快地实现复制和移动数据。

具体操作是：首先选择要移动、复制的单元格或单元格区域，并将鼠标移动到所选单元格或单元格区域的边缘，当鼠标变成十字箭头状时，按住鼠标左键（移动）或按住鼠标左键的同时按住 Ctrl（复制）键拖动鼠标，此时一个与原单元格或单元格区域一样大小的虚框会随着鼠标移动。到达目标位置后释放鼠标，此单元格或区域内的数据即被移动或复制到新的位置。

移动数据时，如果目标单元格内含有数据，则系统会打开一个警告对话框，询问用户是否要替换目标单元格内的内容，单击“确定”按钮，则目标区域单元格中的数据将被替换。

复制数据时，目标区域内所含有的数据将会被自动覆盖。

此外，用户也可以使用下列方法移动或复制数据：按住鼠标右键拖动单元格或单元格区域，当释放鼠标时，将会弹出一个快捷菜单，根据需要选择相应的命令即可。

③ 选择性粘贴。

一个单元格含有多种特性，如内容、格式、批注等，另外它还可能是一个公式，含有有效规则等，数据复制时往往只须复制它的部分特性。此外，复制数据的同时还可以进行算术运算、行列转置等。这些都可以通过选择性粘贴来实现。

选择性粘贴操作步骤为：先选择并复制所需数据，然后选择目标区域中的第一个单元格，在“开始”选项卡中单击“剪贴板”组中的“粘贴”按钮下方的下拉按钮，从弹出的菜单中选择要粘贴的格式图标。

## 任务 4　编辑学生成绩表

班长王雷在认识并熟悉了工作表的各个工作环境之后，现在就通过 Excel 2010 编辑并创建学生成绩表。

### 1. 建立学生成绩表的基本框架

（1） 建立“学生成绩表”工作簿文件

启动 Excel 2010 将同时打开一个名为工作簿 1 的空白工作簿文件，选择“文件菜单”中的“保存”（或“另存为”）命令，打开“另存为”对话框，如图 4-8 所示（若是对文件第一次存盘，还可以通过“快速启动工具栏”中的“保存”按钮打开“另存为”对话框）。在对话框中的“保存位置”下拉列表框中选择 D:\，在“文件名”列表框中输入“学生成绩表”，单击“保存”按钮，将建立“学生成绩表.xlsx”的工作簿文件。

图 4-8　“另存为”对话框

（2） 工作表的重命名

右击工作表标签 Sheet1，打开快捷菜单，选择“重命名”命令，Sheet1 呈文本编辑状态，将其修改为“学生成绩表”，然后单击工作表任意单元格，完成工作表的重命名。

### 2. 学生成绩工作表中数据的输入

在工作表中输入数据是一种基本操作，Excel 2010 的数据输入方法最常用的有两种：直接输入和自动填充输入，不同类型的数据输入不太一样。

（1） 第一行数据的输入（普通的文本类型）

这是直接输入，首先选择 A1 单元格，当插入点出现在编辑栏中时直接输入“学号”两个汉字，数据会自动显示在 A1 单元格中，输入完毕按 Enter 键或单击编辑栏上的✓可结束输入。按 Esc 键或单击编辑栏上的✗可取消输入；B1～K1 单元格的输入方法同 A1 一样，文本输入时默认为左对齐。

（2）其他各行的输入（以列为单位进行输入）

① A 列（也称为学号列，是纯数字的文本类型）

这一列数据的学号只能是 10 位，如果多于 10 位或少于 10 位，系统将给出出错的提示信息，这一限制依靠数据的有效性规则来实现，要想使数据的有效性规则作用于单元格，应当先建立规则，后输入数据，否则有效性规则无效。

具体操作步骤为：先选中 A1 单元格，然后单击“数据 | 数据工具 | 数据有效性”旁的下三角符号，从中选择“数据有效性（V）...”，将弹出一个如图 4-9 所示的“数据有效性”的对话框，在“设置”选项卡中的“允许（A）:”下面的下拉列表框中选择“文本长度”,“数据（D）:”下面的列表框中选择“等于”，在“长度（L）”下面的框中输入 10，若所输入的数据多于或少于 10 位，还可以在第 3 个选项卡中确定出错信息及内容，如图 4-10 所示，在标题中输入“输入学号”，在错误信息中输入“学号必须是 10 位，请输入正确的位数”。

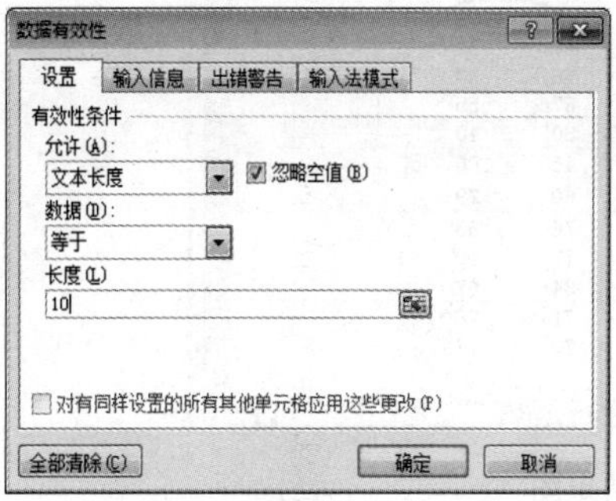


图 4-9 “数据有效性”之设置对话框

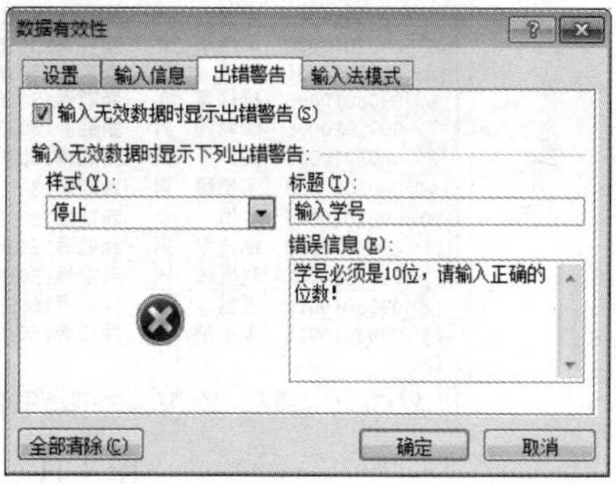


图 4-10 “数据有效性”之出错警告设置对话框

在 A2 单元格中输入 09030100011，不小心多输了一个 1，系统将会弹出一个错误警告对话框，而学号属于特殊的文本类型，这种类型除可以表示的学号、工号之外，还有数字如电话号码、邮政编码等常常当作字符处理。此时只须在输入数字前加上一个单引号（英文状态下的标点符号），例如，要输入学号 09003010001，应输入：’0903010001，然后将光标定位到 A2 单元格的右下角（填充句柄，此时鼠标指针为实心的十字形状），按住鼠标左键向下拉至 A14 单元位置处，释放左键，则 A2～A14 单元格将按顺序自动正确地填充。

如输入的文字长度超出单元格宽度，若右边单元格无内容，则扩展到右边列，否则，截断显示。

② B 列（姓名列）、C 列（性别列）、D 列（班级列）的输入方法属于普通文本的输入，方法同本案例中的第一行。

③ E 列（日期时间类型）

这是直接输入，先定位光标到 E2 单元格内，输入时月日年之间用“/”或“-”分开，Excel 内置了一些日期时间的格式，当输入数据与这些格式相匹配时，Excel 将识别它们。

Excel 常见日期时间格式为“mm/dd/yy”、“dd-mm-yy”、“hh：mm（am/pm）”，其中 am/pm 与分钟之间应有空格，如 7：20 PM，缺少空格将当作字符数据处理。当天日期的输入按组合键“Ctrl+：”，当天时间的输入则按“Ctl+Shift+：”。

日期类型也可以设置有效性规则，具体方法参照上一步骤。

④ G 列、H 列（数值类型）

定位光标，直接输入，数值除了数字（0～9）组成的字符串外，还包括+、-、E、e、$、%

以及小数点（.）和千分位符号（,）等特殊字符（如$20000）。数值型数据在单元格中默认靠右对齐。

Excel 数值输入与数值显示未必相同，如单元格数字格式设置为带两位小数，此时输入三位小数，则末位将进行四舍五入。注意，Excel 计算时将以输入数值而不是显示数值为准。

成绩的输入也可以用数据的有效性规则进行约束，如果输入的数据不在 0～100 之间，可弹出出错的提示信息框，具体的设置等同于学号的设置方法。如果我们已经输入了成绩，想查看里面有没有非法数据时，可以通过“数据的有效性”和“圈释无效的数据”结合起来进行设置，先设置“数据的有效性”，再执行“圈释无效的数据”按钮。如图 4-11 所示，第二个学生的英语为 101 被圈起来。

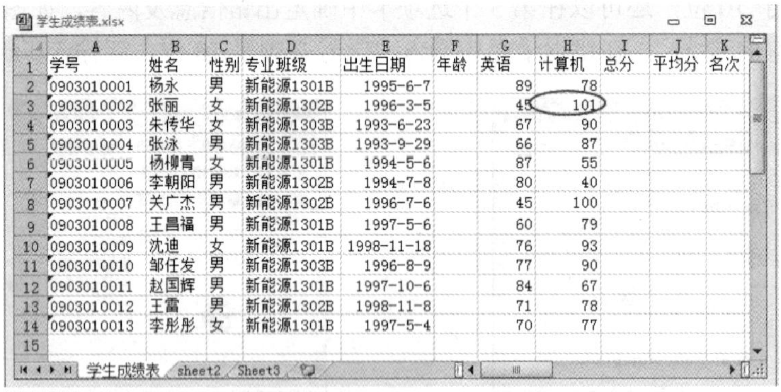

| | A | B | C | D | E | F | G | H | I | J | K |
|---|---|---|---|---|---|---|---|---|---|---|---|
| 1 | 学号 | 姓名 | 性别 | 专业班级 | 出生日期 | 年龄 | 英语 | 计算机 | 总分 | 平均分 | 名次 |
| 2 | 0903010001 | 杨永 | 男 | 新能源1301B | 1995-6-7 | | 89 | 78 | | | |
| 3 | 0903010002 | 张丽 | 女 | 新能源1302B | 1996-3-5 | | 45 | 101 | | | |
| 4 | 0903010003 | 朱传华 | 女 | 新能源1303B | 1993-6-23 | | 67 | 90 | | | |
| 5 | 0903010004 | 张泳 | 男 | 新能源1303B | 1993-9-29 | | 66 | 87 | | | |
| 6 | 0903010005 | 杨柳青 | 女 | 新能源1301B | 1994-5-6 | | 87 | 55 | | | |
| 7 | 0903010006 | 李朝阳 | 男 | 新能源1302B | 1994-7-8 | | 80 | 40 | | | |
| 8 | 0903010007 | 关广杰 | 男 | 新能源1302B | 1996-7-6 | | 45 | 100 | | | |
| 9 | 0903010008 | 王昌福 | 男 | 新能源1301B | 1997-5-6 | | 60 | 79 | | | |
| 10 | 0903010009 | 沈迪 | 女 | 新能源1301B | 1998-11-18 | | 76 | 93 | | | |
| 11 | 0903010010 | 邹任发 | 男 | 新能源1303B | 1996-8-9 | | 77 | 90 | | | |
| 12 | 0903010011 | 赵国辉 | 男 | 新能源1301B | 1997-10-6 | | 84 | 67 | | | |
| 13 | 0903010012 | 王雷 | 男 | 新能源1302B | 1998-11-8 | | 71 | 78 | | | |
| 14 | 0903010013 | 李彤彤 | 女 | 新能源1301B | 1997-5-4 | | 70 | 77 | | | |
| 15 | | | | | | | | | | | |

图 4-11　圈释无效数据结果图

### 3. 学生成绩表的编辑

工作表的编辑指对单元格区域的插入、复制、移动和删除操作，它包括工作表内单元格、行、列的编辑，单元格数据的编辑，以及工作表自身的编辑等。工作表的编辑遵守“先选定、后编辑”的原则。

本案例在第一行的前面增加一行用于表示表的标题，标题名为“学生成绩表”。增加后的效果如图 4-12 所示。具体的操作方法是：将光标定位到第一行的任意一个单元内右击，从弹出的快捷菜单中选择“插入……”，之后将弹出一个快捷菜单，如图 4-13 所示，从弹出的快捷菜单中选择“整行”，将在第一行前面增加一个空行。在该空行内输入“学生成绩表”。

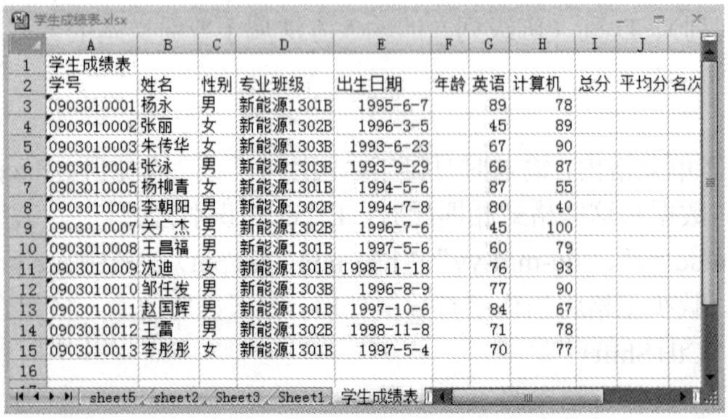

| | A | B | C | D | E | F | G | H | I | J |
|---|---|---|---|---|---|---|---|---|---|---|
| 1 | 学生成绩表 | | | | | | | | | |
| 2 | 学号 | 姓名 | 性别 | 专业班级 | 出生日期 | 年龄 | 英语 | 计算机 | 总分 | 平均分 名次 |
| 3 | 0903010001 | 杨永 | 男 | 新能源1301B | 1995-6-7 | | 89 | 78 | | |
| 4 | 0903010002 | 张丽 | 女 | 新能源1302B | 1996-3-5 | | 45 | 89 | | |
| 5 | 0903010003 | 朱传华 | 女 | 新能源1303B | 1993-6-23 | | 67 | 90 | | |
| 6 | 0903010004 | 张泳 | 男 | 新能源1303B | 1993-9-29 | | 66 | 87 | | |
| 7 | 0903010005 | 杨柳青 | 女 | 新能源1301B | 1994-5-6 | | 87 | 55 | | |
| 8 | 0903010006 | 李朝阳 | 男 | 新能源1302B | 1994-7-8 | | 80 | 40 | | |
| 9 | 0903010007 | 关广杰 | 男 | 新能源1302B | 1996-7-6 | | 45 | 100 | | |
| 10 | 0903010008 | 王昌福 | 男 | 新能源1301B | 1997-5-6 | | 60 | 79 | | |
| 11 | 0903010009 | 沈迪 | 女 | 新能源1301B | 1998-11-18 | | 76 | 93 | | |
| 12 | 0903010010 | 邹任发 | 男 | 新能源1303B | 1996-8-9 | | 77 | 90 | | |
| 13 | 0903010011 | 赵国辉 | 男 | 新能源1301B | 1997-10-6 | | 84 | 67 | | |
| 14 | 0903010012 | 王雷 | 男 | 新能源1302B | 1998-11-8 | | 71 | 78 | | |
| 15 | 0903010013 | 李彤彤 | 女 | 新能源1301B | 1997-5-4 | | 70 | 77 | | |
| 16 | | | | | | | | | | |

图 4-12　插入标题行后的效果图

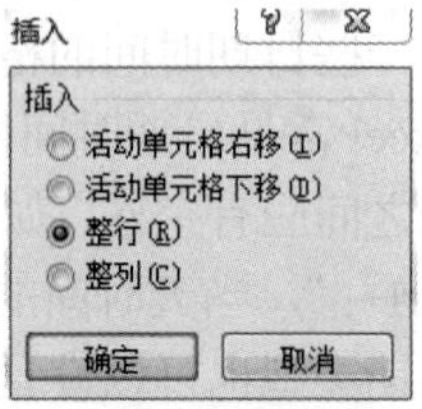


图 4-13　“插入”对话框

## 4. 合并单元格

将 A1～K1 合并单元格合并成一个单元格，方法是：先选中要合并的单元格（A1～K1），单击“开始 | 对齐方式 | 合并后居中”按钮，则 A1～K1 单元将被合并生成一个单元格。

# 实训项目　制作员工工资表

## 【任务描述】

王红需要利用 Excel 2010 来制作完成本单位的当月工资处理，首先对数据进行输入，制作完成后进行简单的处理并保存为员工工资表。效果参考如图 4-14 所示。

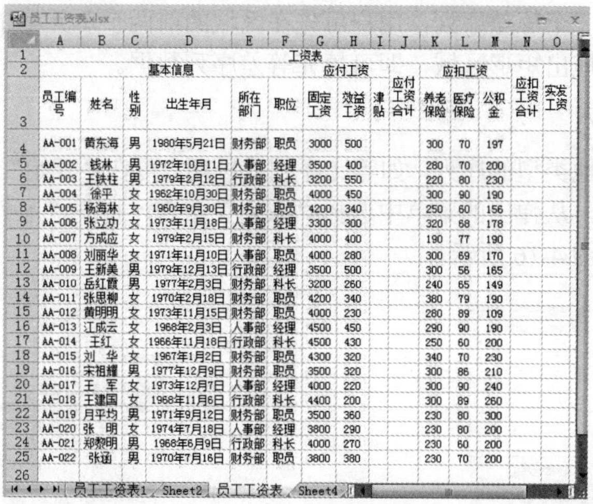

工资表

| 基本信息 | | | | | | 应付工资 | | | | 应扣工资 | | | | |
|---|---|---|---|---|---|---|---|---|---|---|---|---|---|---|
| 员工编号 | 姓名 | 性别 | 出生年月 | 所在部门 | 职位 | 固定工资 | 效益工资 | 津贴 | 应付工资合计 | 养老保险 | 医疗保险 | 公积金 | 应扣工资合计 | 实发工资 |
| AA-001 | 黄东海 | 男 | 1980年5月21日 | 财务部 | 职员 | 3000 | 500 | | | 300 | 70 | 197 | | |
| AA-002 | 钱林 | 男 | 1972年10月11日 | 人事部 | 经理 | 3500 | 400 | | | 280 | 70 | 200 | | |
| AA-003 | 王铁柱 | 男 | 1979年2月12日 | 行政部 | 科长 | 3200 | 550 | | | 220 | 80 | 230 | | |
| AA-004 | 徐平 | 女 | 1962年10月30日 | 财务部 | 职员 | 4000 | 450 | | | 300 | 90 | 190 | | |
| AA-005 | 杨海林 | 女 | 1960年9月30日 | 财务部 | 职员 | 4200 | 340 | | | 250 | 60 | 156 | | |
| AA-006 | 张立功 | 女 | 1973年11月18日 | 人事部 | 经理 | 3300 | 300 | | | 320 | 68 | 178 | | |
| AA-007 | 方成应 | 女 | 1979年2月15日 | 财务部 | 科长 | 4000 | 400 | | | 190 | 77 | 190 | | |
| AA-008 | 刘丽华 | 女 | 1971年11月10日 | 人事部 | 职员 | 4000 | 280 | | | 300 | 69 | 170 | | |
| AA-009 | 王新美 | 男 | 1979年12月13日 | 行政部 | 经理 | 3500 | 500 | | | 300 | 56 | 165 | | |
| AA-010 | 岳红霞 | 男 | 1977年2月3日 | 财务部 | 科长 | 3200 | 260 | | | 240 | 65 | 149 | | |
| AA-011 | 张思柳 | 女 | 1970年2月18日 | 财务部 | 职员 | 4200 | 340 | | | 380 | 79 | 190 | | |
| AA-012 | 黄明明 | 女 | 1973年11月15日 | 财务部 | 职员 | 4000 | 230 | | | 280 | 89 | 109 | | |
| AA-013 | 江成云 | 女 | 1968年2月3日 | 人事部 | 经理 | 4500 | 450 | | | 290 | 90 | 190 | | |
| AA-014 | 王红 | 女 | 1966年11月18日 | 行政部 | 科长 | 4500 | 430 | | | 250 | 60 | 200 | | |
| AA-015 | 刘　华 | 女 | 1967年1月2日 | 财务部 | 职员 | 4300 | 320 | | | 340 | 70 | 230 | | |
| AA-016 | 宋祖耀 | 男 | 1977年12月9日 | 财务部 | 职员 | 3500 | 320 | | | 300 | 86 | 210 | | |
| AA-017 | 王　军 | 女 | 1973年12月7日 | 人事部 | 经理 | 4000 | 220 | | | 300 | 90 | 240 | | |
| AA-018 | 王建国 | 女 | 1968年11月6日 | 行政部 | 科长 | 4400 | 200 | | | 300 | 89 | 260 | | |
| AA-019 | 月平均 | 男 | 1971年9月12日 | 财务部 | 职员 | 3500 | 360 | | | 230 | 80 | 300 | | |
| AA-020 | 张　明 | 女 | 1974年7月18日 | 人事部 | 经理 | 3800 | 290 | | | 230 | 80 | 200 | | |
| AA-021 | 郑黎明 | 男 | 1968年6月9日 | 行政部 | 科长 | 4000 | 270 | | | 230 | 60 | 200 | | |
| AA-022 | 张涵 | 男 | 1970年7月16日 | 财务部 | 职员 | 3800 | 380 | | | 230 | 70 | 200 | | |

图 4-14　员工工资表

## 1. 实训目标

（1） 熟悉 Excel 2010 的工作环境；
（2） 掌握新建及保存工作簿和工作表的方法；
（3） 掌握数据表中不同类型的数据输入方法；
（4） 掌握数据的有效性规则。

## 2. 实训任务

在输入每个人的工资时要求：
（1） 员工编号为 6 位字符，若多或少要有对应的错误信息提示；
（2） 所有固定工资为 3000～5000 之间的数字；
（3） 效益工资、养老保险和公积金不超过 600 元；
（4） 医疗保险不超过 100 元；
（5） 输入错误时显示对应的出错信息。

## 【知识链接】

## 1. 数据序列的填充与输入

在 Excel 2010 中提供了一些可扩展序列（包括数字、日期和时间），相邻单元格的数据将按序列递增或递减的方式进行填充。

如果要填充扩展序列，应先选择填充序列的起始值所在的单元格，输入起始值，然后将指针移至单元格右下角的填充句柄，当指针变为“+”形状时按住鼠标左键不放，在填充方向上拖动填充句柄至终止单元格，此时选中的单元格区域中会默认填充相同的数据，并在单元格区域右下角显示一个“自动填充”图标按钮，单击此按钮，从弹出的菜单中选择“填充序列”单选按钮，即可填充数据序列，如图 4-15 所示。

对于日期和时间数据，需按住 Ctrl 键拖动当前单元格的填充句柄，才能实现相同日期和时间数据的快速输入。

### 2. 输入等差序列

如果要填充的是一个等差序列，用户可先在区域的前两个单元格中输入等差数据，然后选择两个单元格，再拖出矩形区域，即可填充等差序列数据。

### 3. 输入其他序列

如果需要填充其他类型的序列，如等比序列或日期，可在“开始”选项卡上单击“编辑”组中的“填充”按钮，从弹出的菜单中选择“系列”命令，打开“序列”对话框，指定所需的序列填充方式，如图 4-16 所示。

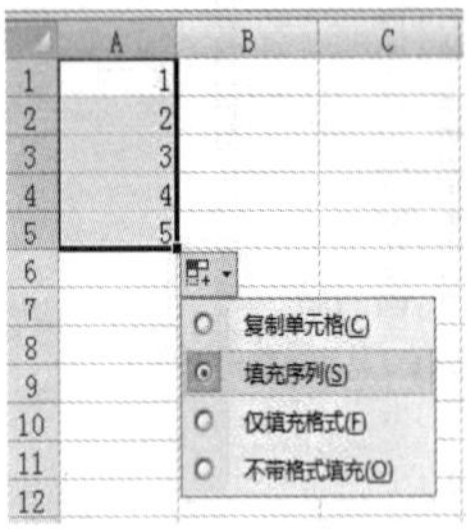


图 4-15　填充序列数据

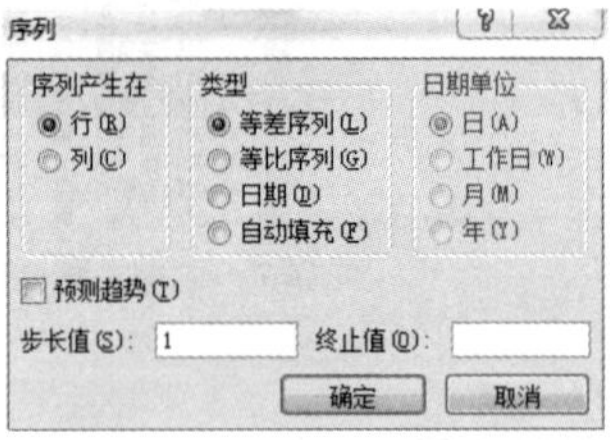


图 4-16　“序列”对话框

# 案例二　设置学生成绩表的格式

**【任务描述】**

电子科学与工程系新能源专业班长王雷在完成“学生成绩表”基本数据的输入后，感觉所做的表格不太美观，想对该表进行如下格式的设置及相应的页面设置，以便打印出来交给辅导员审阅：

- 标题“学生成绩表”设置为 24 号，使用“楷体”字体、加粗、采用“合并后居中”对齐方式，桔黄色底纹；列标题字体设置为“仿宋”、倾斜、12 号，字体颜色为“黑色；表中的其他字体设为“宋体”、11 号，上下左右均居中。
- 表格中的列宽设置为“最适合的列宽”，第一行的行高为 32.25，其他行高自动调整。
- 表中的数值类型的数据除年龄和名次外所有数字的格式设置为“保留一位小数”。
- 除第一行外，表的外边框设定为蓝色粗线，内部为红色虚线细线。
- 表格的底纹除第一行外其他各行设置为绿色。

- 利用条件格式将英语和计算机不及格的学生的成绩设置为红色加粗倾斜。
- 纸张方向为横向，A4 纸，将第 2 行和第 3 行设置为顶端标题行，使得打印的每一页内容都有标题行。
- 添加页眉和页脚，页眉处显示新能源专业，页脚处显示页码和总页数。设置后的效果如图 4-17 所示。

| 学号 | 姓名 | 性别 | 专业班级 | 出生日期 | 年龄 | 英语 | 计算机 | 总分 | 平均分 | 名次 |
|---|---|---|---|---|---|---|---|---|---|---|
| 0903010001 | 杨永 | 男 | 新能源1301B | 1995-6-7 | | 89.0 | 78.0 | | | |
| 0903010002 | 张丽 | 女 | 新能源1302B | 1996-3-5 | | *45.0* | 89.0 | | | |
| 0903010003 | 朱传华 | 女 | 新能源1303B | 1993-6-23 | | 67.0 | 90.0 | | | |
| 0903010004 | 张泳 | 男 | 新能源1303B | 1993-9-29 | | 66.0 | 87.0 | | | |
| 0903010005 | 杨柳青 | 女 | 新能源1301B | 1994-5-6 | | 87.0 | *55.0* | | | |
| 0903010006 | 李朝阳 | 男 | 新能源1302B | 1994-7-8 | | 80.0 | *40.0* | | | |
| 0903010007 | 关广杰 | 男 | 新能源1302B | 1996-7-6 | | *45.0* | 100.0 | | | |
| 0903010008 | 王昌福 | 男 | 新能源1301B | 1997-5-6 | | 60.0 | 79.0 | | | |
| 0903010009 | 沈迪 | 女 | 新能源1301B | 1998-11-18 | | 76.0 | 93.0 | | | |
| 0903010010 | 邹任发 | 男 | 新能源1303B | 1996-8-9 | | 77.0 | 90.0 | | | |
| 0903010011 | 赵国梓 | 男 | 新能源1301B | 1997-10-6 | | 84.0 | 67.0 | | | |
| 0903010012 | 王雷 | 男 | 新能源1302B | 1998-11-8 | | 71.0 | 78.0 | | | |
| 0903010013 | 李彤彤 | 女 | 新能源1301B | 1997-5-4 | | 70.0 | 77.0 | | | |

图 4-17　工作表格式化样张

【任务分析】

本案例可以让学生充分了解工作表格式化操作，掌握工作表单元格中字体的设置，学会为工作表加不同类型的边框和底纹，学会使用条件格式进行设置，培养学生独立思考问题和解决问题的能力，提高学生的美感，为数据处理奠定基础。

【实施方案】

## 任务 1　优化格式清单

电子科学与工程系新能源专业班长王雷通过案例一已经完成了基本数据的输入和编辑操作，下面是对表格进行格式化的操作过程。

### 1. 学生成绩表标题的单元格的合并

选中 A1 到 K1 区域中的单元格，单击“开始｜对齐方式｜合并后居中”按钮，则 A1 到 K1 区域中的单元格将被合并。

### 2. 学生成绩表中字体的设置

本案例中涉及到的字体设置较多，此步骤就以标题“学生成绩表”字体的设置为例进行设置，其他字体的设置同此方法。

选中“学生成绩表”，利用“开始”选项卡｜“字体”工具组将字体设置为 24 号，“楷体”、加粗；或用单击“字体”工具组右下角的 按钮，将弹出字体设置对话框，如图 4-18 所示，通过此对话框将字体进行相应的设置。

### 3. 学生成绩表中对齐方式的设置

选中 A1～K15 单元格，单击“开始｜对齐”工具组中右下角的设置按钮，打开如图 4-19 所示的“对齐”对话框。在水平对齐和垂直对齐中的下拉列表框中均选择“居中”，文字方向选择“根据内容”，然后单击“确定”按钮。

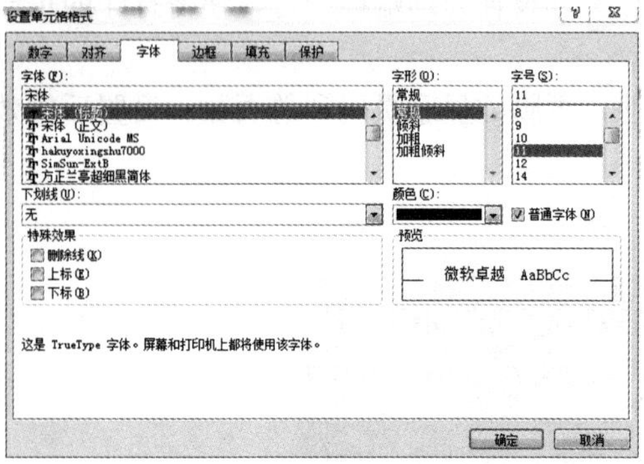


图 4-18 “字体”对话框

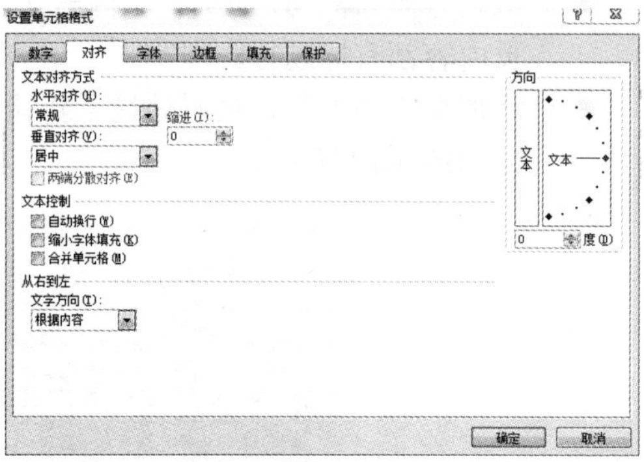


图 4-19 “对齐”对话框

## 4. 学生成绩表中行高和列宽的设置

（1） 设置行高

选择第一行，然后单击“开始 | 单元格 | 格式”按钮下方的下三角符号，从弹出的下拉菜单中选择“行高”命令，打开“行高”对话框，如图 4-20 所示，在“行高（R）”后的文本框中输入 32.25，单击“确定”按钮完成第一行行高的设置。

选中表中除第 A1～K1 行之外的其他各行，然后单击“开始 | 单元格 | 格式”按钮下方的下三角符号，从弹出的下拉菜单中选择“自动调整行高”命令。

（2） 设置列宽

选中表中 A～K 列，然后单击“开始 | 单元格 | 格式”按钮下方的下三角符号，从弹出的下拉菜单中选择“自动调整列宽”命令。

## 5. 学生成绩管理表内外边框的设置

先选择 A2～K15 单元格，然后单击“开始 | 单元格 | 设置单元格格式”命令，打开如图 4-21 所示的设置边框对话框。从线条样式中选择粗线，颜色列表框中选择淡蓝，然后依次单击边框组中的上下左右四条边，完成表格四周边框架的设置；再从样式中选择细虚线，从颜色列表框中选择红色，然后单击边框组中的中心点，完成内部边框的设置。

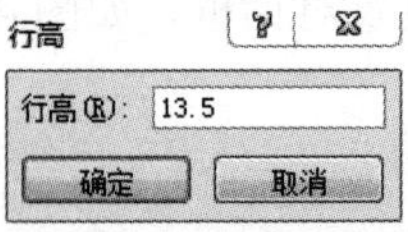


图 4-20 设置行高

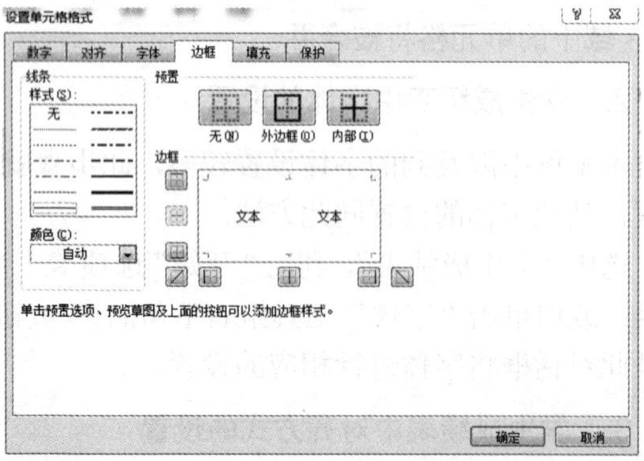


图 4-21 “边框”对话框

### 6. 学生成绩表中填充背景的设置

先选择 A2～K15 单元格，然后单击“开始｜单元格｜设置单元格格式”命令，打开如图 4-22 所示的设置背景（填充）对话框。从背景色中选择绿色，然后单击“确定”按钮完成部分背景色的设置。

同样的方法可以设置完成图表标题背景的设置。

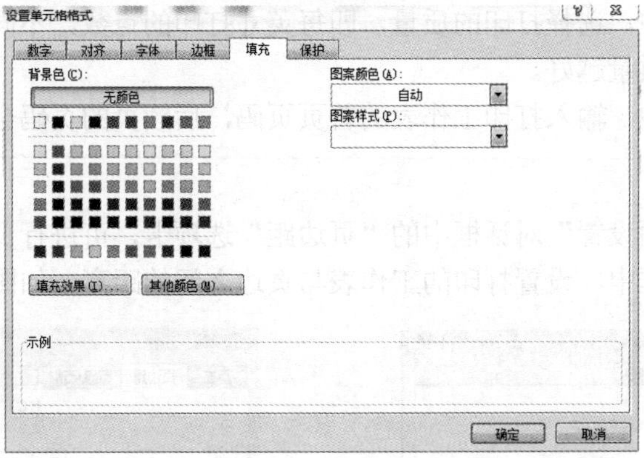


图 4-22 “填充”对话框

### 7. 英语和计算机成绩不及格的设为红色、加粗、倾斜

先选择 G3～H15 单元格，然后单击“开始｜样式｜条件格式”按钮旁的下三角符号按钮，从弹出的下拉菜单中选择“突出显示单元格规则｜小于（L）...”命令，打开“格式设置”之“小于”对话框，如图 4-23 所示。在第一个列表框中输入 60，第二个列表框中选择自定义格式，根据题目要求利用自定义格式将不及格的设置为“红色、加粗、倾斜”格式。

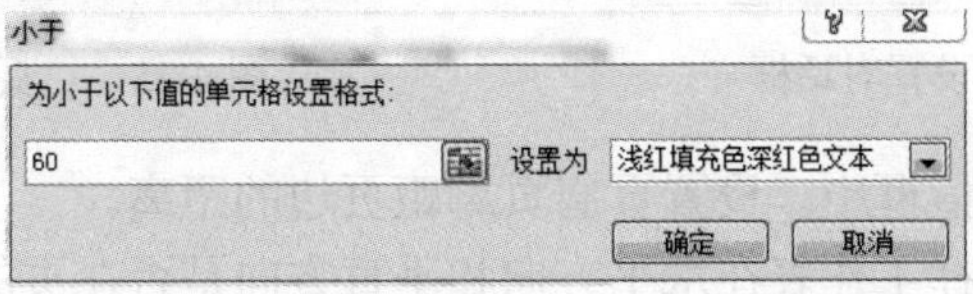


图 4-23 “格式设置”之“小于”对话框

## 任务 2 设置页面格式

要想打印出一份漂亮的工作表，除了要设置好工作表格式外，还需要设置格式，例如纸张的大小和方向、页边距、页眉和页脚、设计要打印的数据区域等。页面设置可通过“页面布局”选项卡｜“页面设置”工具组中对应的命令或单击“页面设置”工具组右下角的按钮，打开“页面设置”对话框来完成。

### 1. 设置页面

在“页面”设置对话框中，选择“页面”选项卡，如图 4-24 所示，其中：

（1）在“方向”单选框中设置打印方向是纵向还是横向，若工作表的行较多而列较少，使用纵向打印；若工作表的列较多而行较少，使用横向打印。本案例采用纵向打印，这也是系统默认的一种方式。

（2） 缩放框中，允许设置成不按正常尺寸打印。其中的“缩放比例”，可直接设置打印时的放大或缩小比例，缩放比例的调整值允许在 10～400 之间；“调整为”中可设置打印时缩小工作表或选定区域的尺寸以适应所指定的页数。若打印时仅需设置表格为一页宽而页高不限制，则可以在“页宽”框中键入“1”，“页高”框中保留空白。

（3） 纸张大小中，选择打印所用的纸张，本案例选用 A4 纸。

（4） 打印质量中，选择打印的质量，即每英寸打印的点数，不同的打印机数字会不一样，数字越大，打印质量越好。

（5） 起始页码中，输入打印工作表的首页页码，后续页的页码会自动递增。

## 2. 设置页边距

（1） 单击“页面设置”对话框中的“页边距”选项卡，可进行页边距的设置，其中：上、下、左、右数值框中，设置打印的工作表与页边之间的距离，如图 4-25 所示。

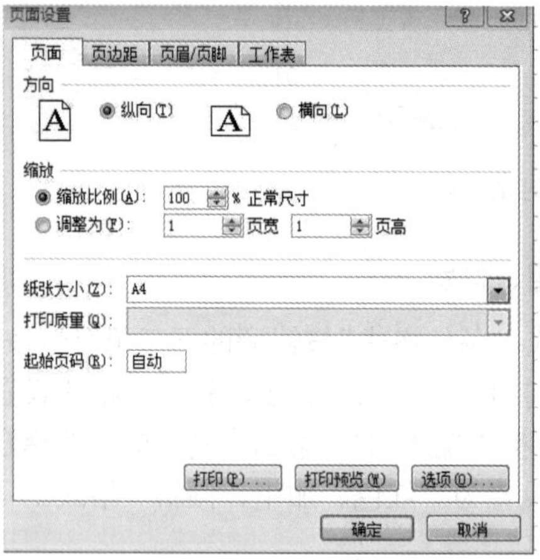


图 4-24 “页面”设置对话框

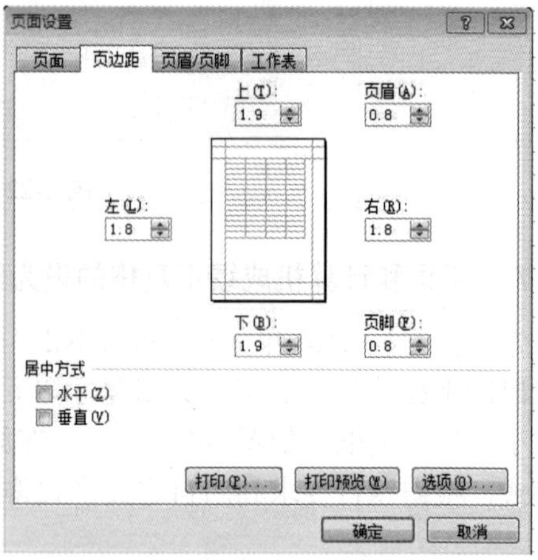


图 4-25 “页边距”设置对话框

（2） 页眉、页脚数值框中，设置页眉页脚距页边的距离。

（3） 居中方式中选择工作表在水平方向和垂直方向是否在页的正中。

## 3. 设置页眉页脚

页眉位于页面最顶端，通常用于工作表的标题，页脚位于页面最底端，通常用于存放页码，用户可根据需要指定页眉页脚上的内容，操作过程如下：

（1） 单击“插入 | 文本 | 页眉页脚”命令，切换到页面布局视图，并显示“设计”选项卡。

（2） 在顶部页眉区的 3 个框中输入页眉内容“新能源专业”，也可以通过“设计”选项卡中的“页眉页脚”工具组 | “页眉”命令插入系统提供的信息，或者通过“设计”选项卡中的“页眉页脚元素”工具组的页码、页数、当前日期等命令插入所需要的内容。

（3） 在“导航”工具组中单击“转至页脚”，定位光标在页脚处，插入页码和总的页数，中间用“/”分开。

（4） 若要使工作表奇偶页不同，首先选中“选项”工具组中的“奇偶页不同”筛选框，然后在页眉和页脚位置分别输入相应的内容。

### 4. 设置工作表

在“页面设置”对话框中切换到“工作表”选项卡，在此可对打印区域及标题等进行设置，如图4-26所示。

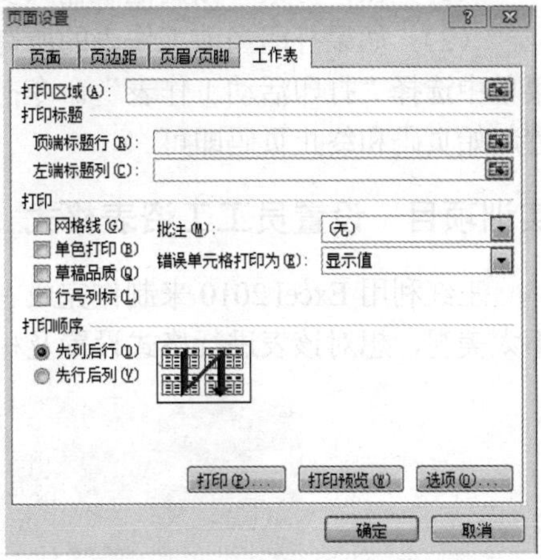

图 4-26 “工作表”设置对话框

“工作表”选项卡中各选项含义如下。

（1） 打印区域：选择打印的工作表范围，如不选择，默认为整个工作表。

（2） 打印标题：当工作表过大而分成多页打印时，往往后面的页会看不到标题列或标题行，为了避免这种情况，可在“顶端标题行”和“左端标题列”中指定行标题和列标题的位置，这样打印时，标题行列会自动出现在后续页中。

（3） 网格线：该复选框选中时，即使工作表中没有设置边框，打印时也会打印出表格线，如不选中，打印时只打印数据不打印表格线。

（4） 行号列标：该复选框被选中时，打印时工作表将同时打印行号和列号。

（5） 单色打印：如果数据有彩色格式，而打印机为黑白打印机，可选择“单色打印”复选框；如果是彩色打印机，选择该选项可减少打印所需时间，只打印单色。

（6） 按草稿方式：可加快打印速度，但会降低打印质量。

（7） 先行后列和先列后行：是控制超过一页的工作表的打印顺序。

### 5. 插入分页符

如果需要打印的数据超过一页，Excel 会自动分页；如果用户希望自己设置分页位置，可在工作表中插入分页符。具体方法为：

（1） 定位光标到另起一页的行（或列）。

（2） 单击“页面布局 | 页面设置 | 分隔符”按钮旁的下三角符号，从中选择“插入分页符”命令，则在该行（或列）的上方出现的水平（或垂直）虚线即为分页符，也可以通过此对话框对分页符进行删除和重设操作。

## 任务 3 设置打印格式

在 Excel 2010 中也采用了所见即所得的技术，用户可以在对工作表进行打印前，通过打印预览命令在屏幕上观察效果，并进行必要的调整。

### 1. 打印预览

选择“文件 | 打印”命令，切换到打印设置界面，可以在界面右侧预览打印效果。

若看不清楚预览的效果，可通过预览页面右下角的“缩放到页面”按钮，此时，预览比例放大，用户可以拖动水平和垂直滚动条查看工作表的内容。当工作表有多页时，可通过单击“下一页”按钮，预览其他页面。

### 2. 打印工作表

预览效果满意后，就可以正式打印了，在“文件”选项卡中，选择“打印”命令后，可设置打印的具体内容如下：

（1） 在“份数”微调框中输入要打印的份数。

（2） 如果打印当前工作表的所有页，单击“设置”下方的“打印范围”按钮，从下拉菜单中选择“打印活动工作表”命令；如果仅打印部分页，在“页数”和“至”微调框中设置起始页码和终止页码即可。

## 实训项目 设置员工工资表格式

王红利用 Excel 2010 来制作完成本单位的当月工资基本数据的输入后，感觉所做的表格不太美观，想对该表进行格式设置及相应的页面设置，设置后效果如图 4-27 所示。

工资表

| 基本信息 | | | | | | | 应付工资 | | | 应付工资合计 | 应扣工资 | | | 应扣工资合计 | 实发工资 |
|---|---|---|---|---|---|---|---|---|---|---|---|---|---|---|---|
| 员工编号 | 姓名 | 性别 | 出生年月 | 周岁 | 所在部门 | 职位 | 固定工资 | 效益工资 | 津贴 | | 养老保险 | 医疗保险 | 公积金 | | |
| AA-001 | 黄东海 | 男 | 1980年5月21日 | | 财务部 | 职员 | 3000 | 500 | | | 300 | 70 | 197 | | |
| AA-002 | 钱林 | 男 | 1972年10月11日 | | 人事部 | 经理 | 3500 | 400 | | | 280 | 70 | 200 | | |
| AA-003 | 王铁柱 | 男 | 1979年2月12日 | | 行政部 | 科长 | 3200 | 550 | | | 220 | 80 | 230 | | |
| AA-004 | 徐平 | 女 | 1962年10月30日 | | 财务部 | 职员 | 4000 | 450 | | | 300 | 90 | 190 | | |
| AA-005 | 杨海林 | 女 | 1960年9月30日 | | 财务部 | 职员 | 4200 | 340 | | | 250 | 60 | 156 | | |
| AA-006 | 张立功 | 女 | 1973年11月18日 | | 人事部 | 经理 | 3300 | 300 | | | 320 | 68 | 178 | | |
| AA-007 | 方成应 | 女 | 1979年2月15日 | | 财务部 | 科长 | 4000 | 400 | | | 190 | 77 | 190 | | |
| AA-008 | 刘丽华 | 女 | 1971年11月10日 | | 人事部 | 职员 | 4000 | 280 | | | 300 | 69 | 170 | | |
| AA-009 | 王新美 | 男 | 1979年12月13日 | | 行政部 | 经理 | 3500 | 500 | | | 300 | 56 | 165 | | |
| AA-010 | 岳红霞 | 男 | 1977年2月3日 | | 财务部 | 科长 | 3200 | 260 | | | 240 | 65 | 149 | | |
| AA-011 | 张思柳 | 女 | 1970年2月18日 | | 财务部 | 职员 | 4200 | 340 | | | 380 | 79 | 190 | | |
| AA-012 | 黄明明 | 女 | 1973年11月15日 | | 财务部 | 职员 | 4000 | 230 | | | 280 | 89 | 109 | | |
| AA-013 | 江成云 | 女 | 1968年2月3日 | | 人事部 | 经理 | 4500 | 450 | | | 290 | 90 | 190 | | |
| AA-014 | 王红 | 女 | 1966年11月18日 | | 行政部 | 科长 | 4500 | 430 | | | 250 | 60 | 200 | | |
| AA-015 | 刘 华 | 女 | 1967年1月2日 | | 财务部 | 职员 | 4300 | 320 | | | 340 | 70 | 230 | | |
| AA-016 | 宋福馨 | 男 | 1977年12月9日 | | 财务部 | 职员 | 3500 | 320 | | | 300 | 86 | 210 | | |
| AA-017 | 王 军 | 女 | 1973年12月7日 | | 人事部 | 经理 | 4000 | 220 | | | 300 | 90 | 240 | | |
| AA-018 | 王建国 | 女 | 1968年11月6日 | | 行政部 | 科长 | 4400 | 200 | | | 300 | 89 | 260 | | |
| AA-019 | 月平均 | 男 | 1971年9月12日 | | 财务部 | 职员 | 3500 | 360 | | | 230 | 80 | 300 | | |
| AA-020 | 张 明 | 女 | 1974年7月18日 | | 人事部 | 经理 | 3800 | 290 | | | 230 | 80 | 200 | | |
| AA-021 | 郑蔡明 | 男 | 1968年6月9日 | | 行政部 | 科长 | 4000 | 270 | | | 230 | 60 | 200 | | |
| AA-022 | 张涵 | 男 | 1970年7月16日 | | 财务部 | 职员 | 3800 | 380 | | | 230 | 70 | 200 | | |

图 4-27 参考模板样图

### 1. 实训目标

（1） 合并单元格。

（2） 设置字体格式。

（3） 设置对齐方式。

（4） 设置行高和列宽。

（5） 设置边框。

（6） 设置填充背景。

（7） 设置条件格式。

（8） 设置页面格式。

2. 实训任务

表格的格式设置及页面设置要求如下：

（1） 标题“工资表”设置为 26 号，使用“仿宋”字体、加粗、采用“合并后居中”对齐方式，浅绿色底纹；第 2～3 行（标题行）字体设置为“楷体”、倾斜、18 号，字体颜色为“黑色”；表中的其他字体设为“宋体”、12 号，上下左右均居中。

（2） 表格中的列宽根据每一列的实际需求进行设置，第一行的行高为 33.75，其他行高根据内容的需要自动调整。

（3） 表中的数值类型均取整。

（4） 除第一行外，表的外边框设定为绿色粗线，内部为红色虚线细线。

（5） 表格的底纹除第一行外其他各行设置为浅红色。

（6） 利用条件格式将所有姓王的人的姓名设置为红色加粗，固定工资>=4000 元的红色加粗倾斜显示。

（7） 纸张方向为横向，A4 纸，将第 2 行和第 3 行设置为顶端标题行，使得打印的每一页内容都有这两行的标题。

（8） 添加页眉和页脚，页眉处显示自己的学号和姓名，页脚处显示页码和总页数。

【知识链接】

1. 调整列宽和行高

行高和列宽的调整除了用上述例子中涉及到的方法调整外，还可以利用鼠标向上或向下拖动行号之间的交界处可调整，向左或向右拖动列号之间的交界处可调整列宽。若双击列号的右边框，则该列会自动调整宽度，以容纳该列最宽的值。

2. 隐藏列和行

有时集中显示需要修改的行或列，而隐藏不需要修改的行或列，以节省屏幕空间，方便修改操作。

以隐藏行为例，操作步骤如下：

（1） 选定要隐藏的行。

（2） 单击“开始 | 单元格 | 格式”按钮，从弹出的下拉菜单中选择“隐藏和取消隐藏 | 隐藏行”命令。

如果需要显示被隐藏的行，则选定跨越隐藏行的单元格，然后单击“开始 | 单元格 | 格式”按钮，从弹出的下拉菜单中选择“隐藏和取消隐藏 | 取消隐藏”命令即可。

3. 自动套用格式

Excel 2010 提供了适合多种情况使用的表格格式供用户根据需要选择，用其可以简化对表格的格式设置，提高工作效率。

操作步骤如下。

（1） 选定需要套用格式的表格区域。

（2） 单击“开始 | 样式 | 套用表格格式”按钮，在弹出的下拉菜单中选择合适的格式。

4. 绘制斜线表头

斜线表头通常用在表格标题行的第 1 个单元格中，用于分隔数据的行与列的标题类型。

例如，在一个表格中，行标题将指示数据的类型，列标题将指示数据的名称，则可在表格的第 1 个单元格中同时输入“类型”和“名称”，并用斜线分隔，以分别指示行标题和列标题。这样便于浏览者了解表格数据的类别。

要在某个单元格中绘制斜线表头，选中此单元格后，单击“开始 | 单元格 | 格式”按钮，在弹出的菜单中选择“设置单元格格式”命令，打开“设置单元格格式”对话框。切换到“边框”选项卡，在“边框”选项组中单击所需的斜线按钮即可，如图 4-28 所示。

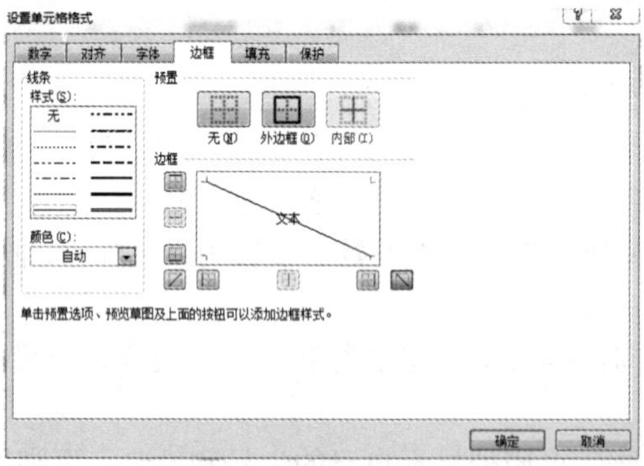


图 4-28　设置斜线表头

# 案例三　处理学生成绩表数据

### 【任务描述】

电子科学与工程系新能源专业班长王雷在完成“学生成绩表”格式化设置后想利用公式和函数对“学生成绩表”进行如下的数据处理：

- 在名次后增加生日榜和班级列，并判定每个人是否过生日及从专业班级中将每个人所在的班级提取出来。
- “学生成绩表”中每个人的总分、平均分、年龄、名次。
- 用函数判定每位同学今天是否过生日，若是在备注列中显示“生日快乐”，计算后的效果如图 4-29 所示。

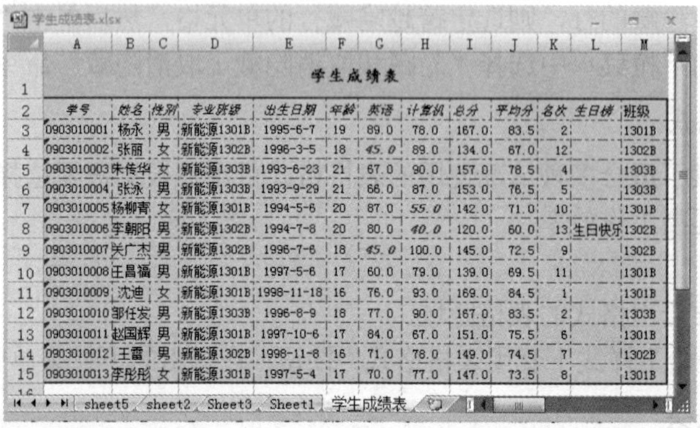

图 4-29　利用“公式和函数”计算后的效果图

- 在“学生成绩表”的N1-S22单元格中建立一个“成绩分析总表”。分析总表的效果如图4-30所示（利用公式计算所有空白单元格）。

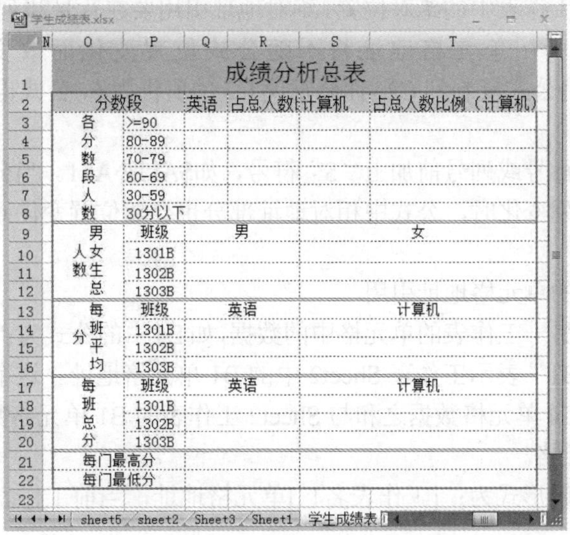

学生成绩表.xlsx

| | O | P | Q | R | S | T |
|---|---|---|---|---|---|---|
| 1 | 成绩分析总表 | | | | | |
| 2 | 分数段 | | 英语 | 占总人数 | 计算机 | 占总人数比例（计算机） |
| 3 | 各分数段人数 | >=90 | | | | |
| 4 | | 80-89 | | | | |
| 5 | | 70-79 | | | | |
| 6 | | 60-69 | | | | |
| 7 | | 30-59 | | | | |
| 8 | | 30分以下 | | | | |
| 9 | 男女生人数总 | 班级 | 男 | | 女 | |
| 10 | | 1301B | | | | |
| 11 | | 1302B | | | | |
| 12 | | 1303B | | | | |
| 13 | 每班平均分 | 班级 | 英语 | | 计算机 | |
| 14 | | 1301B | | | | |
| 15 | | 1302B | | | | |
| 16 | | 1303B | | | | |
| 17 | 每班总分 | 班级 | 英语 | | 计算机 | |
| 18 | | 1301B | | | | |
| 19 | | 1302B | | | | |
| 20 | | 1303B | | | | |
| 21 | 每门最高分 | | | | | |
| 22 | 每门最低分 | | | | | |
| 23 | | | | | | |

sheet5 sheet2 Sheet3 Sheet1 学生成绩表

图4-30 成绩分析总表

【任务分析】

本案例可以让学生充分了解公式和函数的特征，掌握公式和函数的正确使用，学会利用公式和函数求解生活中的实际问题，培养学生独立思考问题和解决实际问题的能力，提高学生的动手能力，为后续内容奠定基础。

【实施方案】

## 任务1 公式的使用

### 1. 单元格引用和公式复制

公式复制可以避免大量重复输入公式的工作，当复制公式时，若在公式中使用单元格或区域，则在复制的过程中根据不同的情况使用不同的单元格引用。单元格引用分相对引用、绝对引用和混合引用。

（1） 相对地址引用

指某一单元格与当前单元格的相对位置。它是Excel中默认的单元格引用方式，如Al、A2等。相对引用是指当公式在复制或移动时会根据移动的位置自动调节公式中引用单元格的地址。

例如，单元格Al为2，Bl为4，A2为15，B2为3，在Cl中输入公式“=A1+B1”。下面将公式复制到C2；单击单元格C1，再单击“开始｜剪切板｜复制”按钮（或按Ctrl+C组合键）；然后单击单元格C2，选择“开始”｜剪切板中的“粘贴”命令（或按Ctrl+V组合键），将公式粘贴过来。用户会发现C2中值变为18，编辑栏中显示公式为“=A2+B2”，究其原因就是相对地址在起作用，公式从Cl复制到C2，列未变，行数增加1。所以公式中引用的单元格也增加行数，由A1、Bl变为A2、B2。如果将公式由Cl复制到D2，则行列各增加了1

个单位，此时公式将变为："=B2+C2"。

（2） 绝对地址引用

指某一单元格在工作表中的绝对位置。绝对地址引用要在行号和列号前均加上"$"符号。公式复制时，绝对引用单元格地址将不随公式位置变化而改变。如 Cl 公式改为"=$A$1+$B$1"，再将公式复制到 C2，你会发现 C2 的值仍为 6，公式也仍为"=$A$1+$B$1"。

（3） 混合引用

指单元格地址的行号或列号前加上"$"符号，如$Al 或 A$1。当公式所在的单元格因为复制或插入而引起行列变化时，公式中相对地址部分也会随位置变化而变化，而绝对地址不变化。

（4） 跨工作表的单元格地址引用

公式中可能用到另一工作表的单元格中的数据，如 E4 中的公式为："=A4+B4+C4+Sheet2！B1"其中"Sheet2！B1"表示工作表 Sheet2 中的 B1 单元格地址。这个公式表示计算当前工作表中的 A4、B4 和 C4 单元格数据之和与 Sheet2 工作表的 B1 单元格数据的和，结果存入当前工作表中的 E4 单元格。

单元格地址的一般形式为：[工作表名！]单元格地址，当前工作表的单元格的地址可以省略"工作表名!"。

### 2. 公式

公式在单元格或编辑栏中输入时，必须以等号（=）作为开始。在一个公式中可以包含有各种运算符、常量、变量、函数以及单元格引用等。

### 3. 利用公式计算总分和平均分

（1） 计算总分

在 I3 单元格中输入"=G3+H3"（G3，H3 为单元格的地址，G3+H3 即为公式，公式前必须有"="），按 Enter 键确认。

（2） 计算平均分

在 J3 单元格中输入"=（G3+H3）/2"（G3，H3 为单元格的地址，（G3+H3）/2 即为公式），按 Enter 键确认。

## 任务 2 函数的使用

对于一些复杂的运算如开方，如果由用户自己设计公式来完成将会很困难，Excel 2010 为用户提供了大量的功能完备易于使用的函数。

### 1. 利用函数计算学生成绩表中的总分、平均分、年龄、名次、备注

（1） 计算总分（三种函数方法求总分）

① 在 I3 单元格中输入公式"=SUM(G3:H3)"，按 Enter 键确认。

② 选中 I3 单元格，单击编辑栏中的函数按钮 *fx*，或在"公式"选项卡的"函数库"组中单击"插入函数"按钮，打开"插入函数"对话框，如图 4-31 所示。在"选择类别"列表框中选择函数类别"常用函数"，在"选择函数"列表框中选择 SUM 函数，单击"确定"按钮，打开如图 4-32 所示的"函数参数"对话框，在参数框中直接输入单元格"G3:H3"，或用鼠标在工作表中选择 G3:H3 区域，单击"确定"按钮即可计算出第一个人的总分，然后使

用单元格填充句柄拖动鼠标指针到 I15，则其他学生的总分分别填入。

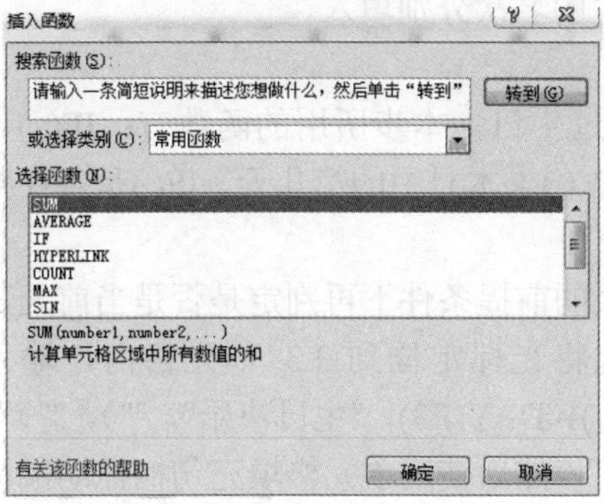


图 4-31 “插入函数”对话框

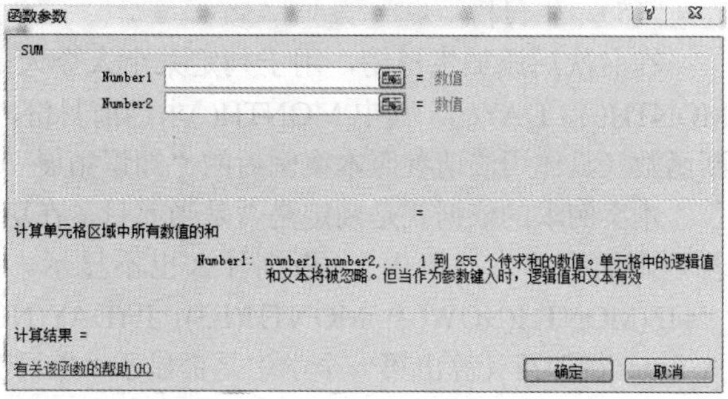


图 4-32 “函数参数”对话框

也可以使用“开始 | 编辑 | 自动求和”按钮Σ 来计算成绩总分。选中 I3 单元格，单击“开始 | 编辑 | 自动求和”按钮Σ，会出现求和函数 SUM 以及求和数据区域，查看数据区域是否正确，如不正确需重新输入区域或修改公式，然后单击编辑栏上的对号图标✓或按 Enter 键即可。

（2） 计算平均分

选中 J3 单元格，单击编辑栏中的 fx 按钮，在“插入函数”对话框中选择函数“AVERAGE”，然后在函数参数框中输入“G3：H3”，单击“确定”按钮即可计算出第一个学生的平均分，然后使用单元格填充句柄拖动鼠标到 J15，则其他学生的平均分分别填入。

计算平均分还有其他方法，具体方法参照求总分的过程。

（3） 求年龄

生活中求一个人年龄的方法是用当前年份减去出生日期对应的年份，而 Excel 中求年龄的方法就是从生活中得到的。所以，求年龄的具体步骤是：

① 当前日期（也就是系统日期）：“=NOW( )”函数，该函数没有参数，是一个较为特殊的函数。

② 利用当前日期求出当前年份：“=YEAR(NOW( ))”。

③ 求出第一个人的出生日期对应的年份：“=YEAR(E3)”，其中 E3 为第一个学生的出生日期对应的单元格的地址。

④ 第二步的结果减去第三步结果：“=YEAR(NOW( ))-YEAR(E3)”，即得出第一个同学的年龄，若年龄结果以日期形式显示，则需要进行单元格格式的设置，将日期型改为数值型且小数位数为 0。

⑤ 使用单元格填充句柄拖动鼠标到 J15，则其他学生的年龄分别填入。

此题中若要求计算每个人的周岁，则需要对求出的结果舍弃小数位数进行取整操作，直接取整的函数为 INT( )，因此本案例需要对第④步的结果进行取整操作，“=INT(YEAR(NOW( ))-YEAR(E3))”，注意括号个数要成对出现。

（4） 求名次

求名次用到的函数为 RANK( )，将光标定位到 K3 单元格内。输入公式“=RANK(J3，$J$3：$J$15，0)”，其中 J3 为第一个学生平均分所在的单元格的地址，$J$3：$J$15 为所有学生平均分所在单元区域，是绝对地址的引用方法（地址的引用请参照本案例后的“知识链接”），0

表示降序排名，若第三个参数为 1，表示升序排名次。

使用单元格填充句柄拖动鼠标到 K15，则其他学生的名次分别填入。

（5） 生日榜

在名次后添加生日榜，用于判定某个人今天是否过生日，本步所用的函数有：IF( )、MONTH( )、DAY( )。其中 MONTH( )求当前月份，DAY( )求本月中的第几天，IF( )是条件判断函数（具体用法请参照本案例后的“知识拓展”）。

本案例求的依据就是判定是否是当前月，在这个大的前提条件下再判定是否是当前天，若是则显示“生日快乐”，否则什么也不显示。因此将光标定位到 L3 单元格内，输入“=IF(MONTH(NOW( ))=MONTH(E3)，IF(DAY(NOW( ))=DAY(E3)，"生日快乐"，"")，"")”，按 Enter 键即可计算出第一个学生是否显示“生日快乐”，然后使用单元格填充句柄拖动鼠标到 L15，则其他学生分别填入。

这是通过函数嵌套完成的，若函数嵌套学生不太好理解，也可以通过逻辑函数 NOT( )、OR( )和 AND( )来做此题，这 3 个函数的用法基本一样，所以我们就以 AND( )为例进行说明。

将光标定位到 L3 单元格内，输入“=IF(AND(MONTH(NOW( ))=MONTH(E3),IDAY(NOW( ))=DAY(E3))，"生日快乐"，"")”，按 Enter 键同样可以计算出结果，注意括号的成对出现。

（6） 根据专业班级求班级

在生日榜后添加班级列，用于存放每个学生的班级。本步所用的函数为 RIGHT( )、MID( )。

RIGHT( )为右取若干位的函数，LEFT( )为左取若干位的函数，MID( )为从中间某个地方连续取若干位的函数。

本案例是根据专业班级将每个人所在的班级提取出来，由于班级在专业中的右边，所以可以用右取函数，也可以有 MID( )函数。将光标定位到 M3 单元格内，输入“=RIGHT(D3, 5)”，按 Enter 键即可计算出来，也可以将公式改为“=MID(D3, 4, 5)”同样得出结果。

**2. 设计成绩分析总表的框架**

设计过程和方法请参见案例一和案例二：学生成绩表的制作和设置。

**3. 计算成绩分析总表中各空白单元格的值（本过程用到的函数的具体用法见知识链接）**

（1） 每门课最高分

用到函数 MAX( )，先定位光标，将光标定位到 Q21 单元格内，输入公式“=MAX(G3：G15)”即可求出英语成绩的最高分，同样的方法可以求出计算机成绩的最高分。

（2） 每门课最低分

用到函数 MIN( )，先定位光标，将光标定位到 Q22 单元格内，输入公式“=MIN(G3:G15)”即可求出英语成绩的最低分，同样的方法可以求出计算机成绩的最低分。

（3） 各个分数段的人数

① 英语成绩在 90 分以上（包括 90）的人的个数

用到函数 COUNTIF( )，光标定位到 Q3 单元格，接着输入“=COUNTIF(G3：G15，">=90")”即可求出结果。

计算机成绩在 90 分（包括 90 分）以上的人的个数求法与英语的一样。

② 英语成绩在 80～89 分之间的人的个数

可以用 COUNTIF( )，也可以用 COUNTIFS( )。

用 COUNTIF 函数：光标定位到 Q4 单元格，接着输入：

“=COUNTIF(G3：G15，">=80")−COUNTIF(G3：G15，">=90")”即可求出结果。

用 COUNTIFS( )函数：光标定位到 Q4 单元格，接着输入：

“=COUNTIFS(G3：G15，">=80"，G3：G15，"<90")”即可求出结果。

计算机成绩在 80～89 之间的人的个数求法与英语的一样。

同理可以得到 70～79，60～69，30～59 之间的英语和计算机成绩的人的个数。

③ 英语成绩在 30 分以下的人的个数

用到函数 COUNTIF( )，光标定位到 Q8 单元格，接着输入：

“=COUNTIF(G3：G15，"<30")”即可求出结果。

计算机成绩在 30 分以下的人的个数求法与英语的一样。

④ 英语成绩在 90 分以上的人所占的比例在求的过程中除用到 COUNTIF( )函数外，还要用到计数函数 COUNT( )，具体做法是光标定位到 R4 单元格，接着输入“=COUNTIF(G3：G15，">=90")/COUNT(G3：G15)*100”即可求出结果。其他分数段的人所占比例求法与此相同。注意：求 80～89 之间的人所占的比例，分子要用小括号( )括起来。

（4） 各班男女生的人数

以新能源 1301B 班男生人数为例求解，用到的函数为 COUNTIFS( )。

光标定位到 Q10 单元格，接着输入“=COUNTIFS(D3：D15，"新通源 1301B"，C3：C15，"男")”即可求出结果。

（5） 每班每门课的平均分

以新能源 1301B 班英语成绩为例求解，用到的函数为 AVERAGEIFS( )。

光标定位到 Q14 单元格，接着输入“=AVERAGEIFS(G3：G15，D3：D15，"新能源 1301B")”即可求出结果。

（6） 每班每门课总成绩

以新能源 1301B 班英语成绩为例求解，用到的函数为 SUMIFS( )。

光标定位到 Q18 单元格，接着输入“=SUMIFS(G3:G15, D3:D15，"新能源 1301B")”即可求出结果。设置后的效果如图 4-33 所示。

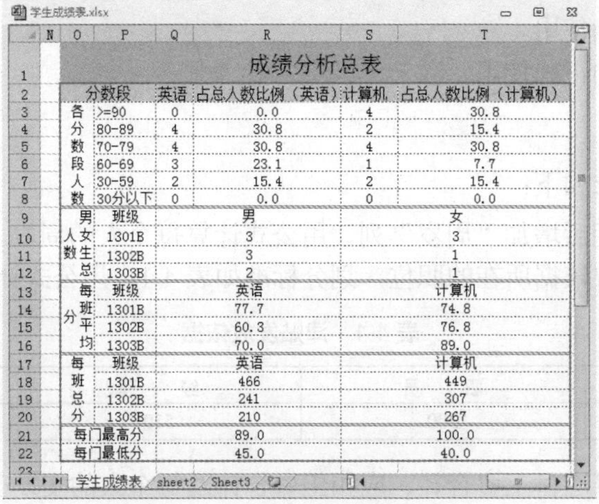


| | | 成绩分析总表 | | | |
|---|---|---|---|---|---|
| 分数段 | | 英语 | 占总人数比例（英语） | 计算机 | 占总人数比例（计算机） |
| 各分数段人数 | >=90 | 0 | 0.0 | 4 | 30.8 |
| | 80-89 | 4 | 30.8 | 2 | 15.4 |
| | 70-79 | 4 | 30.8 | 4 | 30.8 |
| | 60-69 | 3 | 23.1 | 1 | 7.7 |
| | 30-59 | 2 | 15.4 | 2 | 15.4 |
| | 30分以下 | 0 | 0.0 | 0 | 0.0 |
| 男女生总人数 | 班级 | 男 | | 女 | |
| | 1301B | 3 | | 3 | |
| | 1302B | 3 | | 1 | |
| | 1303B | 2 | | 1 | |
| 每班平均分 | 班级 | 英语 | | 计算机 | |
| | 1301B | 77.7 | | 74.8 | |
| | 1302B | 60.3 | | 76.8 | |
| | 1303B | 70.0 | | 89.0 | |
| 每班总分 | 班级 | 英语 | | 计算机 | |
| | 1301B | 466 | | 449 | |
| | 1302B | 241 | | 307 | |
| | 1303B | 210 | | 267 | |
| 每门最高分 | | 89.0 | | 100.0 | |
| 每门最低分 | | 45.0 | | 40.0 | |

图 4-33 有结果的成绩分析总表效果

## 实训项目　处理员工工资表数据

王红利用 Excel 2010 来制作完成本单位的当月工资基本数据的输入及格式化处理后，现在需要对表中的数据进行计算和处理，处理后的员工工资表数据如图 4-34 所示。

| 工资表 | | | | | | | | | | | | | | | | | |
|---|---|---|---|---|---|---|---|---|---|---|---|---|---|---|---|---|---|
| 基本信息 | | | | | | | 应付工资 | | | 应付 | 应扣工资 | | | 应扣 | | | |
| 员工编号 | 姓名 | 性别 | 出生年月 | 周岁 | 所在部门 | 职位 | 固定工资 | 效益工资 | 津贴 | 工资合计 | 养老保险 | 医疗保险 | 公积金 | 工资合计 | 实发工资 | 排名 | 备注 |
| AA-001 | 黄东海 | 男 | 1980年5月21日 | | 财务部 | 职员 | 3000 | 500 | | | 300 | 70 | 197 | | | | |
| AA-002 | 钱林 | 男 | 1972年10月11日 | | 人事部 | 经理 | 3500 | 400 | | | 280 | 70 | 200 | | | | |
| AA-003 | 王铁柱 | 男 | 1979年2月12日 | | 行政部 | 科长 | 3200 | 550 | | | 220 | 80 | 230 | | | | |
| AA-004 | 徐平 | 女 | 1962年10月30日 | | 财务部 | 职员 | 4000 | 450 | | | 300 | 90 | 190 | | | | |
| AA-005 | 杨海林 | 女 | 1960年9月30日 | | 财务部 | 职员 | 4200 | 340 | | | 250 | 60 | 156 | | | | |
| AA-006 | 张立功 | 女 | 1973年11月18日 | | 人事部 | 经理 | 3300 | 300 | | | 320 | 68 | 178 | | | | |
| AA-007 | 方成应 | 女 | 1979年2月15日 | | 财务部 | 科长 | 4000 | 400 | | | 190 | 77 | 190 | | | | |
| AA-008 | 刘丽华 | 女 | 1971年11月10日 | | 人事部 | 职员 | 4000 | 280 | | | 300 | 69 | 170 | | | | |
| AA-009 | 王新美 | 男 | 1979年12月13日 | | 行政部 | 经理 | 3500 | 500 | | | 300 | 56 | 165 | | | | |
| AA-010 | 岳红霞 | 男 | 1977年2月3日 | | 财务部 | 科长 | 3200 | 260 | | | 240 | 65 | 149 | | | | |
| AA-011 | 张思柳 | 女 | 1970年2月18日 | | 财务部 | 职员 | 4200 | 340 | | | 380 | 79 | 190 | | | | |
| AA-012 | 黄明明 | 女 | 1973年11月15日 | | 财务部 | 职员 | 4000 | 230 | | | 280 | 89 | 109 | | | | |
| AA-013 | 江成云 | 女 | 1968年2月3日 | | 人事部 | 经理 | 4500 | 450 | | | 290 | 90 | 190 | | | | |
| AA-014 | 王红 | 女 | 1966年11月18日 | | 行政部 | 科长 | 4500 | 430 | | | 250 | 60 | 200 | | | | |
| AA-015 | 刘　华 | 女 | 1967年1月2日 | | 财务部 | 职员 | 4300 | 320 | | | 340 | 70 | 230 | | | | |
| AA-016 | 宋祖耀 | 男 | 1977年12月9日 | | 财务部 | 职员 | 3500 | 320 | | | 300 | 86 | 210 | | | | |
| AA-017 | 王　军 | 女 | 1973年12月7日 | | 人事部 | 经理 | 4000 | 220 | | | 300 | 90 | 240 | | | | |
| AA-018 | 王建国 | 女 | 1968年11月6日 | | 行政部 | 科长 | 4400 | 200 | | | 300 | 89 | 260 | | | | |
| AA-019 | 月平均 | 男 | 1971年9月12日 | | 财务部 | 职员 | 3500 | 360 | | | 230 | 80 | 300 | | | | |
| AA-020 | 张　明 | 女 | 1974年7月18日 | | 人事部 | 经理 | 3800 | 290 | | | 230 | 80 | 200 | | | | |
| AA-021 | 郑黎明 | 男 | 1968年6月9日 | | 行政部 | 科长 | 4000 | 270 | | | 230 | 60 | 200 | | | | |
| AA-022 | 张涵 | 男 | 1970年7月16日 | | 财务部 | 职员 | 3800 | 380 | | | 230 | 70 | 200 | | | | |
| 计算区域 | 求每一类平均工资 | 平均工资 | | | | | | | | | | | | | | | |
| | | 财务部的平均工资 | | | | | | | | | | | | | | | |
| | | 财务部男性的平均工资 | | | | | | | | | | | | | | | |
| | | 财务部男性职员的平均工资 | | | | | | | | | | | | | | | |
| | 求每一类工资总和 | 工资总和 | | | | | | | | | | | | | | | |
| | | 人事部工资总和 | | | | | | | | | | | | | | | |
| | | 人事部女性的工资总和 | | | | | | | | | | | | | | | |
| | | 人事部女性职员的工资总和 | | | | | | | | | | | | | | | |
| | 求每一类工资 | 最低工资 | | | | | | | | | | | | | | | |
| | | 最高工资 | | | | | | | | | | | | | | | |
| 本单位的总人数 | | 本单位中青年(年龄<=35)职工的人数 | | | | | | 本单位中青年(年龄<=35)女性职工的人数 | | | | | | | | | |
| 计算科长人数 | | 计算经理人数 | | | | | | 计算职员人数 | | | | | | | | | |
| 科长占总人数比例 | | 经理占总人数比例 | | | | | | 职员占总人数比例 | | | | | | | | | |

图 4-34　处理员工工资表数据

### 1. 实训目标

（1） 公式的正确使用。

（2） 各类函数的正确使用。

### 2. 实训任务

本项目的具体要求如下：

（1） 在出生日期后增加“周岁”列，用公式计算每个人的周岁。

（2） 津贴的发放依据所在的职位，划分标准如表 4-1，用公式计算出每个人的津贴。

**表 4-1　津贴发放依据**

| 职　位 | 职　员 | 经　理 | 科　长 |
|---|---|---|---|
| 津贴 | 300 | 550 | 400 |

（3） 用公式计算应付工资合计、应扣工资合计及每个人的实发工资。

（4） 在实发工资后增加排名和备注列，并按实发工资计算排名。

（5） 判定每个人的编号的后两位是偶数还是奇数，若是偶数，在备注列对应位置显示“上午班”；若是奇数，显示“下午班”。

（6） 参考模板设计计算区域及以下内容，并利用公式和函数计算所有空白单元格的值。

（7） 修改表格的边框和底纹。

【知识链接】

### 1. 运算符

运算符用于对公式中的元素进行特定类型的运算，分为算术运算符、文本运算符、比较运算符和引用运算符几种。

（1） 文本运算符

文本运算符是将两个文本值连接或串联起来产生一个连续的文本值，如“计算机基础”&“成绩表”的结果是“计算机基础成绩表”。

（2） 算术运算符和比较运算符

算术运算符是最基本的运算符，如加、减、乘、除等。比较运算符可以比较两个数值并产生逻辑值，逻辑值只有两个 FALSE 和 TURE，即错误和正确。Excel 中常用的算术与比较运算符如表 4-2 所示。

表 4-2 算术运算符和比较运算符

| 类　型 | 表示形式 | 优 先 级 |
| --- | --- | --- |
| 算术运算符 | +（加）、-（减）、*（乘）、/（除）、%（百分比）^（乘方） | 从高到低分为 3 个级别：百分比和乘方、乘和除、加和减 |
| 关系运算符 | =（等于）、>（大于）、<（小于）、>=（大于等于）、<=（小于等于）、<>（不等于） | 优先级相同 |

（3） 引用运算符

引用运算符用于将单元格区域合并计算，引用运算符有 3 种，如表 4-3 所示。

表 4-3 引用运算符

| 引用运算符 | 含　义 |
| --- | --- |
| :（冒号） | 区域运算符，包括两个单元格在内的所有单元格的引用 |
| ,（逗号） | 联合运算符，对多个引用合并为一个引用 |
| 空格 | 交叉运算符，产生同时隶属两个区域的单元格区域的引用 |

4 类运算符的优先级从高到低依次为：“引用运算符”、“算术运算符”、“文本运算符”、“关系运算符”。每类运算符根据优先级计算，当优先级相同时，从左向右计算。

### 2. 函数

对于一些复杂的运算如开方，如果由用户自己设计公式来完成将会很困难，Excel 2010 为用户提供了大量的功能完备易于使用的函数，涉及财务、日期与时间、数学与三角、统计、查找与引用、数据库、逻辑及信息等多方面。

（1） 函数的形式

函数的形式：函数名（[参数 1] [，参数 2，…]）

函数名后紧跟括号，可以有一个或多个参数，参数间用逗号分隔。函数也可以没有参数，但函数名后的圆括号是必需的。

在函数的形式中，各项的意义如下。

① 函数名称：指出函数的含义，如求和函数 SUM，求平均值函数 AVERAGE。

② 括号：用于括住参数，即括号中包含所有的参数。

③ 参数：指所执行的目标单元格或数值，可以是数字、文本、逻辑值（例如 TRUE 或 FALSE）、数组、错误值（例如#N/A）或单元格引用。其各参数之间必须用逗号隔开。

例如：SUM(A1：A3，C3：D4)有 2 个参数，表示求 2 个区域中（共 7 个数据）的和。

（2） 函数的使用

在工作表中，简单的公式计算可以通过使用“开始 | 编辑 | 求和”按钮及其菜单来进行计算。单击“求和”按钮右侧的下拉按钮，在弹出的菜单中可选择“平均值”、“计数”、“最大值”、“最小值”等函数。若要通过在单元格中输入函数的方法来进行计算，则有以下两种方法：第一，直接在单元格中输入函数内容；第二，利用“公式”选项卡“函数库”组中的工具。

要直接在工作表单元格中输入函数的名称及语法结构，用户必须熟悉所使用的函数，并且了解此函数包括多少个参数及参数的类型。可以像输入公式一样来输入函数，即先选择要输入函数公式的单元格，输入“=”号，然后按照函数的语法直接输入函数名称及各参数，完成输入后按 Enter 键或单击“编辑栏”中的“输入”按钮即可得出要求的结果。

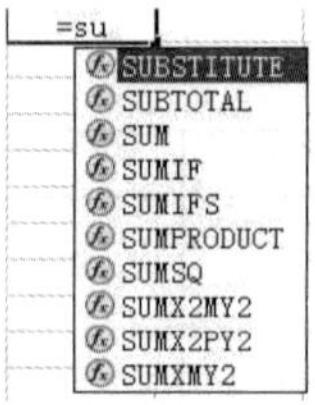

图 4-35 自动跟随的函数列表

由于 Excel 中的函数数量巨大，不便记忆，而且很多函数的名称仅仅只相差一两个字符，因此，为了防止出错，可利用 Excel 2010 提供的函数跟随功能来进行输入。当在单元格或编辑栏中输入公式前的“=”以及函数名称前面的部分字符时，Excel 2010 会自动弹出包含这些字符的函数列表及提示信息，如图 4-35 所示。

如果用户对函数的类型和名称均不熟悉，则可以使用“公式”选项卡“函数库”组中的工具来插入函数。当用户用鼠标指针指向某个函数时，Excel 2010 会自动弹出相应的提示信息框，显示有关该函数的信息。

（3） 常用函数

① SUM(A1，A2，…)

功能：求各参数的和。A1，A2 等参数可以是数值或含有数值的单元格的引用。至多 30 个参数。

② AVERAGE(A1，A2，…)

功能：求各参数的平均值。A1，A2 等参数可以是数值或含有数值的单元格的引用。

③ MAX(A1，A2，…)

功能：求各参数中的最大值。

④ MIN(A1，A2，…)

功能：求各参数中的最小值。

⑤ COUNT(A1，A2，…)

功能：求各参数中数值型参数和包含数值的单元格个数。参数的类型不限。

如“=COUNT(12，D1：D5，"CHINA")”若 D1：D5 中存放的是数值，则函数的结果是 6；若 D1：D5 中只有一个单元格存放的是数值，则结果为 2。

⑥ IF(P，T，F)

其中 P 是能产生逻辑值（TRUE 或 FALSE）的表达式，T 和 F 是表达式。

功能：若 P 为真（TRUE)，则取 T 表达式的值；否则，取 F 表达式的值。

如：IF(3>2，10，-10)→10。

IF 函数可以嵌套使用，最多可嵌套 7 层。例如：E2 存放某学生的考试平均成绩，则其成绩的等级可表示为：

IF(E2>89，"A"，IF(E2>79，"B"，IF(E2>69，"C"，IF(E2>59，"D"，"F"))))

⑦ COUNTIF(range，criteria)

功能：计算某个区域中满足给定条件的单元格数目。

⑧ SUMIF(range，criteria，sum_range)

功能：对满足条件的单元格求和。

⑨ YEAR(serial_number)

功能：返回日期的年份值，一个 1900～9999 之间的数字。

⑩ NOW( )

功能：返回日期时间格式的当前日期和时间。

### 3. 关于错误信息

在单元格中输入或编辑公式后，有时会出现诸如“#####!”或“#VALUE!”的错误信息，令初学者莫名其妙，茫然不知所措。其实，出错是难免的，关键是要弄清出错的原因和如何纠正这些错误。表 4-4 列出几种常见的错误信息。

下面分别对各错误信息可能产生的原因与纠正方法作一具体说明。

（1） #####!

若单元格中出现“#####!”，可能的原因及解决方法：

① 单元格中公式所产生的结果太长，该单元格容纳不下。

如某单元格的计算结果为 123 450 000.00，由于单元格宽度小，容纳不下该结果，故出现该错误信息。可以通过调整单元格的宽度来消除该错误。

② 日期或时间格式的单元格中出现负值。

对日期和时间格式的单元格进行计算时，要确认计算后的结果日期或时间必须为正值。如果产生了负值，将在整个单元格中显示“#####”。

表 4-4 错误信息及出错原因

| 错误信息 | 原　因 |
|---|---|
| ##### | 公式所产生的结果太长，该单元格容纳不下 |
| #DIV/0! | 公式中出现被零除的现象 |
| #N/A | 当在函数或公式中没有可用数值时，将产生错误值#N/A |
| #NAME? | 在公式中使用 MicrosoftExcel 不能识别的文本时将产生错误值#NAME? |
| #NULL! | 当试图为两个并不相交的区域指定交叉点时将产生错误值#NULL! |
| #NUM! | 当公式或函数中某个数字有问题时将产生错误值#NUM! |
| #REF! | 当单元格引用无效时将产生错误值#REF! |
| #VALUE! | 当使用错误的参数或运算对象类型时，或者当自动更正公式功能不能更正公式时，将产生错误值#VALUE! |

（2） #DIV/0!

很可能该单元格的公式中出现零除问题。即输入的公式中包含除数 0，也可能在公式中的除数引用了零值单元格或空白单元格，而空白单元格的值将解释为零值。

解决办法是修改公式中的零除数或零值单元格或空白单元格引用，或者在用作除数的单元格中输入不为零的值。

当做除数的单元格为空或为零时，如果希望不显示错误，可以使用 IF 函数。例如，如果单元格 B5 包含除数而 A5 包含被除数，可以使用“=IF(B5=0，""，A5/B5)”（两个连续引号代表空字符串），表示 B5 值为 0 时，什么也不显示，否则显示 A5/B5 的商。

（3） #N/A

在函数或公式中没有可用数值时，会产生这种错误信息。

（4） #NAME?

在公式中使用了 Excel 所不能识别的文本时将产生错误信息“#NAME?”。

（5） #NUM!

这是在公式或函数中某个数值有问题时产生的错误信息。例如，公式产生的结果太大或太小，即超出范围：$-10^{307}$～$10^{307}$。如某单元格中的公式为“=1.2E+100*1.2E+290”，其结果大于 $10^{307}$，就出现错误信息“#NUM!”。

（6） #NULL!

在单元格中出现此错误信息的原因可能是试图为两个并不相交的区域指定交叉点。例如，使用了不正确的区域运算符或不正确的单元格引用等。

如果要引用两个不相交的区域，则两个区域之间应使用“，”，例如公式要对两个区域求和，在引用这两个区域时，区域之间要使用“，”即 SUM(A1：A10，C1：C10)。如果没有使用“，”Excel 将试图对同时属于两个区域的单元格求和，但是由于 A1：A10 和 C1：C10 并不相交，它们没有共同的单元格，所以出现该错误信息。

（7） #REF!

该单元格引用无效的结果。设单元格 A9 中有数值 5，单元格 A10 中有公式"=A9+1"，单元格 A10 显示结果为 6。若删除单元格 A9，则单元格 A10 中的公式"=A9+1"对单元格 A9 的引用无效，就会出现该错误信息。

（8） #VALUE!

当公式中使用不正确的参数或运算符时，将产生错误信息“#VALUE!”。这时应确认公式或函数所需的运算符或参数类型是否正确，公式引用的单元格中是否包含有效的数值。如果需要数字或逻辑值时却输入了文本，就会出现这样的错误信息。

## 案例四　统计与分析学生成绩表

**【任务描述】**

最近几天，班长王雷在完成“学生成绩表”输入和处理之后，按照辅导员的要求计划完成以下工作：

- 将学生成绩表中的数据按专业班级升序排序，如果是同一个班的学生则按平均分的降序排列；
- 筛选出英语和计算机成绩都在 70 分以上的学生信息；
- 筛选出英语和计算机成绩只要有一门课不及格的学生信息；

- 按专业班级统计出英语和计算机成绩的平均值；
- 在统计出每班英语和计算机成绩的平均值的基础上，再统计出男女生的英语和计算机成绩的平均值；
- 以专业班级为单位分别统计出男女生的人数。

【任务分析】

本案例可以让学生充分了解数据的管理与分析，掌握几种不同的排序方法，学会对数据进行筛选和分类汇总，培养学生从不同的角度观察和分析数据，管理好自己的工作簿，提高学生的动手能力。

【实施方案】

## 任务 1　数据排序

班长王雷通过前四个教学案例已经完成了基本数据的输入、格式化及数据处理操作，下面是对表格中的数据进行排序的操作。

### 1. 将学生成绩表中的数据按班级升序排序，同一个班的学生按平均分降序排列

此案例中有两个排序关键字字段，若只有一个排序关键字字段，则只需要将光标定位到排序关键字所在的那一列，然后通过“数据 | 排序和筛选 | “升序”按钮 A↓Z 或“降序”按钮 Z↓A 完成，前提是参与排序的单元格必须是行和列规范的，不能出现有合并单元格的情况。

对于本题的操作过程为：选中学生成绩表中“专业班级”列的任意一个单元格，然后单击“数据 | 排序和筛选 | 排序”按钮，打开“排序”对话框，如图 4-36 所示。在“主要关键字”下拉列表框中选择“专业班级”选项，在“排序依据”栏的下拉列表框中选择“数值”选项，在“次序”栏的下拉列表框中选择“升序”选项；单击对话框左上方的“添加条件”按钮，再在“次要关键字”下拉列表框中选择“平均分”选项，在“排序依据”栏的下拉列表框中选择“数值”，在“次序”栏的下拉列表框中选择“降序”选项，单击“确定”按钮即可，结果如图 4-37 所示。

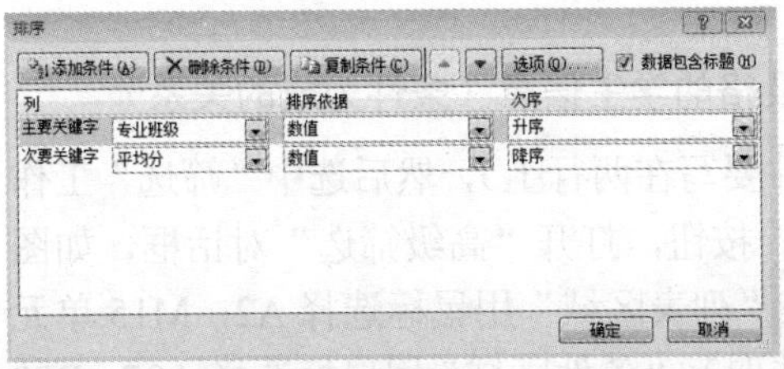


图 4-36　“排序”对话框

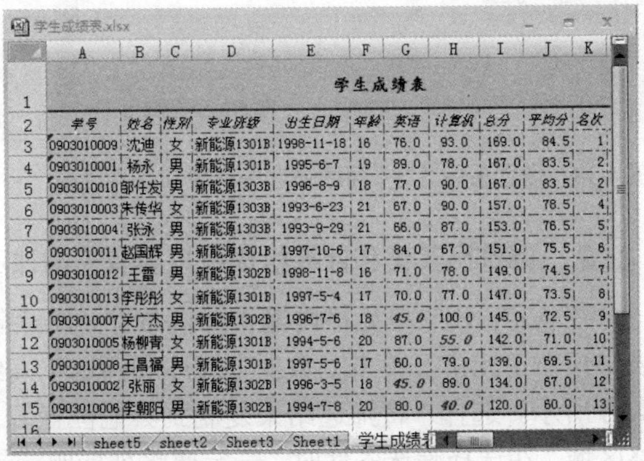

学生成绩表.xlsx

| 学号 | 姓名 | 性别 | 专业班级 | 出生日期 | 年龄 | 英语 | 计算机 | 总分 | 平均分 | 名次 |
|---|---|---|---|---|---|---|---|---|---|---|
| 0903010009 | 沈迪 | 女 | 新能源1301B | 1998-11-18 | 16 | 76.0 | 93.0 | 169.0 | 84.5 | 1 |
| 0903010001 | 杨永 | 男 | 新能源1301B | 1995-6-7 | 19 | 89.0 | 78.0 | 167.0 | 83.5 | 2 |
| 0903010010 | 郜任发 | 男 | 新能源1303B | 1996-8-9 | 18 | 77.0 | 90.0 | 167.0 | 83.5 | 2 |
| 0903010003 | 朱传华 | 女 | 新能源1303B | 1993-6-23 | 21 | 67.0 | 90.0 | 157.0 | 78.5 | 4 |
| 0903010004 | 张泳 | 男 | 新能源1303B | 1993-9-29 | 21 | 66.0 | 87.0 | 153.0 | 76.5 | 5 |
| 0903010011 | 赵国辉 | 男 | 新能源1301B | 1997-10-6 | 17 | 84.0 | 67.0 | 151.0 | 75.5 | 6 |
| 0903010012 | 王雷 | 男 | 新能源1302B | 1998-11-8 | 16 | 71.0 | 78.0 | 149.0 | 74.5 | 7 |
| 0903010013 | 李彤彤 | 女 | 新能源1301B | 1997-5-4 | 17 | 70.0 | 77.0 | 147.0 | 73.5 | 8 |
| 0903010007 | 关广杰 | 男 | 新能源1302B | 1996-7-6 | 18 | 45.0 | 100.0 | 145.0 | 72.5 | 9 |
| 0903010005 | 杨柳青 | 女 | 新能源1301B | 1994-5-6 | 20 | 87.0 | 55.0 | 142.0 | 71.0 | 10 |
| 0903010008 | 王昌福 | 男 | 新能源1301B | 1997-5-6 | 17 | 60.0 | 79.0 | 139.0 | 69.5 | 11 |
| 0903010002 | 张丽 | 女 | 新能源1302B | 1996-3-5 | 18 | 45.0 | 89.0 | 134.0 | 67.0 | 12 |
| 0903010006 | 李朝阳 | 男 | 新能源1302B | 1994-7-8 | 20 | 80.0 | 40.0 | 120.0 | 60.0 | 13 |



图 4-37　“排序”示例

## 任务 2　数据筛选

班长王雷需要筛选出各专业班级不同学生的相关信息，需要使用 Excel 2010 的自动筛选

（简单条件的筛选）和高级筛选（复杂条件的筛选）功能。

### 1. 筛选出英语和计算机成绩都在80分以上的学生信息（条件是与的关系）

（1）选中工作表中的任一单元格，单击“数据｜排序和筛选｜筛选”按钮，每一个列标题右侧均出现一个下拉箭头。单击“英语”列标题右侧的下拉箭头，选择“数字筛选”｜“大于或等于 80”，再单击“计算机”列标题右侧的下拉箭头，选择“数字筛选”｜“大于或等于80”，单击“确定”按钮完成英语和计算机都在80分以上的记录的筛选。

（2）还可以使用高级筛选方式：首先在A17：B18单元格内输入筛选条件（注意条件要写在同一行上），然后选中“筛选”工作表中任一单元格，单击“数据｜排序和筛选｜高级”按钮，打开“高级筛选”对话框，如图4-38所示。选择“将筛选结果复制到其他位置”，在“列表区域”用鼠标选择A2：M15单元格区域（在选择筛选条件时，一定要将列标题一起选取），“条件区域”用鼠标选择A17：B18单元格区域，“复制到”用鼠标选择A20单元格，单击“确定”按钮，返回工作簿窗口，即可以筛选出英语和计算机均在70分以上的学生的记录，结果如图4-39所示。

图4-38 设置条件“与”高级筛选的列表和条件区域

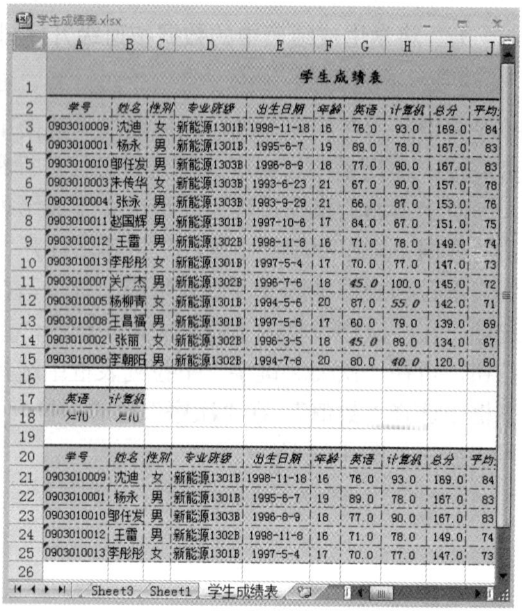

图4-39 “高级筛选”结果示例

### 2. 筛选出英语和计算机成绩只要有一门课不及格的学生信息（条件为或的关系）

在A27：B29单元格内输入筛选条件（注意条件要写在两行上），然后选中“筛选”工作表中任一单元格，单击“数据｜排序和筛选｜高级”按钮，打开“高级筛选”对话框，如图4-40所示。选择“将筛选结果复制到其他位置”，在“列表区域”用鼠标选择A2：M15单元格区域（在选择筛选条件时，一定要将列标题一起选取），“条件区域”用鼠标选择A27：B29单元格区域，“复制到”用鼠标选择A30单元格，单击“确定”按钮，返回工作簿窗口，即可以筛选出英语和计算机有一门课不及格的学生的记录，结果如图4-41所示。

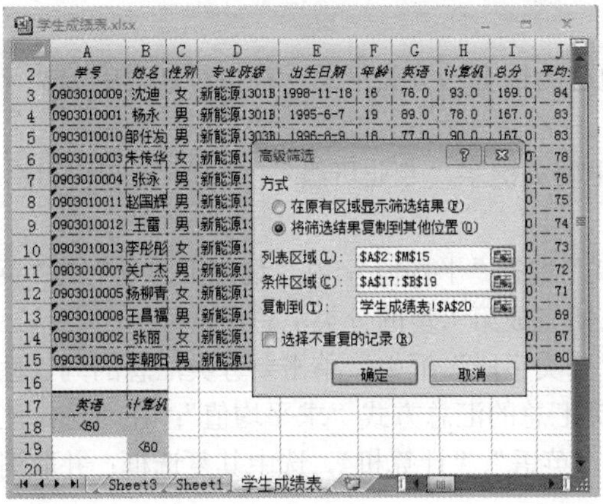


图 4-40 设置条件“或”高级筛选的列表和条件区域

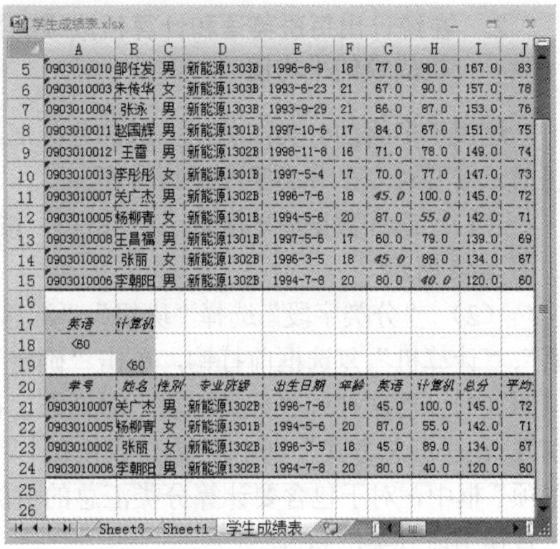


图 4-41 “高级筛选”结果样张

## 任务 3 数据分类汇总

班长王雷要按专业班级对两门课的成绩求平均值，在操作分类汇总前要进行排序操作，这样才能使得分类汇总前数据能首先分类，再进行项目的汇总。

### 1. 按专业班级统计出英语和计算机成绩的平均值

将“学生成绩表”复制到“Sheet2”表中，对数据清单按专业班级进行排序，然后选中“分类汇总”工作表中的任一单元格，单击“数据 | 分级显示 | 分类汇总”按钮，打开“分类汇总”对话框，如图 4-42 所示。

在“分类字段”选择“班级”、“汇总方式”选择“平均值”，在“选定汇总项”的“英语”、“计算机”复选框前打钩，单击“确定”按钮完成分类汇总。结果如图 4-43 所示（提示：分类汇总前一定要对分类字段排序）。

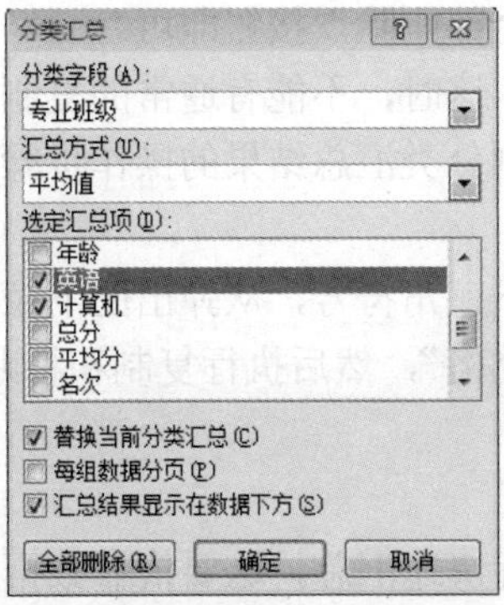


图 4-42 “分类汇总”对话框

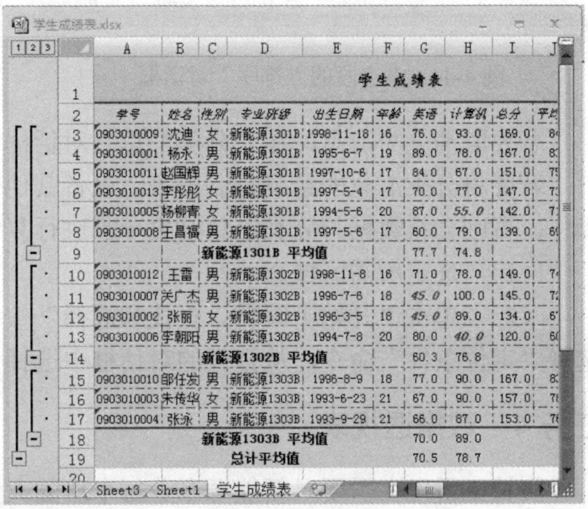


图 4-43 “分类汇总”示例

### 2. 在统计出每班英语和计算机成绩的平均值的基础上，再统计出男女生的英语和计算机成绩的平均值

这属于多级的分类汇总，多级的分类汇总也称为嵌套的分类汇总，在执行嵌套的分类汇总前，需要对多个分类字段进行排序。

（1） 选择数据清单区域 A2：M15，按照主要关键字“专业班级”、“性别”进行排序，如图 4-44 所示。

（2） “分类字段”选择“班级”、“汇总方式”选择“平均值”，在“选定汇总项”的“英语”、“计算机”复选框前打钩，单击“确定”按钮完成第一步的分类汇总。

（3） 再次打开“分类汇总”对话框，在“分类字段”框中，单击要分类汇总的列“性别”；在“汇总方式”框中，单击要用来计算分类汇总的汇总方式“求平均值”；在“选定汇总项”框中，对于包含要计算分类汇总的值的列“英语”、“计算机”，选中其复选框；并取消“替换当前分类汇总”，

（4） 单击“确定”按钮，结果如图 4-45 所示。

图 4-44　多字段的“排序”对话框

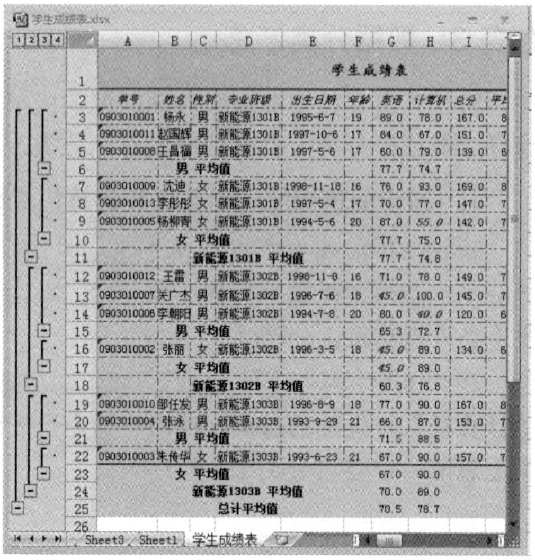


图 4-45　分类汇总结果

若要取消分类汇总，在“分类汇总”对话框中单击“全部删除”按钮即可。

若要将分类汇总的结果复制出来，以备其他表中使用，这时，不能有通常的复制、粘贴操作，否则会将数据与分类汇总结果一起进行复制，仅复制分类汇总结果的操作步骤如下：

（1） 选定所需区域。

（2） 单击“开始｜编辑｜查找和选择”按钮下方的下三角符号，从弹出的下拉菜单中选择“定位条件”命令，从打开的对话框中选择“可见单位格”，然后执行复制和粘贴操作。

## 任务 4　数据透视表

班长王雷现在需要对新能源专业每个班的大量数据实行快速汇总，这要依靠数据透视表来完成，班长还可以通过数据透视表的结果转换行以查看数据源的不同汇总结果，还可以显示不同页面以筛选数据，以及根据需要显示区域中的明细数据。

### 1. 以班为单位分别统计出男女生的人数

这是多字段的分类汇总，也称为数据透视表。

（1） 创建数据透视表

在 Excel 表中打开“插入”选项卡中的“表”工具组，在其中单击“数据透视表”按钮，弹出如图 4-46 所示对话框。在对话框中选择数据来源“学生成绩表!$A$2：$M$15”和指定透视表的显示位置“学生成绩表!$A$17”后，单击“确定”按钮，就创建了一个空白的数据透视表，并显示“数据透视字段列表”。根据要求，将“性别”字段用鼠标拖到“行标签”位置处，“班级”字段拖到“列标签”位置处，将“性别”字段用鼠标拖到“Σ数值”位置处即可，如图 4-47 所示。

图 4-46 “创建数据透视表”对话框

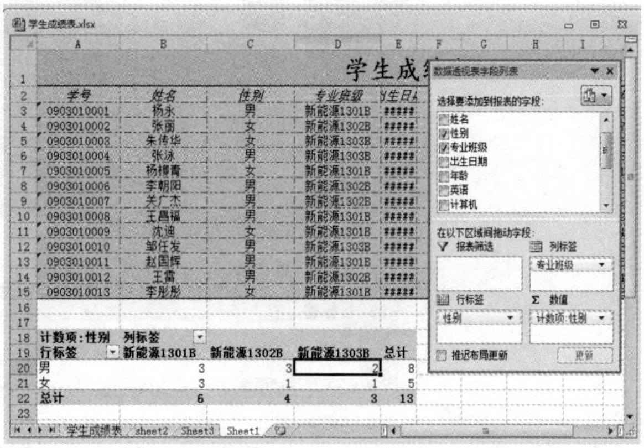

图 4-47 创建完成的数据透视表

（2） 格式化数据透视表

数据透视表创建完成之后，还可以对该表进行格式化，先选择数据透视表，然后单击“开始 | 字体 | 边框”按钮，从弹出的下拉菜单中选择“所有边框”，既可以为数据透视表加内外边框，也可以用“数据透视表样式”为当前表格设置一种样式。

（3） 更新数据透视表中的数据

对于建立好的数据透视表，修改其数据源中的数据值并不影响数据透视表。因此，当数据源发生变化后，右击数据透视表的任意单元格，从快捷菜单中选择“刷新”命令，可以及时更新数据透视表中的数据。

（4） 查看数据透视表中的明细数据

对于班长王雷做好的数据透视表，辅导员在查看数据时想查看表中的明细数据，比如想查看新能源 1301B 的学生都有哪些，这要通过数据透视表中的明细数据来完成，具体操作步骤为：

右击要查看明细的字段（新能源 1301B），从快捷菜单中选择“展开/折叠 | 展开”命令，打开“显示明细数据”对话框，在对话框中选择要查看的字段名称（姓名），然后单击“确定”按钮，明细数据显示在数据透视表中，单击列前标签前面的“+”或“-”按钮可展开或折叠数据透视表中的数据。

（5） 使用切片器

切片器是 Excel 2010 中新增加的功能，它提供了一种可视性很强的筛选方法来筛选数据透视表中的数据。一旦插入切片器，即可使用按钮对数据进行快速分段和筛选，从而仅显示所需的数据。具体操作步骤是：

打开已创建好的数据透视表，切换到“选项”选项卡，单击“排序和筛选”工具组中的“插入切片器”按钮，打开“插入切片器”对话框。选中要进行筛选的字段，例如性别，单击“确定”按钮，切片器将出现在工作表中，如图 4-48 所示。

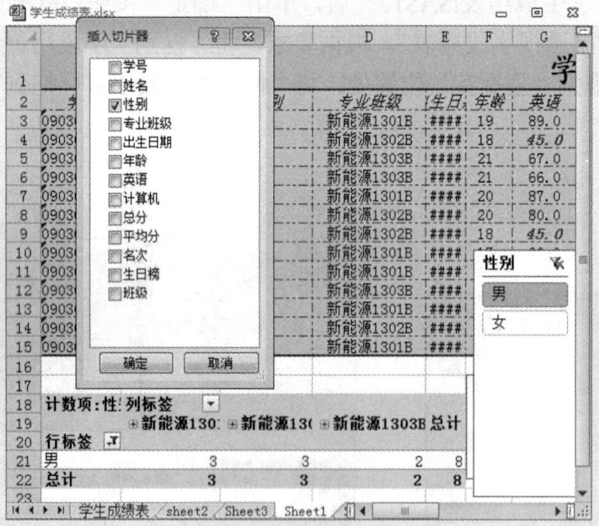


图 4-48　插入切片器及结果对话框

## 实训项目　统计和分析员工工资表

王红利用 Excel 2010 来制作完成本月工资数据的图表处理后，还需要根据对本月的工资进行统计和分析，结果如图 4-49 所示。

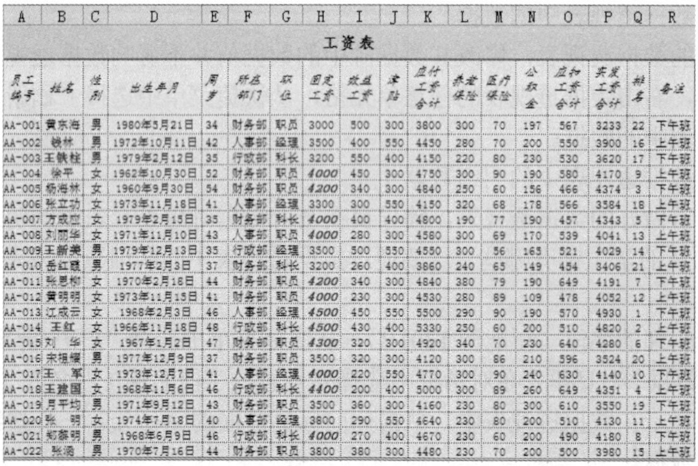

工资表

| 员工编号 | 姓名 | 性别 | 出生年月 | 周岁 | 所在部门 | 职位 | 固定工资 | 效益工资 | 津贴 | 应付工资合计 | 养老保险 | 医疗保险 | 公积金 | 应扣工资合计 | 实发工资合计 | 排名 | 备注 |
|---|---|---|---|---|---|---|---|---|---|---|---|---|---|---|---|---|---|
| AA-001 | 黄东海 | 男 | 1980年5月21日 | 34 | 财务部 | 职员 | 3000 | 500 | 300 | 3800 | 300 | 70 | 197 | 567 | 3233 | 22 | 下午班 |
| AA-002 | 钱林 | 男 | 1972年10月11日 | 42 | 人事部 | 经理 | 3500 | 400 | 550 | 4450 | 280 | 70 | 200 | 550 | 3900 | 16 | 上午班 |
| AA-003 | 王铁柱 | 男 | 1979年2月12日 | 35 | 行政部 | 科长 | 3200 | 550 | 400 | 4150 | 220 | 80 | 230 | 530 | 3620 | 17 | 下午班 |
| AA-004 | 徐平 | 女 | 1962年10月30日 | 52 | 财务部 | 职员 | 4000 | 450 | 300 | 4750 | 300 | 90 | 190 | 580 | 4170 | 9 | 上午班 |
| AA-005 | 杨海林 | 女 | 1960年9月30日 | 54 | 财务部 | 职员 | 4200 | 340 | 300 | 4840 | 250 | 60 | 156 | 466 | 4374 | 3 | 下午班 |
| AA-006 | 张立功 | 女 | 1973年11月18日 | 41 | 人事部 | 经理 | 3300 | 300 | 550 | 4150 | 320 | 68 | 178 | 566 | 3584 | 18 | 上午班 |
| AA-007 | 方成应 | 女 | 1979年2月15日 | 35 | 财务部 | 科长 | 4000 | 400 | 400 | 4800 | 190 | 77 | 190 | 457 | 4343 | 5 | 下午班 |
| AA-008 | 刘丽华 | 女 | 1971年11月10日 | 43 | 人事部 | 职员 | 4000 | 280 | 300 | 4580 | 300 | 69 | 170 | 539 | 4041 | 13 | 上午班 |
| AA-009 | 王新美 | 男 | 1979年12月13日 | 35 | 行政部 | 经理 | 3500 | 500 | 550 | 4550 | 300 | 56 | 165 | 521 | 4029 | 14 | 下午班 |
| AA-010 | 岳红艳 | 男 | 1977年2月3日 | 37 | 财务部 | 科长 | 3200 | 260 | 400 | 3860 | 240 | 65 | 149 | 454 | 3406 | 21 | 上午班 |
| AA-011 | 张思柳 | 女 | 1970年2月18日 | 44 | 财务部 | 职员 | 4200 | 340 | 300 | 4840 | 380 | 79 | 190 | 649 | 4191 | 7 | 下午班 |
| AA-012 | 黄明明 | 女 | 1973年11月15日 | 41 | 财务部 | 职员 | 4000 | 230 | 300 | 4530 | 280 | 89 | 109 | 478 | 4052 | 12 | 上午班 |
| AA-013 | 江成云 | 女 | 1968年2月3日 | 46 | 人事部 | 经理 | 4500 | 450 | 550 | 5500 | 290 | 90 | 190 | 570 | 4930 | 1 | 下午班 |
| AA-014 | 王红 | 女 | 1966年11月18日 | 48 | 行政部 | 科长 | 4500 | 430 | 400 | 5330 | 250 | 60 | 200 | 510 | 4820 | 2 | 上午班 |
| AA-015 | 刘　华 | 女 | 1967年1月2日 | 47 | 财务部 | 职员 | 4300 | 320 | 300 | 4920 | 340 | 70 | 230 | 640 | 4280 | 6 | 下午班 |
| AA-016 | 宋祖耀 | 男 | 1977年12月9日 | 37 | 财务部 | 职员 | 3500 | 320 | 300 | 4120 | 300 | 86 | 210 | 596 | 3524 | 20 | 上午班 |
| AA-017 | 王　军 | 女 | 1973年12月7日 | 41 | 人事部 | 经理 | 4000 | 220 | 550 | 4770 | 300 | 90 | 240 | 630 | 4140 | 10 | 下午班 |
| AA-018 | 王建国 | 女 | 1968年11月6日 | 46 | 行政部 | 科长 | 4400 | 200 | 400 | 5000 | 300 | 89 | 260 | 649 | 4351 | 4 | 上午班 |
| AA-019 | 周平均 | 男 | 1971年9月12日 | 43 | 财务部 | 职员 | 3500 | 360 | 300 | 4160 | 230 | 80 | 300 | 610 | 3550 | 19 | 下午班 |
| AA-020 | 张　明 | 女 | 1974年7月18日 | 40 | 人事部 | 经理 | 3800 | 290 | 550 | 4640 | 230 | 80 | 200 | 510 | 4130 | 11 | 上午班 |
| AA-021 | 郑春明 | 男 | 1968年6月9日 | 46 | 行政部 | 科长 | 4000 | 270 | 400 | 4670 | 230 | 60 | 200 | 490 | 4180 | 8 | 下午班 |
| AA-022 | 张涵 | 男 | 1970年7月16日 | 44 | 财务部 | 职员 | 3800 | 380 | 300 | 4480 | 230 | 70 | 200 | 500 | 3980 | 15 | 上午班 |

图 4-49　统计和分析员工工资表

1. 实训目标

（1） 掌握数据的排序和筛选。

（2） 掌握数据的分类汇总和数据透视表。

2. 实训任务

王红利用 Excel 2010 来制作完成本月工资数据的图表处理后，还需要根据对本月的工资进行统计和分析，具体要求如下：

（1） 将员工工资表的基本表部分（前 25 行）复制到 Sheet2 中，并做以下各题：

① 按所在部门的升序排序，若是同一部门的员工，则按实发工资的降序排序。

② 将 Sheet2 更名为“数据排序”。

（2） 将员工工资表的基本表部分（前 25 行）复制到 Sheet3 中，并将表的结构修改为如参考模板图所示的结构，在此基础上利用高级筛选做以下各题：

① 筛选出女性职员的信息，结果放在表的下方。

② 筛选出实发工资在 3500 元以上的（包括 3500）人的信息，结果放在第①题结果的下面。

③ 选出行政部和人事部的男性职工的信息，结果放在第②题的下面。

④ 将 Sheet3 更名为“数据筛选”。

（3） 将“数据筛选”工作表中的数据复制到 Sheet4 中，并做以下各题：

① 按部门统计出实发工资的平均值。

② 在上题统计结果的基础上，统计出男女职工的人数。

③ 将 Sheet4 更名为“分类汇总”。

（4） 将“数据筛选”工作表中的数据复制到 Sheet5 中，并做以下各题：

① 分别统计出每个部门男女职工的人数，结果放在表的下方。

② 按职位统计出每个部门的实发工资的平均值，结果放在上题结果的下面，并加入切片器，以便更直观按性别查看每一类的实发工资的平均值。

③ 两次统计出的表格分别加边框和底纹，数据上下左右居中。

④ 将 Sheet5 更名为“数据透视表”。

**【知识链接】**

1. 建立数据清单

数据清单，也称为数据列表，是一张二维表。数据由若干列组成，每列有一个列标题，相当于数据库的字段名称，列也就相当于“字段”；数据列表中行相当于数据库的“记录”，数据记录应紧接在字段名行的下面；在数据清单中可以有少量的空白单元格，但不能有空行或空列。

2. 数据排序

实际运用中，用户往往有按一定次序对数据重新排列的要求，比如用户想按总分从高到低的顺序排列数据。排序实质是指按照一定的顺序重新排列数据清单中的数据，通过排序，可以根据某特定列的内容来重新排列数据清单中的行，不改变行的内容。当两行中有完全相同的数据或内容时，Excel 2010 会保持它们的原始顺序。

在排序时数值型数据按大小排序，英文字母按字母顺序排序，汉字按拼音首字母或笔画排序。用来排序的字段称为关键字。排序方式分为升序（递增）和降序（递减），数据排序方法有两种：简单排序和复杂排序。排序可以按行也可以按列，一般是按列进行排序。

（1） 简单排序

简单排序是按一个关键字（也就是单一字段）进行排序。简单排序的方法有两种：

① 在“开始”选项卡上单击“编辑”组中的“排序和筛选”按钮，从弹出的菜单中选择与排序相关的命令来进行排序。

② 在“数据”选项卡上单击“排序和筛选”组中的“升序”或“降序”按钮来为单列数据进行排序。

（2） 复杂排序

复杂排序是对 2 个或 2 个以上关键字进行排序。当排序关键字的字段出现相同值时，可以按另一个关键字继续排序。

在“数据”选项卡，单击“排序和筛选”组中的“排序”按钮，打开如图 4-50 所示的“排序”对话框。

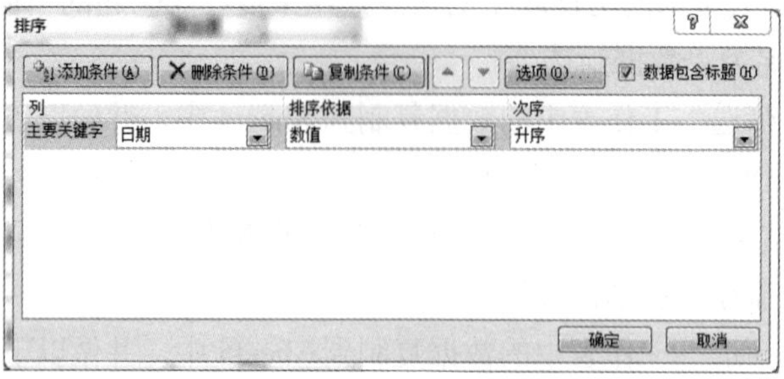


图 4-50 “排序”对话框

在该对话框中：

① “主要关键字”是参与排序的第一个关键字，从下拉列表框可以选择字段名称，并在“排序依据”下拉列表框中选择排序的依据（数据、单元格颜色、字体颜色、单元格图标），“次序”下拉列表框中选择“升序”或“降序”。

② “添加条件”命令按钮作用是在“主要关键字”的下方增加一个次要条件项，以设置次要关键字、次要排序依据及次要排序次序。当排序的主要关键字相同时，就按次要关键字进行排序。

③ “删除条件”命令按钮，当某个字段不再作为排序关键字的字段时，可通过该按钮删除该排序字段。

④ “数据包含标题”复选框一般被选中，表示字段名不参加排序，否则字段名将作为排序内容参与排序。

全部设置完毕，单击“确定”按钮，Excel 2010 即会按照用户指定的方式来进行排序。

### 3. 数据筛选

数据筛选是指只显示数据清单中用户需要的、满足一定条件的数据，其他数据暂时隐藏起来，但没有被删除。当筛选条件被删除后，隐藏的数据又会恢复显示。

使用自动筛选可以创建 3 种筛选类型：按列表值、按格式或按条件。对于每个单元格区域或列表来说，这 3 种筛选类型是互斥的。例如，不能既按单元格颜色又按数字列表进行筛选，只能在两者中任选其一；也不能既按图标又按自定义筛选进行筛选，只能在两者中任选其一。

数据筛选有 2 种：自动筛选和高级筛选。

（1） 自动筛选

自动筛选可以实现单个字段的筛选，以及多个字段的“逻辑与”的关系的筛选，自动筛选可以从不同的方面对数据进行筛选，如按列表值、按颜色、指定条件等。

① 按列表值筛选

指按数据清单中的特定数据值来进行筛选的方法。在“数据”选项卡，单击“排序和筛选”组中的“筛选”按钮，即可在每个字段的右边都将出现一个下拉按钮。单击该按钮，将弹出一个下拉菜单，其中除了筛选命令外，还有一个列表框，列出该字段中的数据项，如图 4-51 所示。

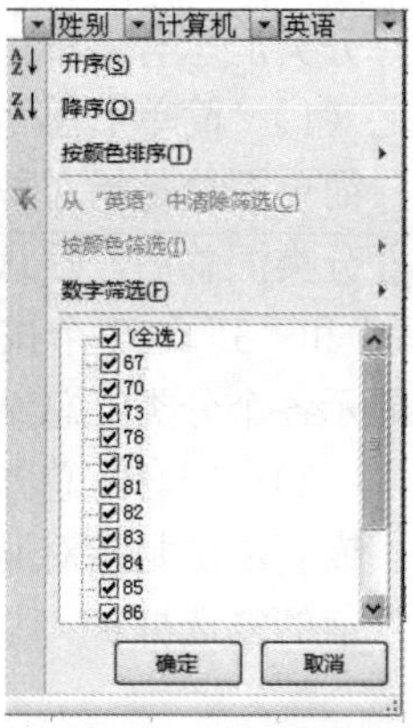

图 4-51　自动筛选菜单

数据项列表框中最多可以列出 10 000 条数据，单击并拖动右下角的尺寸控制句柄可以放大自动筛选菜单。在列表框中选择符合条件的项，即可在数据清单中只显示符合条件的记录。

② 按颜色筛选

有时，为突出满足一定条件的数据，用户可能会给某些单元格或数据设置颜色。在 Excel 2010 中，当需要将相同颜色的单元格或者数据筛选出来的时候，只须单击要进行筛选的字段名右侧的下拉按钮，从弹出的菜单中选择“按颜色筛选”子菜单中的所需颜色，即可得出相应的筛选结果。

③ 按指定条件筛选

不同类型的数据可设置的条件是不一样的：

文本数据，指定的条件是“等于”、“不等于”、“开头是”、“结尾是”、“包含”、“不包含”等条件。

数字数据，指定的条件是“等于”、“不等于”、“大于”、“大于或等于”、“小于”、“小于或等于”、“介于”、“10 个最大的值”、“高于平均值”、“低于平均值”等条件。

时间和日期数据指定的条件是“等于”、“之前”、“之后”、“介于”、“明天”、“今天”、“昨天”、“下周”、“本周”、“上周”、“下月”、“本月”、“上月”、“下季度”、“本季度”、“上季度”、“明年”、“今年”、“去年”、“本年度截止到现在”以及某一段时间内所有日期等条件。

此外，每种类型的数据都可以自定义筛选条件。

（2） 高级筛选

当筛选的条件比较复杂，或出现多字段的“逻辑或”关系时，用高级筛选更为方便。

在进行高级筛选时，必须先建立一个条件区域，并在此区域中输入筛选数据要满足的条件。建立条件区域时要注意以下几点：

① 在条件区域中不一定要包含工作表中的所有字段，但条件所用的字段必须是工作表中的字段。

② 输入在同一行上的条件关系为逻辑与，输入在不同行上的条件关系为逻辑或。

### 4. 分类汇总

分类汇总是分析数据表的常用方法，例如，在学生成绩表中要按性别分类统计男女学生的平均成绩，使用系统提供的分类汇总功能，很容易得到这样的统计表，为分析数据表提供了极大的方便。

Excel 具有分类汇总功能，但并不局限于求和，也可以进行计数、求平均值等其他运算。注意，在分类汇总前，必须对分类字段进行排序，否则将得不到正确的分类汇总结果；在分类汇总时要清楚哪个字段是分类字段，哪些字段是汇总字段以及每一个汇总字段的汇总方式，例如按性别统计学生成绩表中的计算机、英语、高数的平均分，在这个例子中，分类字段为性别，汇总字段为计算机、英语和高数，汇总方式均为求平均值。

分类汇总有 2 种：简单汇总和嵌套汇总。

（1） 简单汇总

简单汇总是指对数据清单的一个或多个字段仅做一种方式的汇总。

分类汇总后，默认情况下，数据会分 3 个级别显示，可以单击分级显示区上方的“1”、“2”和“3”这 3 个按钮控制，单击“1”，只显示清单中的列标题和总计结果；单击“2”按钮显示各个分类汇总结果和总计结果；单击“3”按钮显示全部详细数据。

（2） 嵌套汇总

嵌套汇总是指对同一字段进行多种不同方式的汇总。注意：不能选中“替换当前分类汇总”前的复选框。

## 综合实训　制作汽车销售统计表

润景公司是一个汽车销售公司，专门销售上海大众系列轿车，目前销售经理要求新聘用的赵亮对 2013 年度汽车销售的数据进行整理和分析，具体要求见实训要求，最终表格效果如图 4-52 所示。

| 序号 | 销售日期 | 车辆型号 | 销售员 | 市场价/万 | 销售量 | 销售金额/万 | 名次 |
|---|---|---|---|---|---|---|---|
| 1 | 2013-7-3 | 帕萨特 | 李敏 | ¥ 20.0 | 1 | | |
| 2 | 2013-7-24 | 波罗 | 杨玉 | ¥ 15.0 | 2 | | |
| 3 | 2013-8-4 | 桑塔纳 | 黄莺 | ¥ 9.0 | 3 | | |
| 4 | 2013-8-15 | 途安 | 陈倩 | ¥ 25.0 | 1 | | |
| 5 | 2013-8-3 | 朗逸 | 李敏 | ¥ 18.0 | 5 | | |
| 6 | 2013-9-13 | 帕萨特 | 杨玉 | ¥ 20.0 | 2 | | |
| 7 | 2013-9-25 | 波罗 | 黄莺 | ¥ 15.0 | 5 | | |
| 8 | 2013-10-15 | 桑塔纳 | 陈倩 | ¥ 10.0 | 4 | | |
| 9 | 2013-10-13 | 途安 | 李敏 | ¥ 23.0 | 6 | | |
| 10 | 2013-11-1 | 朗逸 | 杨玉 | ¥ 19.0 | 4 | | |
| 11 | 2013-11-13 | 波罗 | 黄莺 | ¥ 18.0 | 3 | | |
| 12 | 2013-11-16 | 桑塔纳 | 黄莺 | ¥ 15.0 | 2 | | |
| 13 | 2013-12-3 | 桑塔纳 | 陈倩 | ¥ 9.0 | 5 | | |
| 14 | 2013-6-14 | 途安 | 李敏 | ¥ 25.0 | 3 | | |
| 15 | 2013-12-16 | 朗逸 | 杨玉 | ¥ 18.0 | 4 | | |
| 16 | 2013-6-20 | 帕萨特 | 黄莺 | ¥ 26.0 | 6 | | |
| 17 | 2013-12-25 | 波罗 | 陈倩 | ¥ 20.0 | 4 | | |
| 18 | 2013-5-3 | 桑塔纳 | 李敏 | ¥ 15.0 | 3 | | |
| 19 | 2013-5-24 | 途安 | 杨玉 | ¥ 29.0 | 6 | | |
| 20 | 2013-4-4 | 朗逸 | 黄莺 | ¥ 25.0 | 4 | | |
| 21 | 2013-1-15 | 波罗 | 陈倩 | ¥ 18.0 | 3 | | |
| 22 | 2013-3-3 | 桑塔纳 | 李敏 | ¥ 8.0 | 2 | | |
| 23 | 2013-3-13 | 途安 | 杨玉 | ¥ 15.0 | 5 | | |
| 24 | 2013-2-25 | 朗逸 | 黄莺 | ¥ 20.0 | 3 | | |
| 25 | 2013-1-15 | 帕萨特 | 陈倩 | ¥ 30.0 | 4 | | |

| 销售员 | 每个人总销售量 | 占总销售量的比例 | 每个人总销售金额 | 效益提成 |
|---|---|---|---|---|
| 李敏 | | | | |
| 杨玉 | | | | |
| 黄莺 | | | | |
| 陈倩 | | | | |
| 销售总量 | | | | |
| 最高销售量 | | 最高销售金额 | | |
| 最低销售量 | | 最低销售金额 | | |
| 平均销售量 | | 平均销售金额 | | |

图 4-52　职工销售统计表样图

1. 实训目标

（1） 掌握新建及保存工作簿和工作表的方法；
（2） 掌握数据表中纯数字文本类型的快速输入方法；
（3） 掌握工作表中数据格式和单元格格式设置的方法；
（4） 掌握工作表中公式和函数的用法；
（5） 掌握图表的制作及格式化；
（6） 掌握数据的分析与处理。

2. 实训要求

（1） 新建一个“润景公司汽车销售”工作簿，在该工作簿的第一张工作表 Sheet1 中输入所需数据，将 Sheet1 更名为“汽车销售表”。

（2） 在“销售日期”后增加“销售月份”列，用公式计算出销售月份。

（3） 用公式计算出销售金额，并按销售金额排名次。

（4） 计算出职工销售统计及提成表中所有空白的单元格，其中效益提成是根据每个人的销售总额确定的，若在 380 万元以上，效益提成是销售总额的 20%；若在 380 万元以下，效益提成是销售总额的 10%。

（5） 第一行表的标题按所需要的列宽合并单元格并居中，“字体”为“华文楷体”，“字号”为 16，“字体颜色”为“红色”，表格外边框为双线，内部为实线。

（6） 根据“姓名”、“销售量”列生成三维柱形图，图表标题为“职工销售量图”，X 轴标题为“职工姓名”，Y 轴标题为“销售量”，嵌入到当前工作表中。

（7） 将该图表的类型改为其他的任意类型（一定要与当前的类型不同）。

（8） 将该图表移到一个新的工作表中，新工作表的名字为“销售量统计图”。

（9） 格式化图表，常用的格式设置有字体、对齐、刻度、数据系列格式等，将这些设置成你喜欢的类型和格式。

（10） 筛选出帕萨特且市场价在 20 万元以上的信息，结果放在当前表的下方。

（11） 筛选出第一季度销售的汽车的相关信息；结果放在上题结果的下方。

（12）将 2013 润景汽车销售情况表复制一份到 Sheet2 工作表中，按日期升序进行排序，将 Sheet2 更名为排序。

（13） 将 2013 润景汽车销售情况表复制一份到 Sheet3 工作表中，统计每一种车辆的销售总量，在此基础上统计出每个人的销售总量，将 Sheet3 更名为分类汇总。

（14） 将 2013 润景汽车销售情况表复制一份到 Sheet4 工作表中，统计出每个销售员所销售的每一种车辆总数，并对统计的结果格式化。

# 练习题

1. 选择题

（1） Excel 2010 文档的文件扩展名是______。

A. XLS　　B. DOC
C. XLSX　　D. PPT

（2） 若要删除表格中的 B1 单元格，而使原 C1 单元格变为 B1 单元格，应在“删除”对话框中选择选项。

A. 活动单元格右移　　B. 活动单元格下移

C. 右侧单元格左移　　D. 下方单元格上移

（3） 在 Excel 工作表中，同时选择多个不相邻的工作表，可以在按住______的同时依次单击各个工作表的标签。

A. Ctrl 键　　B. Alt 键

C. Tab 键　　D. Shift 键

（4） Excel 中用电子表格存储数据的最小单位是______。

A. 单元格　　B. 工作表

C. 工作区域　　D. 工作簿

（5） 要在数据清单中筛选介于某个特定值段的数据，可使用______筛选方式。

A. 按列表值　　B. 按颜色

C. 按指定条件　　D. 高级

2. 填空题

（1） Excel 中正在处理的单元格称为______单元格。

（2） 4 类运算符的优先级从高到低依次为：____________、____________、文本运算符、__________。

（3） 在 Excel 中，A 列存放着可计算的数据，公式“=SUM(A1：A5，A7，A9：A12)”将对______个元素求和。

（4） SUM(A1：A3，C3：D4)有_____个参数，表示求_________中（共_____个数据）的________。

（5）______是指对数据清单的一个或多个字段仅做一种方式的汇总；_________是指对同一字段进行多种不同方式的汇总。

3. 简答题

（1） 工作簿和工作表有何区别？

（2） 公式中的运算符分为哪几种类型，它们各自有什么作用？

# 模块 5　PowerPoint 2010 电子演示文稿制作软件

## 教学目标：

通过本模块的学习，可以了解演示文稿中一些基本的概念和术语，掌握制作演示文稿的一般方法，学会演示文稿的操作过程和操作步骤，这些操作包括演示文稿的建立、演示文稿的设置、动画和声音等多媒体效果的添加和应用等。

## 教学内容：

本模块主要以 Microsoft Office 2010 中的 PowerPoint 2010 为例，介绍演示文稿制作的基本功能和使用方法，主要包括：

1. PowerPoint 2010 工作窗口；
2. 建立演示文稿；
3. 幻灯片的视图操作；
4. 美化演示文稿；
5. 放映演示文稿。

## 教学重点与难点：

1. 建立演示文稿；
2. 幻灯片的视图操作；
3. 美化演示文稿；
4. 放映演示文稿。

## 案例一　制作“电子贺卡”演示文稿

**【任务描述】**

新年快要到了，动画学院动画二班的王丽想给高中同学送上新春祝福，需要制作一个有关新年的“电子贺卡”，用以将自己的心愿通过电子邮件送给高中同学，她所制作的电子贺卡如图 5-1 所示。

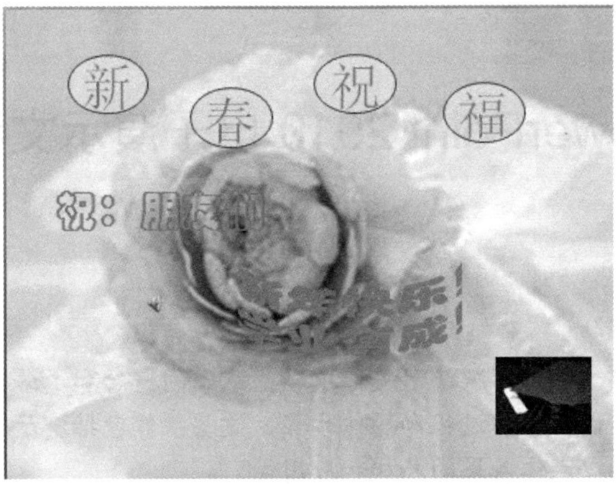


图 5-1　电子贺卡效果图

**【任务分析】**

本案例可以让学生掌握演示文稿中图形和文本框的使用，掌握背景（包括图片和声音）的设置、自定义动画等的设置，培养学生的审美情趣和审美能力，提高学生的动手能力，为后续课程的学习奠定基础。

**【实施方案】**

## 任务 1　认识 PowerPoint 2010

PowerPoint 2010 是 Office 2010 重要组件之一，是专门为制作演示文稿（电子幻灯片）设计的软件。利用 PowerPoint 2010 可以把各种信息如文字、图片、动画、声音、影片、图表等合理地组织起来，制作出集多种元素于一体的演示文稿。

### 1.　PowerPoint 2010 的功能

其主要功能如下：

（1）　建立演示文稿。

（2）　编辑演示文稿。

（3）　美化演示文稿。

（4）　放映演示文稿。

它能合理有效地将图形、图像、文字、声音及视频剪辑等多媒体元素集于一体，并且可以生成网页，在 Internet 上展示。

### 2.　PowerPoint 2010 启动和退出

不管是启动还是退出 PowerPoint 2010，都有多种方法，用户可以根据自己的实际需求或者习惯来选择合适的方法。

（1）　启动

启动 PowerPoint 2010 通常有以下几种方法。

① 单击“开始｜所有程序｜Microsoft Office｜Microsoft Office PowerPoint 2010”命令。

② 双击桌面上的 PowerPoint 2010 快捷方式图标。

③ 双击 PowerPoint 2010 文档也可以启动 PowerPoint 2010，同时打开当前文档。

（2）退出

退出 PowerPoint 2010 通常有以下方法。

① 单击“文件 | 退出”命令。

② 单击窗口右上角的“关闭”按钮。

③ 按 Alt+F4 组合键。

### 3. PowerPoint 2010 的工作窗口

PowerPoint 2010 的工作窗口中除包括文件菜单、标题栏、快速访问工具栏、功能区和状态栏外，还包括幻灯片窗格、备注窗格和大纲/幻灯片窗格，如图 5-2 所示。其中文件菜单、标题栏、快速访问工具栏、功能区和状态栏与其他 Office 2010 软件操作基本相同，这里主要介绍幻灯片的各个窗格及其功能。

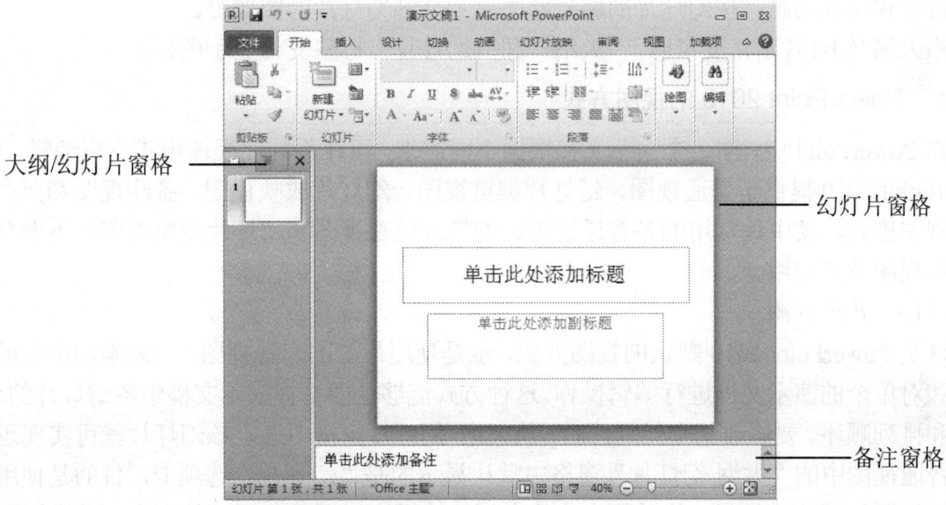


图 5-2　PowerPoint 2010 的工作窗口

（1） 幻灯片窗格

幻灯片窗格位于 PowerPoint 2010 工作窗口的中心位置，它是编辑、修改幻灯片内容的地方。在该窗格中可以为幻灯片添加文本、插入图片、表格、图表、电影、声音、超链接和动画等内容。

在幻灯片窗格中选中某一幻灯片的方法如下。

① 直接拖动幻灯片窗格右侧的垂直滚动条上的滚动块。

② 在幻灯片窗格右侧的垂直滚动条中单击按钮和，可分别切换到当前幻灯片的前一张和后一张幻灯片中。

③ 按键盘上的 PageUp 键切换到上一张幻灯片；PageDown 键切换到下一张幻灯片；Home 键切换到第一张幻灯片；End 键切换到最后一张幻灯片。

（2） 备注窗格

备注窗格位于工作区域的下方，通过备注窗格可以添加与观众共享的演说者备注或信息。如果将演示文稿保存为 Web 页，那么可以显示出现在每张幻灯片屏幕上的备注。备注可以在现场演示文稿时向观众提供背景和详细信息。它是演讲者对每一张幻灯片的注释，用于添加与每个幻灯片的内容相关的内容，所以只能添加文字，不能添加其他对象。该内容仅供演讲者使用，不能在幻灯片上显示。

（3） 大纲/幻灯片窗格

大纲/幻灯片窗格位于幻灯片窗口的最左侧，单击“大纲”或“幻灯片”标签可在两个选项卡之间相互切换。

① 大纲窗格

在大纲窗格内，可以键入演示文稿的所有文本，大纲窗格也可以显示演示文稿的文本内容（大纲），包括幻灯片的标题和主要的文本信息，适合组织和创建演示文稿的内容。按序号从小到大的顺序和幻灯片内容层次关系，显示文稿中全部幻灯片的编号、标题和主体中的文本。

② “幻灯片”窗格

幻灯片窗格可以从整体上查看和浏览幻灯片的外观；为单张幻灯片添加图形和声音、建立超链接和添加动画；按幻灯片的编号顺序显示全部幻灯片的图像等。

当大纲/幻灯片窗格变窄时，“大纲”和“幻灯片”标签变为显示图标。

### 4. PowerPoint 2010 的视图方式

在 PowerPoint 中，同一个演示文稿根据不同需求，可在不同的视图模式下来编辑、修改。PowerPoint 2010 提供了普通视图、幻灯片浏览视图、幻灯片放映视图、备注视图和黑白视图 5 种视图模式，其中最常用的是普通视图、幻灯片放映视图和幻灯片浏览视图。下面分别介绍这些视图及其应用。

（1） 普通视图

这是 PowerPoint 2010 默认的视图方式，也是使用最多的一种视图，用来添加单个的演示文稿和对单个的演示文稿进行编辑操作。这种方式能够全面掌握演示文稿中各幻灯片的名称、标题和排列顺序。要修改某个幻灯片时，从大纲/幻灯片窗格中选定该幻灯片就可实现迅速切换。普通视图中的“大纲/幻灯片”窗格中默认显示的是“幻灯片”选项卡，目的是使用户能够快速浏览幻灯片的外观。拖动两个窗格之间的边框可以调整各区域的大小。普通视图模式如图 5-3 所示。

图 5-3 普通视图模式

（2） 幻灯片浏览视图

在幻灯片浏览视图下，按幻灯片序号顺序显示演示文稿中全部幻灯片的缩略图，从而可以看到全部幻灯片连续变化的过程。在此视图下，可以复制、删除幻灯片，调整幻灯片的顺序，但不能对个别幻灯片的内容进行编辑修改。双击某一选定的幻灯片缩略图可以切换到显示此幻灯片的幻灯片视图模式。幻灯片浏览视图模式如图 5-4 所示。

图 5-4 幻灯片浏览视图模式

（3） 幻灯片放映视图

幻灯片放映视图用来像幻灯机那样动态地播放演示文稿的全部幻灯片。在此视图下，可以审视每一幻灯片的播放效果。同时，它也是实际播放演示文稿的视图，如图 5-5 所示。

图 5-5 幻灯片放映视图模式

（4） 备注页视图

演示文稿的每张幻灯片中都有一个称为“备注页”的特殊类型的页面，用来记录演示文稿设计者的提示信息和注解。备注页视图用来显示和编排备注页的内容，在该视图下，备注页分为上下两个部分，上面一部分用来显示幻灯片内容，下面一部分用来显示备注内容，如图 5-6 所示。备注的信息可以是文字，也可以是图形、图像或表格等，一般文字备注可以在普通视图中通过备注窗格添加，而要添加图形、图像和表格等对象，则必须在备注页视图中完成。

图 5-6　备注页视图模式

在默认情况下，PowerPoint 2010 以整页方式显示备注页，这样在输入或编辑演讲备注内容时可能会比较困难，所以可以使用状态栏上的“显示比例”工具来适当增大显示比例。

（5）　黑白视图

演示文稿除了在计算机上演示外，还可以将其打印出来。通常演示文稿都被设计成彩色，如果要打印到纸上，则会采用灰度或黑白模式。为使用户在打印之前先预览打印的效果，PowerPoint 2010 提供了灰度视图和黑白视图两种功能。在灰度视图中，所有色彩以不同深浅度的灰色显示，如图 5-7 所示；而在黑白视图中，则只显示黑白两色，如图 5-8 所示。

图 5-7　灰度视图模式

图 5-8　黑白视图模式

视图之间的切换可通过单击状态栏上的视图切换按钮，或者使用“视图”选项卡上的“演示文稿视图”工具组中的相应工具来实现切换。

## 任务 2　创建演示文稿

王丽在制作电子贺卡时，遇到的首要问题是创建演示文稿，在 PowerPoint 2010 中，演示文稿和幻灯片这两个概念是有些差别的，利用 PowerPoint 创建的扩展名为.pptx 文件叫演示文稿。而演示文稿中的每一张内容都称为幻灯片，所以演示文稿是幻灯片的组合，每张幻灯片都是演示文稿中的一部分，两者是相互依存的关系。

## 1. 演示文稿的基本操作

（1） 建立演示文稿

建立演示文稿的方法有多种。常用的有以下 3 种。

① 按 Ctrl+N 组合键。

② 如果在快速访问工具栏上添加了“新建”按钮，单击“新建”按钮；或通过“文件”菜单中的“新建”命令来完成。

③ 基于模板创建演示文稿。

所谓“模板”就是一个系统预先精心设计好的包括幻灯片的背景图案、色彩的搭配、文本格式、标题层次及演播动画等的待用模板文档（•POT）。使用模板创建演示文稿的最大好处就是方便、快捷。用户只需要再选择模板，并根据需要选定具体幻灯片的版式及内容即可。

具体操作方法是：单击“文件 | 新建”，打开“新建演示文稿”对话框，选择一种模板，然后单击“创建”按钮，这是一种基于模板创建的演示文稿。

（2） 打开演示文稿

要打开一个已有的演示文稿，操作方法可以是下列方法中的任一种：

① 在“文件”菜单的“打开”中选择“打开”命令。

② 按 Ctrl+O 组合键，打开“打开”对话框，在“查找范围”下拉列表框中找出要打开的指定文件所在的位置，然后在列表框中选择要打开的演示文稿，对话框右侧即会显示演示文稿中的首张幻灯片。单击“打开”按钮即可打开所选演示文稿。

③ 从用户“最近使用的文档”栏中打开，最近使用过的演示文稿显示在 Office 菜单的“最近使用的文档”栏中，从这里选择所需演示文稿的名称也可以打开此演示文稿。

④ 若打开一个低版本的演示文稿，在标题栏上的文档名称后会显示“[兼容模式]”字样，并且在 Office 菜单中会出现一个“转换”命令，选择此命令可将原 PowerPoint 演示文稿转换为 PowerPoint 2010 的新文档格式。

（3） 保存演示文稿

新建演示文稿创建完成，或创建一部分需要下次继续创建时，都应保存起来。保存演示文稿的方法与 Word 文档的保存方法一样，单击快速工具栏上的“保存”按钮，或者在“文件”菜单中选择“保存”命令，都可以保存当前演示文稿。如果演示文稿是第一次被保存，将会打开“另存为”对话框，在其中指定保存位置和文件名，然后单击“保存”按钮，即可保存新演示文稿。此后，每一次保存操作都将保存对演示文稿的最新的更改。PowerPoint 2010 演示文稿的默认保存格式为.pptx。

如果想要将一个已有演示文稿以备份文件保存为其他格式或其他位置，可选择“文件 | 另存为”命令。例如，选择“另存为 | PowerPoint 放映格式”命令，则可以将当前正在编辑的文稿以放映格式保存在另一个位置上，而且被重新保存的文件可以始终在 PowerPoint 放映中打开。

## 2. 创建新年贺卡的演示文稿

（1） 启动 PowerPoint 2010 后，会自动新建一张“标题”幻灯片。

（2） 单击“开始 | 幻灯片 | 版式”按钮，从弹出的下拉菜单中选择“空白”幻灯片版式，创建一个首张幻灯片为空白版式的演示文稿，如图 5-9 所示。

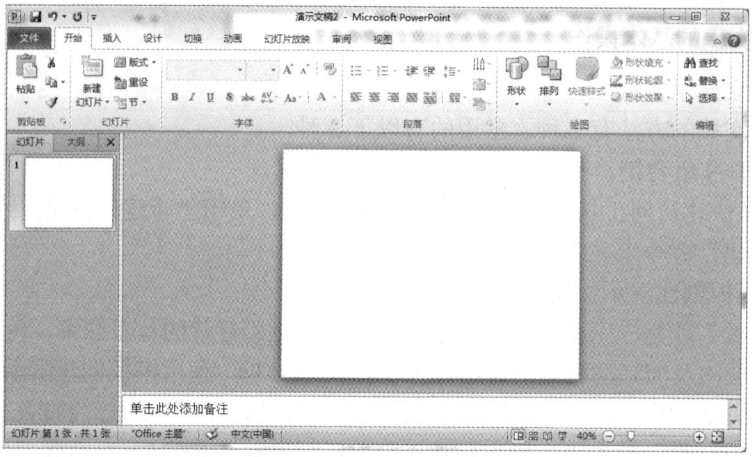


图 5-9　新建演示文稿

（3）　单击快速工具栏上的“保存”按钮，打开“另存为”对话框，指定文件名和保存位置，单击“保存”按钮，保存演示文稿。

**【知识链接】**

**幻灯片的基本操作**

（1）　选择多张幻灯片

在“幻灯片浏览视图”和“普通视图”的大纲视图中，可以选择一个或多个幻灯片，方法如下：

① 单击要选择的第一张幻灯片，按住 Shift 键不放，再单击要选择的最后一张幻灯片，可以选择多张连续的幻灯片。

② 按住 Ctrl 键不放，可以选择不相邻的多张幻灯片。

③ 在“幻灯片浏览视图”和大纲视图的“大纲”选项卡中直接拖动鼠标也可以选择多张连续的幻灯片。

（2）　插入新的幻灯片

单击“开始｜幻灯片｜新建幻灯片”按钮，即可插入一张“标题和内容”版式的新幻灯片。

（3）　删除幻灯片

选中当前幻灯片，然后单击“开始｜幻灯片｜删除”按钮或直接按键盘上的 Del 键可删除当前选中的幻灯片。

（4）　幻灯片的移动和复制

操作步骤如下：

① 在“幻灯片浏览视图”和“普通视图”的大纲视图中，选择一个或多个要移动或复制的幻灯片。

② 在“开始｜剪贴板”工具组中单击“移动”或“复制”按钮。

③ 光标移动到目标位置。

④ 单击“开始｜剪贴板｜粘贴”按钮。

## 任务 3　编辑幻灯片

### 1. “新”、“春”、“祝”、“福”四个个性化自选图形的创建

（1） 单击“插入 | 插图 | 形状”按钮下的下三角符号，从弹出的列表中选择喜欢的自选图形，本案例选择了“椭圆”，并画在幻灯片左上角。

（2） 选中刚才画出的“椭圆”，单击“格式 | 形状样式 | 形状填充”旁的下三角符号，从中选择“图片（P）……”，将打开如图 5-10 所示的“插入图片”对话框。从中选择自已喜欢的图片，本案例选择的是“St.jpg”。

图 5-10　“插入图片”对话框

（3） 右击“椭圆”自选图形，在其快捷菜单中选择“添加文本”命令，添加文字“新”，字体格式为“楷体 GB2312、60 号、蓝色”。

（4） 另外的“春”、“祝”、“福”三个个性化的图形可以通过复制“新”图形来完成，只需将文字修改后将它们定位在贺卡合适的位置上。

### 2. 文本框实现“祝：朋友们”的设置

（1） 单击“插入 | 文本 | 文本框”按钮，插入一个横排的文本框，并输入文字“祝：朋友们”。

（2） 设置字体为华文彩云、48 号、加粗，其中“祝”为绿色，“朋友们”为蓝色。

### 3. 艺术字实现“新年快乐！学业有成！”

在幻灯片中央位置插入艺术字“新年快乐！学业有成！”。

（1） 单击“插入 | 文本 | 艺术字”按钮。

（2） 在“艺术字”样式列表中选择所需的艺术字的样式类型，本案例选择了第一行第一列的样式。

（3） 输入文字“新年快乐！学业有成！”。

（4） 选中艺术字，选项卡中将会出现一个“格式”选项卡，单击“格式 | 艺术字样式 | 文字效果”按钮，在弹出的下拉菜单中选择“转换 | 两端远”图标，如图 5-11 所示。

图 5-11　设置艺术字效果

（5） 将字体改为“华文琥珀”、颜色“蓝色”、加粗、48号。

## 4. 插入图片“学士帽”

单击“插入 | 插图 | 图片”按钮，打开“插入图片”对话框，双击“学士帽.jpg”文件，将其插入到文档中，并将插入的图片拖动到一个合适的位置。

## 5. 设置贺卡的背景

（1） 单击“设计 | 背景 | 背景样式”按钮，打开“设置背景格式”对话框，如图 5-12 所示。

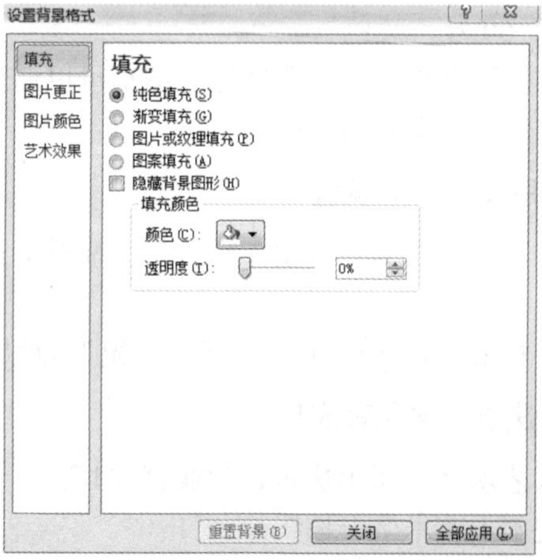


图 5-12　“设置背景格式”对话框

（2） 选择“填充”选项卡，再在右边的填充列表中选择“图片或纹理填充”单选按钮，在“插入自”选项组中单击“文件”按钮，弹出“插入图片”对话框，从中选择一种图片即可，本案例选择的是“小花.jpg”。

### 6. 为贺卡添加声音效果

单击“插入 | 媒体 | 音频”按钮旁的下三角符号，将弹出一个下拉列表，从中选择“文件中的声音”命令，将弹出一个“插入音频”对话框，如图 5-13 所示。从中选择一首歌曲，本案例选择的是“同桌的你.mp3”。

图 5-13 “插入音频”对话框

在“插入音频”对话框中单击“插入”按钮后，会弹出一个提示对话框，提示用户正在插入音频，如确需插入请等待，如需取消可单击“取消”按钮。插入操作完成后，页面上会显示一个音频图标，并显示一个快捷工具栏，可用来试听音频文件内容，如图 5-14 所示。该工具栏在播放时不会显示在幻灯片中，单击音频图标选择框外任意点取消选择后该工具栏会自动隐藏，如图 5-14 所示。拖动音频图标可将其移动到任何位置。

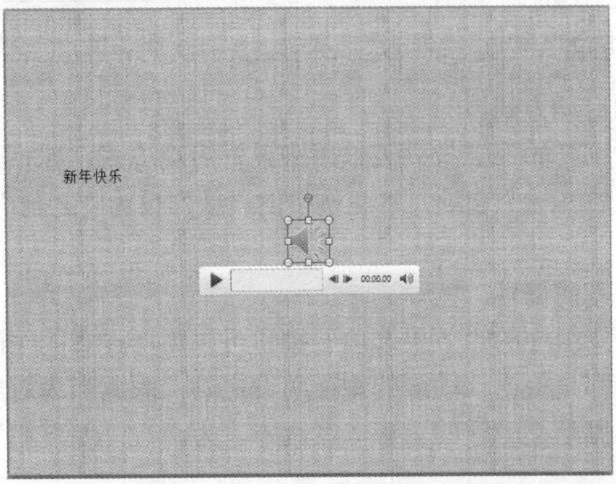


图 5-14 在幻灯片中插入音频

## 任务 4 自定义动画的设置

为幻灯片中的对象设置动画效果可以采用“动画”和“高级动画”两种方式，本案例只介绍“高级动画”方式，另一种方式可参阅知识链接内容。

（1） 同时选择“新”、“春”、“祝”、“福”四个自选图形。

（2） 在“动画”选项卡“动画”组中的动画效果列表框中选择一种动画效果，或者单击“动画｜高级动画｜添加动画”旁的下三角符号，从弹出的下拉菜单中选择一种动画效果，如图 5-15 所示。

（3） PowerPoint 提供了四种动画效果，即进入、强调、退出和动作路径，用户可以根据需要选择。如果对列表中的动画不满意，可在下拉菜单中选择“更多进入（强调/退出）效果”命令，然后从打开的对话框中选择所需的动画效果，如图 5-16 所示。这里“新”、“春”、“祝”、“福”四个自选图形选择了“进入”中的“空翻”方式，“祝：朋友们”选择了“进入”中的“飞入”方式，“新年快乐！学业有成！”选择了“进入”中的“淡出式缩放”方式，“学士帽.jpg”选择了“进入”中的“圆形展开”方式。

图 5-15 “自定义动画”任务窗格中“添加效果”选项

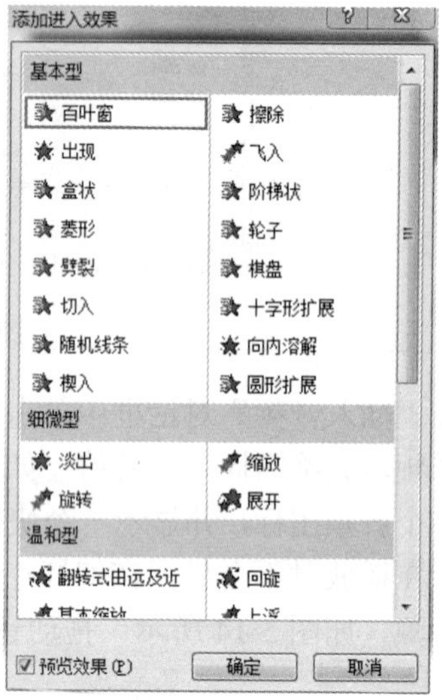


图 5-16 “添加进入效果”对话框

（4） 设置动画的启动方式。

单击“动画｜计时｜开始”下拉列表框用来设置启动方式，包括“单击时”、“与上一动画同时”、“上一动画之后”三个选项，本案例中的“新”设为“之前”，其他对象都设为“之后”。

（5） 设置动画的方向属性。

单击“动画｜动画”组中的“效果选项”按钮可以为所设置的动画设定入或出的方向。每一种动画的效果选项都是根据该动画的特征而设定的，因此当为对象设置不同的动画效果时，其效果选项的内容也是不一样的。在本案例中，为“祝：朋友们”选择了“自右侧”的方向属性。

（6） 改变动画的顺序。

使用“动画｜计时｜对动画重新排序”选项组中的选项可以设置对象的重新播放顺序，使其向前或向后移动。

（7） 声音的设置。

大多数动画效果包括可供选择的相关项，如演示动画时播放声音，在文本动画中可按字母、字或段落设置应用效果，操作时，单击动画列表中的某一动画，再单击其右边出现的下拉箭头，选择“效果选项”命令，在打开的相应对话框中进行设置，如图 5-17 所示。

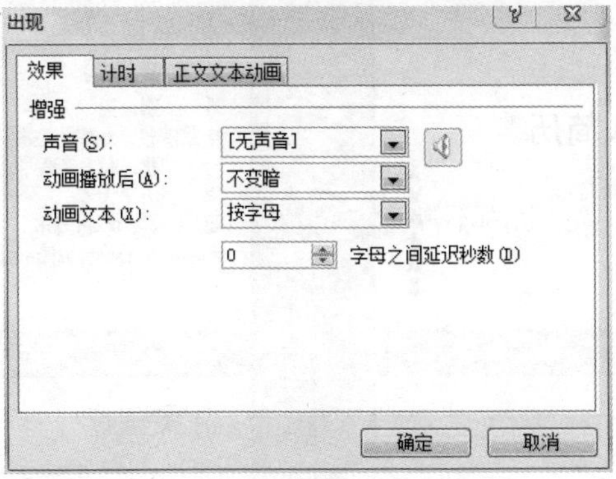


图 5-17　设置动画的声音及其他效果

本案例中，“新”、“春”、“祝”、“福”四个图形和“祝：朋友们”都设置了“风玲”，动画文本无延迟，“新年快乐！学业有成！”设置的声音为“鼓掌”。

## 实训项目　制作“个人简历”演示文稿

### 1. 实训目标

（1） 建立演示文稿。

（2） 演示文稿中各类对象的使用方法。

（3） 演示文稿中自定义动画的设置。

### 2. 实训任务

（1） 新建一个 PowerPoint 文件，命名为“个人简历”，该文稿中包括 4 张幻灯片。

（2） 将第一张幻灯片设为标题幻灯片，设置正标题的字体和大小为“黑体”，60 磅，副标题为日期。

（3） 为第一张幻灯片添加两个竖排文本框，将文本框文字设为“华文行楷，32 磅，紫灰色，加粗，阴影”，设置两个文本框的动画效果为“缓慢进入”，开始时间为“之前”，方向为“自顶部”，速度为“中速”。

（4） 设置第二张幻灯片的标题文字格式为“宋体，54 磅，绿色，加粗，左对齐”。幻灯片文本格式为“宋体，32 磅，蓝色，加粗，左对齐”。

（5） 设置第三张幻灯片的版式为“标题和内容”，幻灯片的标题文字格式为“宋体，54 磅，蓝色，加粗，左对齐”。

（6）为第三张幻灯片添加一个层次结构的组织结构图，设置组织结构图样式为“三维丨优雅”，通过添加下属将组织结构图设为两层图框。

（7）设置第一层图框字体格式为“宋体，32 磅，黄色，加粗，阴影，居中对齐”。

（8） 设置第二层图框字体格式为“宋体，18 磅，黄色，加粗，阴影，居中对齐”。

（9） 设置第四张幻灯片的标题文字格式为“宋体，54 磅，蓝色，加粗，左对齐”，幻灯片文本格式为“宋体，30 磅，蓝色，左对齐”。

（10） 设置演示文稿的动画方案为“向内溶解”。

### 3. 参考模板如图 5-18 所示

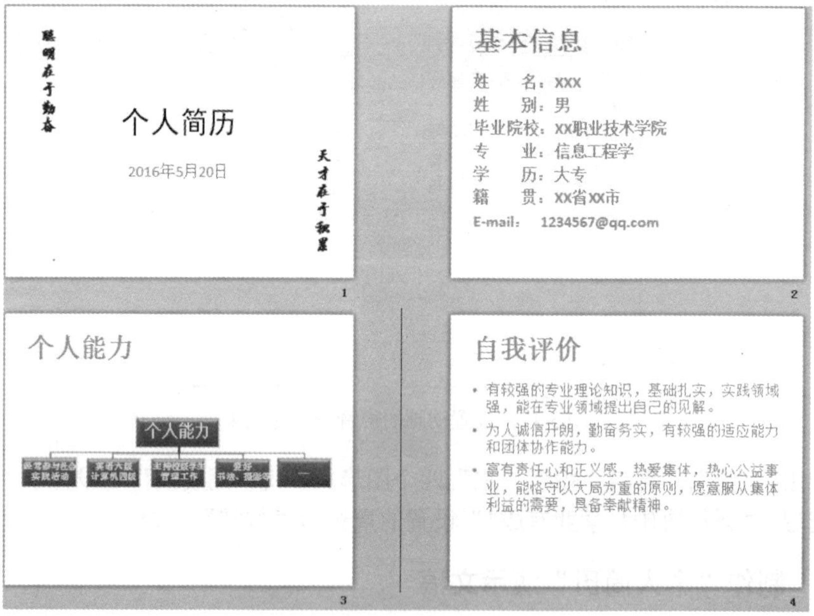


图 5-18　“个人简历”参考模板

## 【知识链接】

### 1. 添加文本

向幻灯片中添加文本可以通过两种方法实现：一是在建立幻灯片时，通过选择“幻灯片版式”为添加的文本对象提供文本占位符；二是在幻灯片中插入文本框，然后在文本框中输入文字。文本框有横排和竖排两种文字排列方式。在“插入”选项卡中，单击“文本”组中的“文本框”按钮，然后在幻灯片中单击或拖动鼠标左键，即可绘出一个横排的文本框。

若要插入竖排文本框，可单击“文本框”按钮下方的下拉按钮，从弹出的菜单中选择“竖排文本框”命令，然后根据需要单击幻灯片中所需位置插入单行文本框，或者拖动鼠标左键也可插入可换行的文本框。

### 2. 设置文本格式

PowerPoint 2010 中用户可以对每一张幻灯片中的文本进行各种格式的设置，如字体格式、段落格式等。

（1）设置字体格式

设置字体包括设置字体大小、字体样式、字体颜色及字体的粗体、斜体、下画线等内容。设置字体格式比较简单，先选中文本框中要设置的字体，然后利用“开始”选项卡上“字体”组中的工具进行设置。如果要设置复杂的字体格式，则可以单击“字体”工具组右下角的对话框启动器，打开“字体”对话框进行相应的设置，如图 5-19 所示。

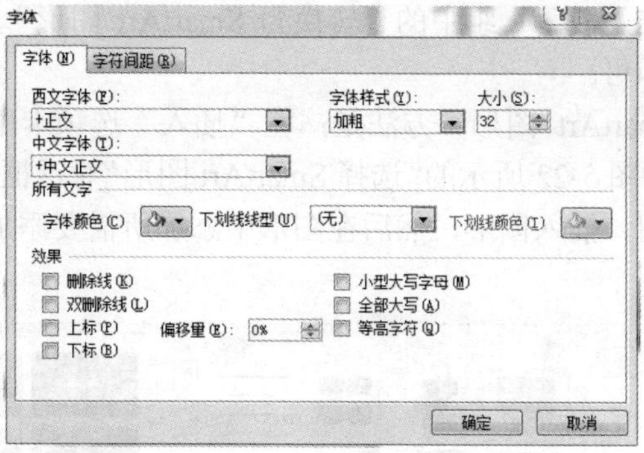


图 5-19 “字体”对话框

（2） 设置段落格式

文本段落格式包括项目符号和编号样式、段落列表级别、行距、水平和垂直对齐方式、分栏、文字方向等。此外，还可以将文本转换为 SmartArt 图形。用“开始 | 段落”组中的工具即可对段落格式进行设置。这里重点介绍项目符号和编号。

默认情况下，在内容占位符中输入的正文文本前会自动显示项目符号，不同级别的文本除采用不同的缩进量和文字大小外，还可以用不同的项目符号来表示。也可以自己定义项目符号，方法是在“开始”选项卡上单击“段落”组中的“项目符号”按钮右侧的下拉按钮，从弹出的菜单中选择“项目符号和编号”命令，打开“项目符号和编号”对话框的“项目符号”选项卡，单击其中的“自定义”按钮，如图 5-20 所示。

若要将项目符号改为编号，可先选择所需的段落，然后在“开始”选项卡上单击“段落”组中的“编号”按钮即可。默认的编号样式为“1.”、“2.”、“3.”……。

若要更改编号样式，单击“编号”按钮右边的下拉按钮，从弹出的菜单中选择所需的编号样式。如果在弹出菜单底部选择“项目符号和编号”命令，可打开“项目符号和编号”对话框的“编号”选项卡，设置编号的大小、颜色及起始编号，如图 5-21 所示。

图 5-20 “项目符号”选项卡

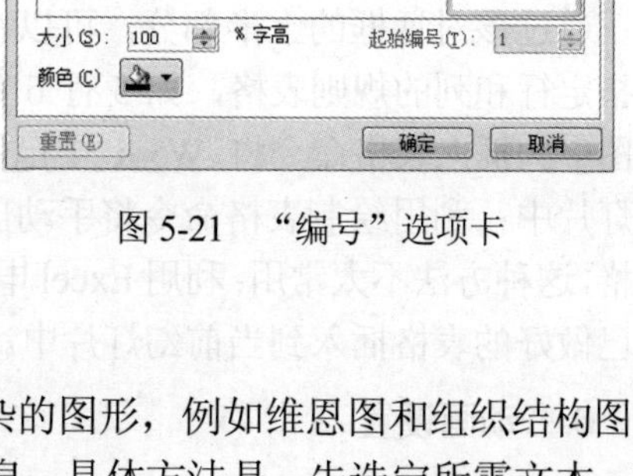


图 5-21 “编号”选项卡

### 3. 文本转换为 SmartArt 图形

SmartArt 图形包括图形列表、流程图以及更为复杂的图形，例如维恩图和组织结构图。将文本转换为 SmartArt 图形可以以直观的方式交流信息。具体方法是：先选定所需文本，再在“开始”选项卡上单击“段落”组中的“转换为 SmartArt 图形”按钮，从弹出的菜单中选择所需的图形样式即可。

也可以直接插入 SmartArt 图形，方法是：在“插入”选项卡中，单击“插图”组中的“SmartArt”按钮，打开如图 5-22 所示的“选择 SmartArt 图形”对话框，从中选择所要 SmartArt 图形，单击“确定”按钮，插入图形，然后在图形中添加所需要添加的文本内容即可。

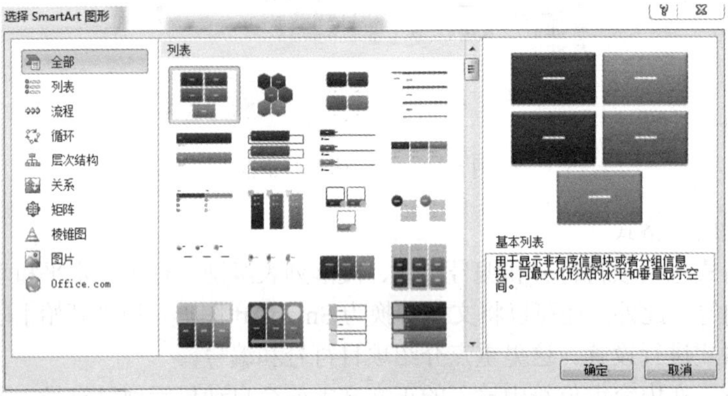


图 5-22　“选择 SmartArt 图形”对话框

### 4. 将文本转换为艺术字

在 PowerPoint 2010 中可以直接将普通文字转换为艺术字，这是 PowerPoint 2010 区别于 PowerPoint 2003 的一点。将文本转换为艺术字的具体做法是：在幻灯片中选择所需要转换的文字后，功能区中会自动出现一个用于进行绘图的“格式”选项卡，在“格式”选项卡的“艺术字样式”组中可以选择快速样式，或者根据自已需要设置所选文字的艺术效果，即可将所选文字转换为艺术字。

### 5. 绘制及插入表格

在 PowerPoint 2010 中，我们可以直接将 Word 或 Excel 创建的一些数据文件插入到演示文稿中，也可以利用 PowerPoint 提供给我们的工具来创建新的表格。

利用 PowerPoint 2010 向幻灯片中制作新表格的方法如下：

在“插入”选项卡中的“表格”组中单击“表格”命令按钮上的下三角符号，将弹出如图 5-23 所示的下拉菜单。

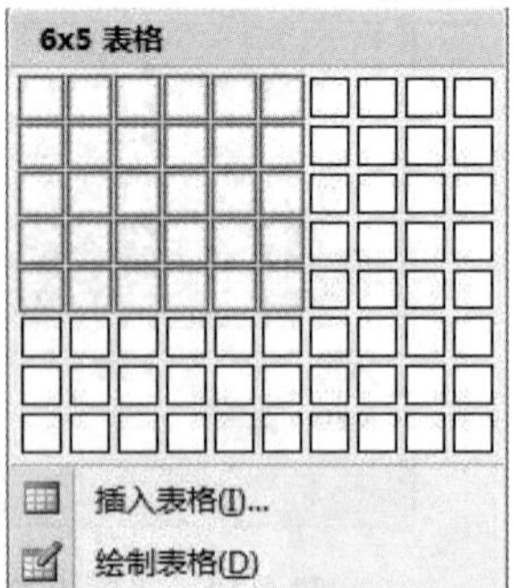


图 5-23　“表格”对话框

通过该对话框的上半部分，可以在幻灯片中直接插入一个指定行和列的规则表格，如 5 行 6 列的空表格；也可以利用图中的插入表格命令将 Word 中已做好的表格插入到当前幻灯片中；利用绘制表格命令将手动出一个规则或不规则的表格，这种方法不太常用；利用 Excel 电子表格命令可将 Excel 中已做好的表格插入到当前幻灯片中。

### 6. 动画设置

（1） 选择动画种类中的图片或文字，再选择动画菜单，可以对这个对象进行四种动画设置，分别是：进入、强调、退出和动作路径。“进入”是指对象“从无到有”，“强调”是指对象直接显示后再出现的动画效果，“退出”是指对象“从有到无”，“动作路径”是指对象沿着已有的或者自己绘制的路径运动。菜单栏下的一排绿色的图标都是指出现方式，用鼠标左键单击，点击左边的预览按钮可以查看效果，如果不满意，可以再单击别的方式更改。

（2） 方向序列设置。

点击效果按钮，可以对动画出现的方向、序列等进行调整。

（3） 开始时间设置。

开始时间选择：默认为单击时，如果单击“开始”后的下拉选框，则会出现与上一动画同时和上一动画之后。顾名思义，如果选择与上一动画同时，那么此动画就会和同一张 PPT 中的前一个动画同时出现（包含过渡效果在内），选择后者就表示上一动画结束后再立即出现。如果有多个动画，建议选择后两种开始方式，这样对于幻灯片的总体时间比较好把握。

（4） 动画速度设置。

调整持续时间，可以改变动画出现的快慢。

（5） 延迟时间设置。

调整延迟时间，可以让动画在延迟时间设置的时间到达后才开始出现，对于动画之间的衔接特别重要，便于观众看清楚前一个动画的内容。

（6） 调整动画顺序如果需要调整一张 PPT 里多个动画的播放顺序，则单击一个对象，在对动画进行重新排序下面选择向前移动或向后移动。更为直接的办法是单击“动画窗格”，在程序窗口右侧显示“动画窗格”，如图 5-24 所示。拖动每个动画的改变其上下可以调整出现顺序，也可以右击将动画删除。

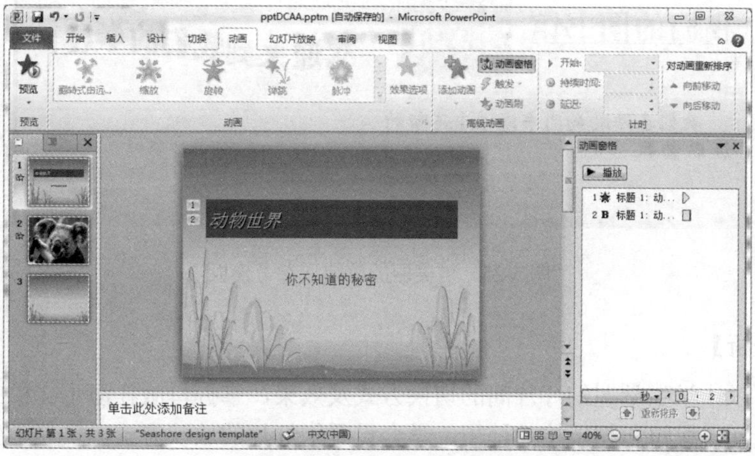


图 5-24 显示“动画窗格”

（7） 设置相同动画。如果希望在多个对象上使用同一个动画，可先在已有动画的对象上单击左键，再选择“动画刷”，此时鼠标指针旁边会多一个小刷子图标。用这种格式的鼠标单击另一个对象（文字图片均可），即可为其他对象添加相同的动画效果。

（8） 添加多个动画。同一个对象也可以添加多个动画，比如，设置好一个对象的进入动画后，单击添加动画按钮，可以再选择强调动画、退出动画或路径动画。

（9） 添加路径动画。路径动画可以让对象沿着一定的路径运动，PPT 提供了几十种路径。如果没有自己需要的，可以选择自定义路径，此时，鼠标指针变成一支铅笔，我们可以用这支铅笔绘制自己想要的动画路径。如果想要让绘制的路径更加完善，可以在路径的任一点上右击，现在编辑顶点，可以通过拖动线条上的每个顶点或线段上的任一点调节曲线的弯曲程度。

## 案例二　制作“美丽的校园”演示文稿

【任务描述】

张华是某校美术专业的一名新生，他想让自己高中同学了解并喜欢自己的学校，于是自己制作一个介绍自己美丽校园的 PPT，通过电子邮件送给他的同学，他所制作的 PPT 效果如图 5-25 所示。

图 5-25　“美丽的校园”参考模板

【任务分析】

本案例可以让学生掌握幻灯片间的切换方式及效果，掌握母版在演示文稿中的作用和使用方法，掌握动作按钮和超链接的使用，学会设置幻灯片的放映方式，培养学生整体的审美能力，提高学生的动手能力和团结协作能力。

【实施方案】

### 任务 1　使用母版

幻灯片母版也是一张特殊的幻灯片，可以将它看作一个用于构建幻灯片的框架。在演示文稿中，所有幻灯片都是基于该幻灯片的母版创建的。如果更改了幻灯片母版，会影响所有基于母版创建的演示文稿幻灯片。

### 1. 为美丽的校园创建新文件

（1） 启动 PowerPoint 2010 后，会自动新建一张“标题”幻灯片。

（2） 单击“开始 | 幻灯片 | 新建幻灯片”按钮下方的下拉按钮，从弹出的菜单中选择“空白”版式，插入一张空白版式的幻灯片。

（3） 重复第二步，再添加 3 张幻灯片。

（4） 在“幻灯片”窗格中单击选择第一张幻灯片，按 Del 键将其删除。

### 2. 每一张幻灯片上输入相应的文字

（1） 切换到第一张幻灯片，单击“插入 | 文本 | 艺术字”按钮，插入一个艺术字占位符，在其中输入“美丽的校园”，并为其设置艺术效果。

（2） 根据每张幻灯片需要，通过单击“插入 | 文本 | 文本框”按钮，往第二至第四张幻灯片中添加文本框及输入对应的文字内容。

### 3. 为第一张幻灯片设置动作按钮

选择第二张幻灯片（第二张幻灯片作为当前幻灯片），单击“插入 | 插图 | 形状”按钮，从弹出的下拉菜单中选择“动作按钮”组中的第四个按钮“结束”，然后在幻灯片中拖动鼠标绘制一个“结束”单选按钮，同时弹出如图 5-26 所示的“动作设置”对话框，在“单击鼠标时的动作”选项组中选择“超链接到”单选按钮，单击“确定”按钮即可。

### 4. 利用母版为美丽的校园添加幻灯片编号

（1） 选择“视图 | 母版视图 | 幻灯片母版”按钮，将打开“幻灯片母版”编辑窗口，如图 5-27 所示。

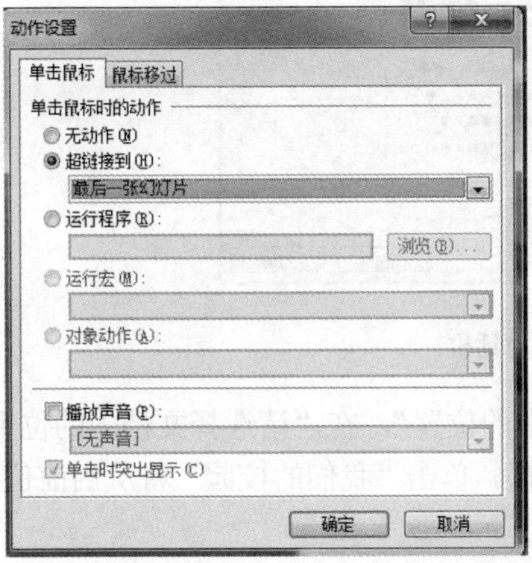


图 5-26 “动作设置”对话框

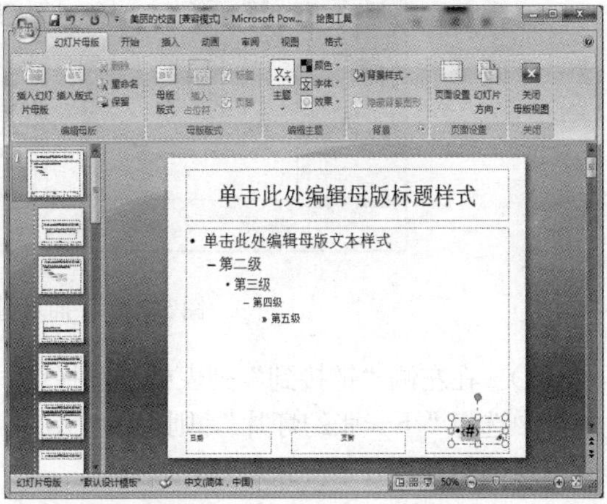


图 5-27 “幻灯片母版”编辑窗口

（2） 从左侧的列表中选择第一张母版，然后通过单击“插入 | 文本 | 文本框”按钮，在母版的编辑窗口右下角添加一个横排的文本框。

（3） 在文本框内插入幻灯片编号，可通过“插入 | 文本 | 幻灯片编号”按钮来完成。

## 任务 2 设置背景

在 PowerPoint 2010 中，可以为幻灯片应用主题背景，也可以自定义背景颜色、图案或使用图片背景。在更改文档主题后，背景样式会随之更新以反映新的主题颜色和背景。如果用户只希望更改演示文稿的背景，可以选择其他背景样式。

基于本案例的背景设置是：

（1） 选择第一张幻灯片（第一张幻灯片作为当前幻灯片），单击“插入｜像图｜图片”按钮，从中选择出一张准备好的图片作为当前背景，然后将图片拉到与幻灯片的大小相同并衬于文字下方、加水印。

（2） 通过“设计｜主题”工具组中选择“暗香扑面”主题，将其应用于第二张～第五张幻灯片，作为第二张～第五张幻灯片的背景。

（3） 为第三张～第五张幻灯片添加图片：选择“插入｜插图｜图片”按钮，从中选择出一张准备好的图片，然后将图片拖动到合适的位置即可。

（4） 要添加图片背景时，若所有的幻灯片具有同一个图片背景或主题，可以通过“设计”选项卡中的“主题”工具组中对应的按钮完成，也可以通过母版统一设置。

## 任务 3　设置动作按钮和超链接

通过在幻灯片中插入动作按钮和超链接，可以直接跳转到其他幻灯片、文档中。

基于本案例的设置是：

（1） 选择第二张幻灯片（第二张幻灯片作为当前幻灯片），选中其中的文字“我们的校园”，然后选择“插入｜链接｜超链接”按钮，打开“插入超链接”对话框，如图 5-28 所示。

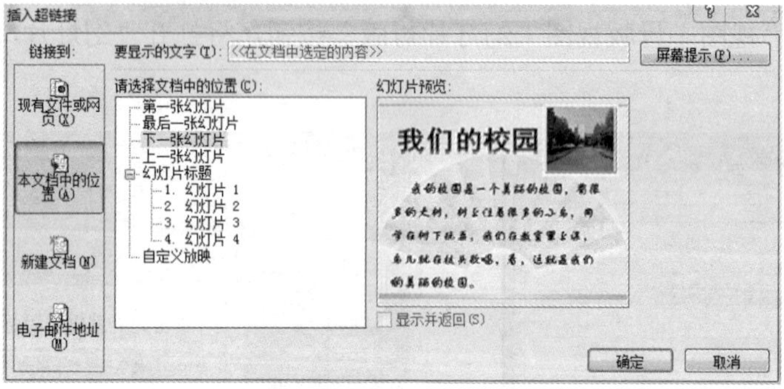


图 5-28　“插入超链接”对话框

（2） 在左侧“链接到”列表框中选择“本文档中的位置”，在“请选择文档中的位置”列表框中选择“下一张幻灯片”，则在播放幻灯片的时候，单击“我们的校园”将从当前位置转到指定的幻灯片（下一张幻灯片）。

（3） 同样的方法，将第一张幻灯片中的“我们的图书馆”文字链接到“第三张幻灯片”。

（4） 选择第二张幻灯片（第二张幻灯片作为当前幻灯片），将“我们的校园”文字链接到“第一张幻灯片”，同样将第三张幻灯片中“我们的图书馆”链接到“第一张幻灯片”。

## 任务 4　设置页面的切换效果

对幻灯片设置动画，可以将原来静止的演示文稿更加生动。用户可以利用动画方案、自定义动画和添加切换效果等功能，制作出形象的演示文稿。

### 1. 设置每一张幻灯片的切换方式

（1） 返回到第一张幻灯片，选择“切换｜切换到此幻灯片｜擦除”切换效果，在“效果选项”按钮中选择“自右侧”，在“计时｜声音”中选择“风铃”。

（2） 对第二张幻灯片选择“切换｜切换到此幻灯片｜擦除”切换效果，在“效果选项”按钮中选择“自左侧”，在“计时｜声音”中选择“微风”。

（3） 对第三张幻灯片选择“条纹右上展开”切换效果，在“声音”中选择“照相机”。

（4） 对第四张幻灯片选择“条纹左上展开”切换效果，在“声音”中选择“鼓掌”。

所有的换片方式均为“单击鼠标时”。

### 2. 设置每一张幻灯片内部各对象的动画效果

这一步骤可参照贺卡制作时的动画设置方法，根据自己的喜好自由设置。

## 实训项目　美化“个人简历”演示文稿

### 1. 实训目标

（1） 掌握母版的使用方法；

（2） 幻灯片中背景的设置；

（3） 动作按钮的设置及使用；

（4） 页面的切换效果的设置。

### 2. 实训任务

（1） 利用母版为幻灯片添加顺序号和日期，顺序号放在幻灯片的右下角，日期放在幻灯片的左下角。

（2） 在第一张幻灯片后面增加一张新的幻灯片，新幻灯片的内容及效果如参考模板。

（3）为第二张幻灯片添加对应的超链接，将每一行的标题文字链接到对应的幻灯片上，并且在对应的每一张幻灯片上添加相应的超链接，使该张幻灯片能够返回到第二张幻灯片内。

（4） 设置每一张幻灯片的切换效果，使得每一张幻灯片进入的效果不同。

（5） 自由设置文本信息的动画效果。

### 3. 参考模板如图 5-29 所示

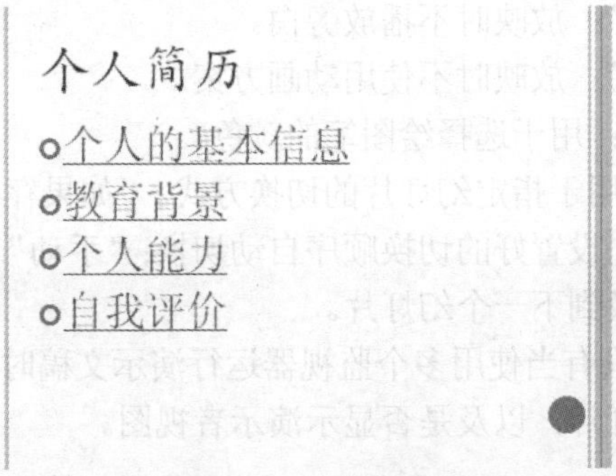


图 5-29　参考模板样图

【知识链接】

### 1. 设置放映方式

在幻灯片使用前可以根据使用者的不同需要来设置不同的放映方式，如放映全部幻灯片或只放映某部分幻灯片，也可以演讲者决定放映权或者让观众自行浏览等。

设置放映方式可通过“幻灯片放映 | 设置 | 设置幻灯片放映”按钮来实现。单击该按钮后将打开如图 5-30 所示的“设置放映方式”对话框，在其中进行所需的设置即可。

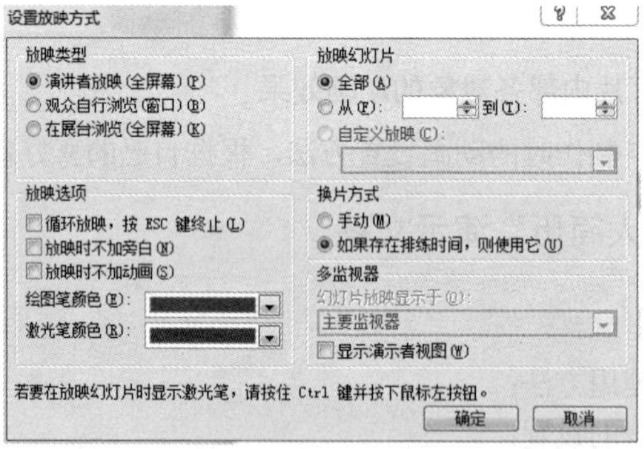


图 5-30　设置演示文稿放映方式

在对话框中可设置放映类型、放映范围和换片方式等选项。

“设置放映方式”对话框中各选项的功能如下。

（1）“放映类型”：指定幻灯片的播放类型。

① 演讲者放映（全屏幕）：以全屏幕形式显示，演讲者可以控制放映的进程，可用绘图笔勾画，适用于大屏幕投影的会议、讲课等。

② 观众自行浏览（窗口）：以窗口形式显示，可以编辑浏览幻灯片，适用于人数少的地方。

③ 在展台放映（全屏）：以全屏形式在展台上做演示，按事先预定的或通过选择“排练计时”命令设置的时间和次序放映，不允许现场控制放映的进程。

（2）“放映幻灯片”：选择需要放映的幻灯片的范围。

（3）“放映选项”：用于设置放映选项。

① “循环放映，按 Esc 键终止”：使幻灯片不停地循环播放，直到按 Esc 键时才停止。

② “放映时不加旁白”：放映时不播放旁白。

③ “放映时不加动画”：放映时不使用动画方案。

（4）“绘图笔颜色”：用于选择绘图笔的颜色。

（5）“换片方式”：用于指定幻灯片的切换方式。“如果存在排练时间，则使用它”单选按钮可使幻灯片按照事先设置好的切换顺序自动切换；“手动”单选按钮，则需要单击鼠标或按键盘上的按钮才能切换到下一个幻灯片。

（6）“多监视器”：只有当使用多个监视器运行演示文稿时此选项组才被激活，用于指定在哪台监视器上放映幻灯片，以及是否显示演示者视图。

### 2. 自定义播放顺序

在默认情况下幻灯片是按演示文稿中的先后顺序播放的，如果需要给特定的观众放映特定的部分，可以自己定义幻灯片的播放顺序和播放范围，具体操作方法是：

单击“幻灯片放映 | 开始放映幻灯片 | 自定义幻灯片放映”按钮，从弹出的菜单中选择“自定义放映”命令，弹出“自定义放映”对话框，如图 5-31 所示，单击“新建”按钮，弹出“定义自定义放映”对话框，如图 5-32 所示，选择自定义放映时幻灯片的播放顺序，然后单击“确定”按钮，返回到“自定义放映”对话框，单击“关闭”按钮即可。自定义了播放顺序后，该自定义放映的名称将显示在“自定义幻灯片放映”弹出菜单中。

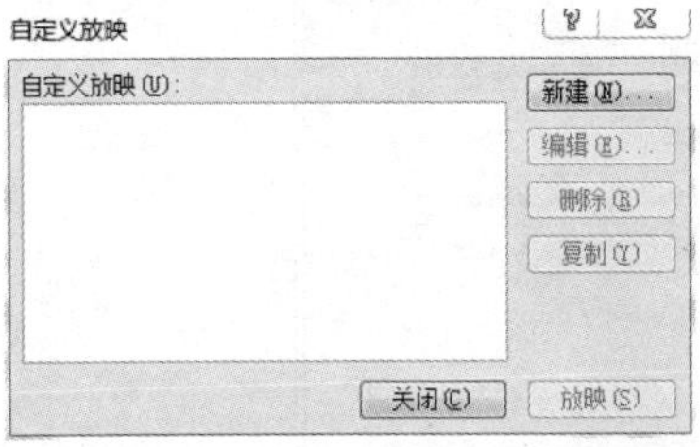


图 5-31 “自定义放映”对话框

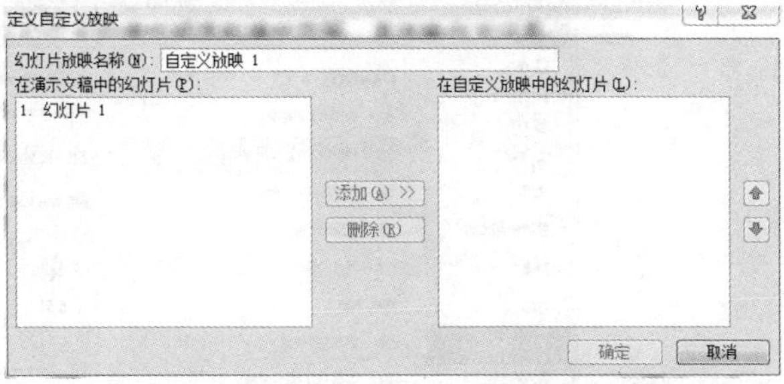


图 5-32 “定义自定义放映”对话框

### 3. PPT 触发器

触发器是 PowerPoint 中的一项功能，它可以是一个图片、文字、段落、文本框等，相当于一个按钮，在 PPT 中设置好触发器功能后，点击触发器会触发一个操作，该操作可以是多媒体音乐、影片、动画等。简单地概括一下：PPT 触发器的功能就是通过按钮点击控制 PPT 页面中已设定动画的执行。

例如，在 PPT 的一张幻灯片中插入一幅图片和一个文本框，文本框的边框及文字内容如图 5-33 所示。

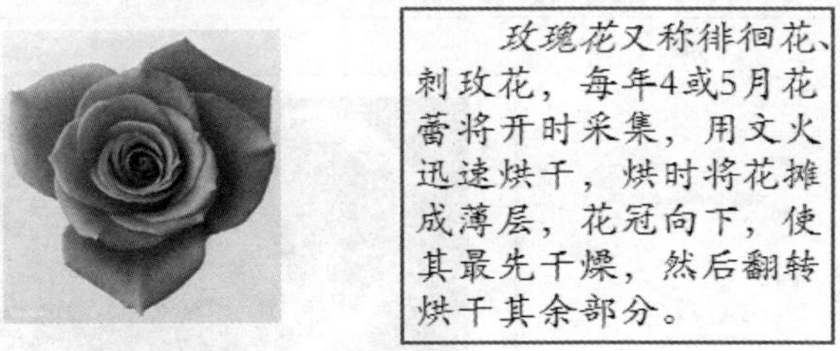


图 5-33 插入一副图片和一段文字的幻灯片样

为当前对象插入触发器的方法步骤为：

（1） 选中文本框，单击“动画 | 高级动画 | 添加动画”按钮，从弹出的下拉菜单中选择“缩放”效果，为当前文本框添加动画。

（2） 单击“动画 | 高级动画 | 触发”旁的下三角符号，从中选择“单击 | 图片 3”（即刚才添加的玫瑰图片）命令。

在幻灯片播放过程中，单击玫瑰图片，将弹出玫瑰花简介的文本框，也就是以图片触发文本框的动态出来的效果。

### 4. 演示文稿的网上发布和打印

为便于演示文稿的共享，可以将它发布到 Web 服务器上。具体方法是：单击“文件 | 保存并发送”命令，切换到“保存并发送”设置界面，选择“保存到 Web”命令，然后在右侧窗格中登录 Windows Live，就可以将演示文稿发布到 Web，让别人通过网络观看了，如图 5-34 所示。

图 5-34　将演示文稿保存为 Web

演示文稿还可以被打印出来，这个功能可通过单击“文件 | 打印”命令来实现。具体操作步骤如下：

（1） 打开拟打印的演示文稿。

（2） 单击“文件 | 打印”命令，切换到“打印”设置界面，如图 5-35 所示。

图 5-35　“打印”设置界面

（3） 在“打印机”下拉列表中选择与计算机相匹配的打印机。

（4） 在“设置”选项组最上方的下拉列表框中选择打印范围，如全部幻灯片、所选幻灯片或当前幻灯片，也可以在“幻灯片”文本框中输入幻灯片的编号，以便只打印指定的幻灯片。

（5） 在“打印内容”下拉列表框中选择要打印的内容，如“整页幻灯片”、“备注页”或“大纲”。如果要以讲义形式打印，则可在“讲义”栏中选择每张讲义中包含几张幻灯片。

（6） 在“调整/取消排序”下拉列表框中可以选择打印顺序，选择“调整”选项可在打印完第一份幻灯片后，再打印第二份；选择“取消排序”选项则先打印第一页幻灯片的所有份数，然后打印第二页的全部份数，直到打印最后一页的全部份数。这种打印方式在打印结束后还需人工进行配页整理操作。

（7） 在“色彩模式”下拉列表框中可以选择演示文稿以什么色彩模式打印，如彩色、灰度或者黑白。

（8） 在“份数”数值框中输入要打印的份数。

（9） 选定各项后，单击“打印”按钮，即可开始打印操作。

## 综合实训 制作“我的家乡”演示文稿

### 1. 实训目标

（1） 建立演示文稿；
（2） 编辑演示文稿；
（3） 美化演示文稿；
（4） 放映演示文稿。

### 2. 实训要求

（1） 新建一个以“我的家乡”为主题的演示文稿；
（2） 幻灯片的个数不少于 5 张；
（3） 从家乡的地理位置、交通旅游、历史文化、家乡特产等几个方面进行介绍；
（4） 每张幻灯片上的图片和文字要相互柔和；
（5） 版式设置、版面布局、动画设置、幻灯片的切换等自由创意。

## 练习题

### 1. 选择题

（1） 在演示 PowerPoint 2010 幻灯片的过程中欲终止其演示，可以随时按下的终止键是________。

A. Ctrl + E　　B. Delete
C. Esc　　D. Shift + C

（2） 在 PowerPoint 2010 演示文稿中，将一张“标题和文本”幻灯片改为“标题和竖排文本”幻灯片，应更改的是________。

A. 对象　　B. 应用设计模板
C. 幻灯片版式　　D. 背景

（3） PowerPoint 2010 是电子讲稿制作软件，它________。

A. 在 Windows 环境下运行

B. 在 DOS 环境下运行

C. 在 DOS 和 Windows 环境下都可以运行

D. 可以不要任何环境，独立地运行

（4） PowerPoint 2010 默认的视图模式是下列选项中________。

A. 大纲视图　　B. 幻灯片视图

C. 幻灯片浏览视图　　D. 普通视图

（5） PowerPoint 2010 中，哪种视图模式主要显示主要的文本信息。

A. 大纲视图　　B. 幻灯片视图

C. 幻灯片浏览视图　　D. 幻灯片放映视图

（6） PowerPoint 中，采用________视图模式下，用户可以看到整个演示文稿的内容，整体效果可以浏览某个幻灯片及其相应位置。

A. 大纲视图　　B. 幻灯片视图

C. 幻灯片浏览视图　　D. 幻灯片放映视图

（7） PowerPoint 2010 中，________视图模式可以实现在其他视图中可实现的一切编辑功能。

A. 普通视图　　B. 大纲视图

C. 幻灯片浏览视图　　D. 幻灯片放映视图

（8） 要在演示文稿的每张幻灯片中都使用某个图案，可通过________来实现。

A. 应用主题　　B. 修改母版

C. 设置背景　　D. 修改每张幻灯片

**2. 填空题**

（1） 在 PowerPoint 2010 中，可以对幻灯片进行移动、删除、复制、设置动画效果，但不能对单独的幻灯片的内容进行编辑的视图是___________。

（2） 在 PowerPoint 2010 中，为对幻灯片设置动画效果，可以单击________选项卡中________组中的________命令。

（3） 若要在幻灯片浏览视图中选定若干张不相邻的幻灯片，应先按住________键，再分别单击各幻灯片。

（4） 在幻灯片上如果需要一个按钮，当放映幻灯片时单击此按钮能跳转到另一张幻灯片，则必须为此按钮设置________。

（5） 在 PowerPoint 2010 中可以为一个对象进行______种动画设置，它们是________。

# 模块6　局域网、Internet应用和慕课

## 教学目标：

通过本模块的学习，读者将熟悉和了解网络技术的应用，重点了解办公局域网的组建、办公网络资源的交流与使用、移动互联网技术，以及 MOOC 课程等新领域及新知识，以开阔视野，适应信息社会新技术的迅猛发展需要。

## 教学内容：

本模块主要介绍信息领域的一些知识和技术，主要包括：

1. 办公局域网的组建。
2. 网络办公资源的使用。
3. 移动互联网技术概述、特征及应用。
4. 慕课（MOOC）的由来及发展现状。

## 教学重点与难点：

1. 办公局域网的组建。
2. 网络办公资源的使用。
3. 移动互联网技术应用。
4. 慕课建设。

## 案例一　组建办公局域网络

**【任务描述】**

现在各大企业都实现了自动化办公，自动化办公是一种将现代化办公和计算机网络功能结合起来的高效、便捷的新型办公方式，其首要条件是组建办公局域网，这里我们就来了解一下组建办公局域网络的方法和技术。

**【任务分析】**

通过本任务的学习，初步了解办公局域网络的基础知识及其功能，掌握组建办公局域网络的方法和技术，从而可以利用办公局域网更好地沟通、学习和协作。

【实施方案】

## 任务 1　认识办公局域网

局域网与互联网不同，它是指在较少的地理范围内的一种小型网络，通常使用专用的通信线路互连。局域网以低廉的投入来获取足够的带宽，从而实现整个区域内的信息交流和资源共享。局域网分为两种类型：有线局域网和无线局域网。

有线局域网通常为有限的用户专有，如办公室、小型企业和网吧等。无线局域网不用专用线路相连，只要是信号覆盖范围内便都可使用网络，实现了更广范围内的局域网资源共享。

### 1. 局域网的特征

局域网较之因特网具有以下特征。

（1）为部分用户所拥有，地理范围和站点数目有限。

（2）使用专用的通信线路，数据传输速率一般在 10 Mb/s～100 Mb/s 之间，并且在扩容（增加集线器或扩展带宽）时成本较低。

（3）通信时间延迟较低，可靠性较好。

（4）采用国际标准化组织（ISO）推荐的“开放系统互连参考模型”（OSI）的有关标准。

（5）可按广播方式或组播方式（一个站点向多个站点发送信息）通信。

（6）既能够提供数据、语音、视频、图形图像等综合服务，也能够有效地维护和管理网络。

（7）可以通过数据通信网或专用的数据电路与其他局域网、数据库服务机构或计算中心相连接，从而构成一个更大范围的信息处理系统。

### 2. 局域网技术

局域网技术的含义十分广泛，但主要指的是带宽、通信介质和网络工作机制这 3 个基本方面。

带宽是指网络的信道容量，主要由网络硬件设备决定，如网卡、网络和集线器等。局域网带宽通常用 b/s 表示（b 代表 bit），含义是每秒钟传输的二进制位数。在书写和日常用语中经常会用到带宽的简称，如将 10 Mb/s 写成 10 M，将 100 Mb/s 局域网说成 100 M 局域网等。

最初的局域网使用同轴电缆作为通信介质。随着对网络传输速率要求的不断提高和网络布线的标准化，双绞线开始进入布线系统。由于双绞线布线施工的灵活性及传输速率的提升，它很快成为通信介质中应用最广泛的传输介质。然后，当快速以太网和千兆位以太网投入使用后，光纤成为局域网布线的新型材料，还出现了使用无线电波作为通信介质的无线局域网。

使用同轴电缆作为通信介质的网络属于共享式局域网，所有用户都依赖于单条的共享通道，网络采用半双工的工作机制。以双绞线为通信介质的星型网络得到大量应用后，局域网大多采用全双工工作机制，并且交换式以太网开始出现，大大提高了局域网的传输速率和性能。从理论上来说，在相同带宽的网络中，全双工的速度是半双工的 2 倍，交换式网络的速度是共享式网络的 1.85 倍。

### 3. 局域网拓扑结构

网络拓扑是指由网络节点设备和通信介质构成的网络结构模型。网络拓扑结构对网络所采用的技术、网络的可靠性、可维护性和实施费用等都有重大的影响。常见的局域网拓扑结构主要有总线型、星型、树型和环型几种。在选择网络拓扑结构时，应考虑以下因素：安装的相对难易程度；重新配置的难易程度；维护的相对难易程度；通信介质发生故障时，受影响设备的情况。

（1）总线型拓扑结构

在总线型拓扑结构中，通信网络仅仅是传播媒体，不存在交换机或转发器，所有节点都通过适当的硬件接口（一般是网卡）直接与总线连接。此结构如图 6-1 所示。

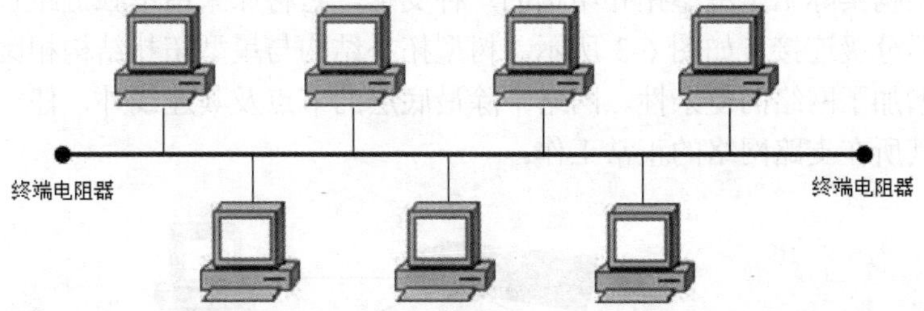


图 6-1　总线型拓扑结构

总线型网络采用广播的方式传播信息，即从任一个节点发出的信号向两个方向广播至整个媒体。这种传播方式本身存在着两个问题：一是任一节点发送的消息可能被所有节点接收，所以需要某种方法指定这次数据传送的方向；二是如果两个节点同时传送数据，则其数据将互相碰撞而变得混乱，所以需要一种传送的规范。要解决这两个问题，应从帧和 MAC 协议两个方面入手，其中帧是带有传送地址的数据块，包括节点传送的部分加上一个包含控制信息的帧头；MAC 协议则是指运行于局域网中且控制局域网数据传送的所有网络协议。

组建总线型局域网使用的电缆比较少，无需集线器，且容易安装，但由于所有的电脑都共享一条数据通道，在高通信量的网络环境中传输电缆会成为网络的瓶颈，而且传输电缆一旦出现故障就会导致整个网络瘫痪。因此，这种结构只适用于连接设备较少，且在较短距离内传输小容量信息的网络。

（2） 星型拓扑结构

星型拓扑结构是目前组建局域网时的首选。在星型拓扑结构中，站点通过点到点的链路与中心切点相连，如图 6-2 所示。

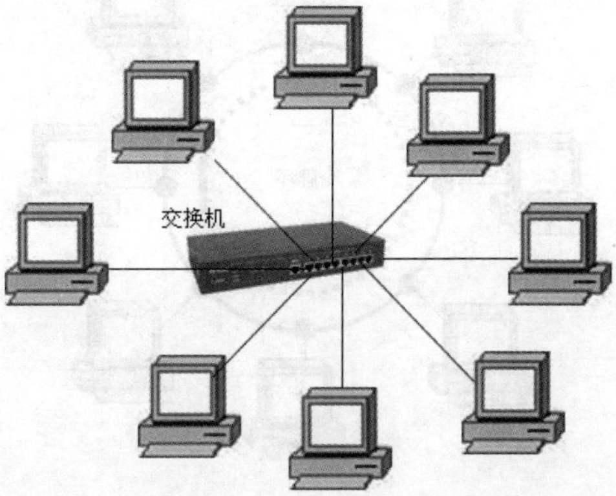


图 6-2　星型拓扑结构

星型拓扑结构的特点是网络具有很强的扩展性，数据的安全性和优先级也容易控制，易实现网络监控。但中心节点的故障会引起整个网络瘫痪。

中心节点有两种可选的数据传播方式：一种是以广播的方式工作，从一个站点传送的帧到达中心节点后重传到外部链路上，这种方式在逻辑上是总线型，即服务器不干预网络的传输服务；另一种是中心节点作为一个帧交换设备，一个到达中心节点的帧经过处理后传送到相应的目标节点。

（3） 树型拓扑结构

树型拓扑结构实际上是星型拓扑结构的一种变形，它将原来用单独链路直接连接的节点通过多级处理后分级连接，如图 6-3 所示。树型拓扑结构与星型拓扑结构相比降低了通信线路的成本，却增加了网络的复杂性。网络中除最底层的节点及其连线外，任一节点或连线的故障均会影响其所在支路网络的正常工作。

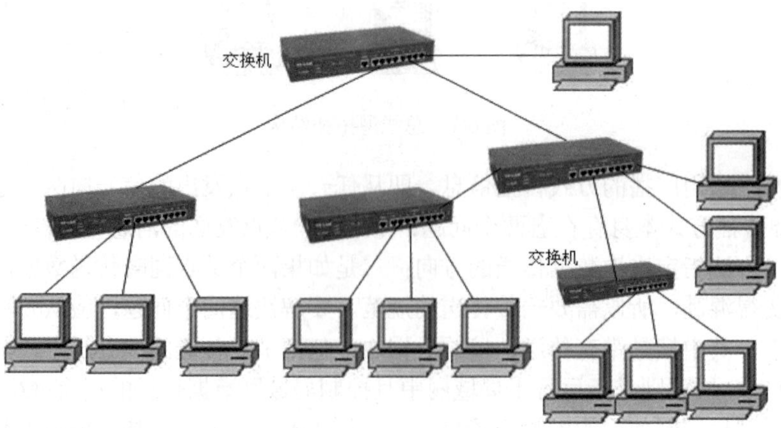


图 6-3 树型拓扑结构

（4） 环型拓扑结构

在环型拓扑结构中，各节点通过通信介质连成一个封闭的环，如图 6-4 所示。

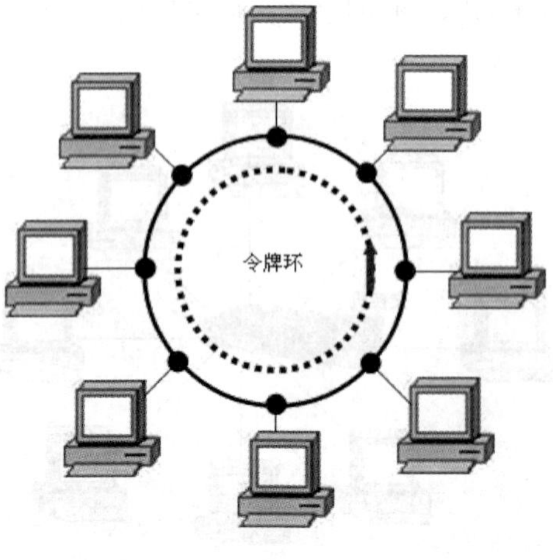


图 6-4 环型拓扑结构

环型拓扑结构网络使用的电缆长度短，不需要接线盒，适用于光纤（Fiber Optic Cable）。但也会因节点故障而引起全网瘫痪，并且故障诊断困难。同时此种拓扑结构还具有扩容不方便等缺点。

环型网络容易安装和监控，但容量有限，网络建成后，难以增加新的站点。

### 4. 局域网的类型

根据网络应用范围的不同，局域网一般分为令牌网和以太网两种。

（1） 令牌网

令牌网也称为令牌环网，主要应用于广域网和大型局域网的主干部分。令牌网使用环型拓扑结构，以光纤为主要传输介质，大多使用 UNIX 操作系统。所有的令牌环站串接在闭合的环中，所有信号通过并由每个站点中继。每个站点的作用如同一个中继器，并且需要两对电缆和环相连接。其中一对接收输入，另一对发送输出，如图 6-5 所示。

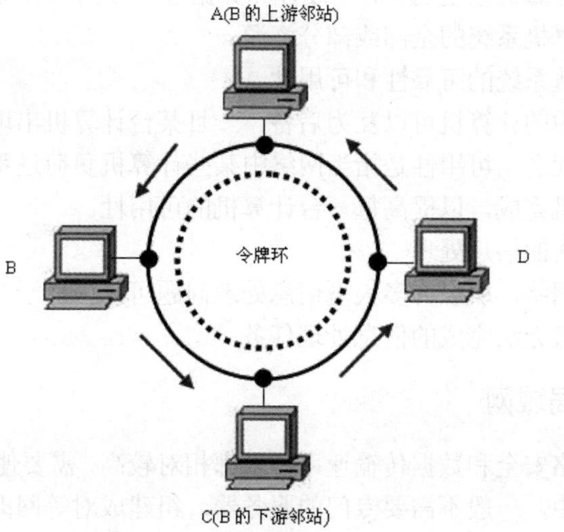


图 6-5 令牌网示意图

令牌网在发送数据时，每个站点必须完成以下 4 个步骤：捕获一个令牌；发送队列中的数据；卸除发送的帧；发送一个自由的令牌，供其他设备捕获。

令牌网的所有硬件通常集中放在一个小空间中，称为电缆柜。由于设备和电缆可以集中放置，因此容易安装和维护。但令牌网的设置和管理非常繁琐，因此普通用户很少使用这种类型。

（2） 以太网

以太网是目前应用范围最广的一种网络技术，通常人们所说的局域网大多数指的都是以太网。以太网组建和维护较为容易，各个设备之间的兼容性好，当前的主流操作系统 Windows、NetWare 和 Linux 都支持以太网。

以太网采用 CSMA/CD（载波监听多路访问/冲突检测）控制协议工作方式，网络中的所有用户共享传输介质，信息通过广播方式发送到所有端口。以太网通常按照其带宽标准分类，主要可分为标准以太网、百兆以太网、千兆以太网和万兆以太网 4 类。

通常使用一种很容易的命名方法表示各类以太网，例如 10Base2 各部分表示的意义为：

10 表示网络带宽为 10 Mb/s；Base 表示信号类型为“基带”（相对于“宽带”而言。基带网络以数字信号传递数据，宽带网络则以模拟信号传递数据）；2 表示通信介质的最大传输距离为 200 米。此外，以太网支持的介质不同，介质代码也不同，例如 T 代表非屏蔽双绞线（UTP），F 代表光纤。

### 5. 局域网的功能

使用网络可以实现多台电脑之间的资源共享和信息交换，并使单位人员能够更有效地协作完成任务。概括来说，计算机网络主要有以下功能。

（1） 数据通信功能

数据通信功能是计算机网络最基本的功能。计算机网络提供的数据通信服务包括数据文件传输、传真、电子数据交换、电子公告牌、远程登录和信息浏览等。

（2） 资源共享功能

这里的资源是指计算机系统的软件、硬件和数据等；“共享”则是指网络内的用户依据权限调用网络中各个计算机系统的全部或部分资源。

（3） 提高计算机系统的可靠性和可用性

可靠性是指网络中的计算机可以互为后备，一旦某台计算机出现故障，其任务可由网络中的其他计算机取而代之。可用性是指当网络中某些计算机负荷过重时，网络可以将新任务分配给较空闲的计算机完成，以提高每一台计算机的可用性。

（4） 实现分布式的信息处理

由于有了计算机网络，所以许多大型信息处理问题可以借助于分散在网络中的多台计算机协同完成，解决单机无法完成的信息处理任务。

## 任务 2 连接办公局域网

通常办公网对网络安全和数据传输速率要求都相对较高，需要使用专门的服务器，不过，在小型的办公局域网中，一般不需要专门的服务器，组建成对等网即可满足日常网络应用需求。考虑到以上因素，在组建小型办公网时，建议采用 100BaseTX 布线规范，或使用交换机代替 100 Mb/s 集线器，组建交换式以太网。

### 1. 软硬件的准备

要组件网络，软硬件设备是最基础的设施。在软件方面，办公网络中的电脑常使用 Windows 操作系统，通过 ADSL 宽带接入，共享 Internet 连接。在硬件方面，最少需要准备以下设备。

（1） 用于联网的电脑。

（2） 网卡。负责接入 Internet 的计算机需安装 2 块网卡，其他计算机则各安装 1 块。

（3） 交换机 1 台以上，识网络拓朴结构而定。

（4） 超 5 类非屏蔽双绞线。其数量与电脑数量相同，单条网线的长度不能超过 100 米。

（5） 数量为网线数量 2 倍的水晶头。因为每条网线须使用 2 个水晶头，可多备几个以免损坏。

（6） ADSL 外置调制解调器 1 台。一般情况下，接入服务提供商会提供 ADSL 设备。

组建小型办公网时，交换机作为整个网络的中心节点，所有计算机均通过网线连接到交换机，组成一个对等网络。

### 2. 安装

在安装局域网的基本设施时，首先要根据各电脑的位置与交换机的距离，制作好适用长度的网线，然后在各办公室中布置好这些网线，并在每台电脑的主机上安装网卡（如果主板上自带网卡，则不需要这一步骤）。然后，将网线的两头分别插入交换机上的端口和计算机上的网卡接口。

硬件连接好后，接下来是软件的安装和设置：为每台计算机安装 Windows 7 操作系统，并安装好各种硬件的驱动程序，如网卡、显卡、声卡等。

## 实训项目　配置 IP 地址和网络位置

Windows 是一个智能化的操作系统，该特点在网络设置方面同样可以反映出来。当正确安装了网卡并启动电脑后，操作系统就会自动添加必要的网络组件，这些组件包括以下内容。

（1） Microsoft 网络客户端：允许用户的电脑访问 Microsoft 网络上的资源。

（2）Microsoft 网络文件和打印机共享：允许网络中的其他电脑访问用户电脑上的资源。

（3） Internet 协议（TCP/IP）：功能最强大的网络通信协议。

连接好局域网后，要让它投入工作还需要进行网络配置，即为网络中的电脑指定 IP 地址。局域网中的每台电脑都必须有一个唯一的 IP 地址，这样才能使操作系统识别出网络中的各台电脑。网络中所有电脑的 IP 地址范围必须在同一个网段中（如 192.168.0.1 到 192.168.0.254 就是一个网段），否则非同网段中的电脑必须使用路由器才能访问。

要在 Windows 7 操作系统下设置 IP 地址，可在“开始”菜单中选择“控制面板”命令，打开“控制面板”窗口，在其中找到“网络和共享中心”图标，如图 6-6 所示。

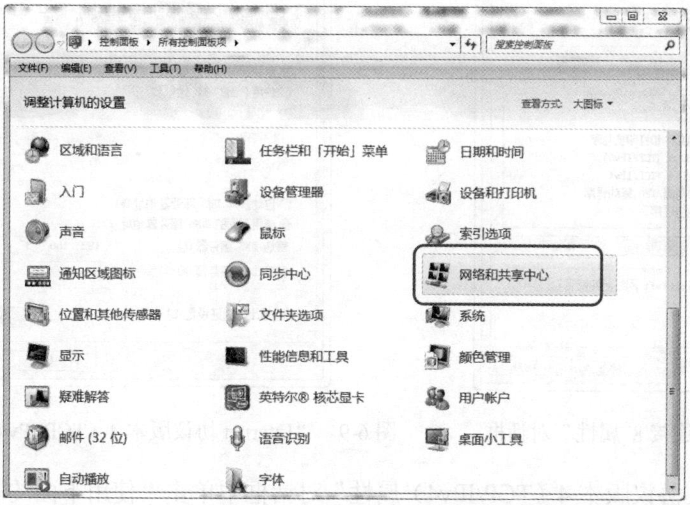


图 6-6　“控制面板”窗口

双击“网络和共享中心”图标切换到“网络和共享中心”设置页面，单击其中的“更改适配器设置”超链接文本，如图 6-7 所示。

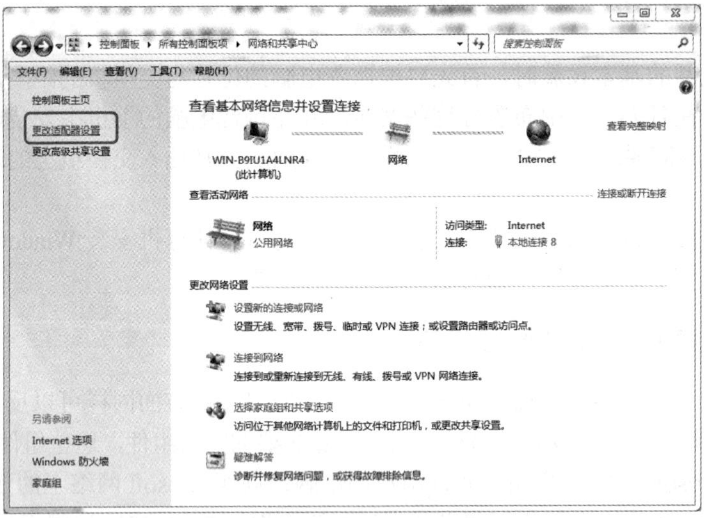


图 6-7 “网络和共享中心”设置界面

此时将切换到“网络连接”窗口，其中显示当前所有的网络连接，右击“本地连接”图标，从弹出的快捷菜单中选择“属性”命令，打开“属性”对话框，如图 6-8 所示。

选择“Internet 协议版本 4（TCP/IPv4）”，再单击“属性”按钮，打开“Internet 协议版本 4（TCP/IPv4）属性”对话框，如图 6-9 所示。

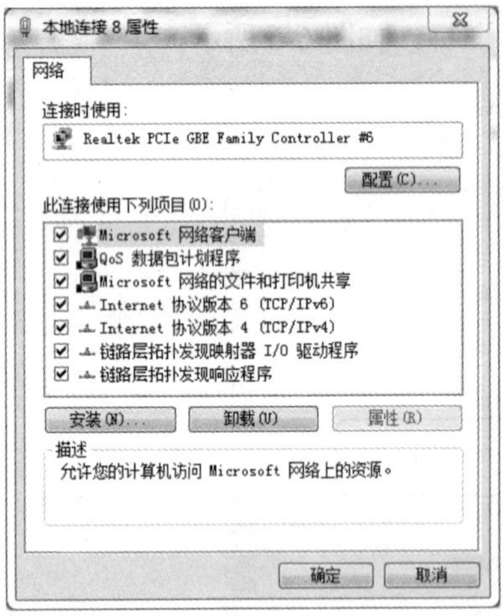


图 6-8 “本地连接 8 属性”对话框

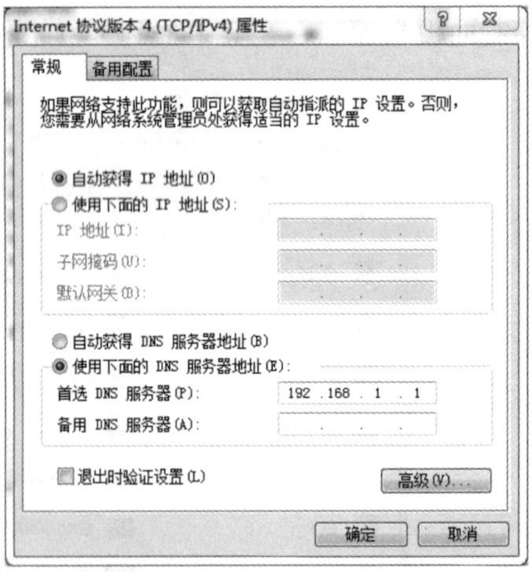


图 6-9 “Internet 协议版本 4（TCP/IPv4）属性”对话框

在“Internet 协议版本 4（TCP/IPv4）属性”对话框中单击“使用下面的 IP 地址”单选按钮，激活其相应选项，在“IP 地址”文本框中输入本机 IP 地址，然后单击“子网掩码”文本框，系统会自动输入子掩码。

在为作为服务器的计算机以外的其他计算机设置 IP 地址时，应在“默认网关”框中填入服务器计算机的 IP 地址。例如，服务器计算机的 IP 地址为 192.168.0.1，则将其他计算机的默认网关设置为 192.168.0.1。为网络中的所有电脑都设置了 IP 地址后，即完成了局域网的网络配置。

【知识链接】

### 1. 网络协议的层次模型

所谓协议就是一系列的通信规则与标准。在通信过程中，通信的各方都必须遵守一些相互之间能接受和理解的约定。通信协议是所有网络数据通信的基础，是计算机系统不可缺少的组成部分。

通信系统是一个极其复杂的系统，要设计出高效的通信协议，可以对协议采用分层的思想。实践经验表明，解决一个难以处理的复杂问题的最好的办法，就是把这个复杂问题分解成若干个易于处理的小问题，使复杂问题简单化，俗称“分而治之”。因此，对于复杂的计算机网络协议，其结构最好采用层次式。采用分层的思想可以将计算机网络划分为多个层次及其协议的集合，每一个层次所实现的功能相对独立，并有自己的协议。另外，协议的分层还有利于对通信协议的修改和标准化。

协议分层模型包括两方面的内容，一是层次结构，一是各层功能的描述。常见的计算机网络的层次模型有两种：ISO/OSI 参考模型和 TCP/IP 模型。

OSI 参考模型与 TCP/IP 参考模型都采用了层次结构的概念，但是两者在层次划分、使用协议上有很大的区别。

OSI 参考模型在问世之初，因为它含有大量的研究成果，所以很多人认为它将在全世界迅速风行。但事实上这一局面并没有出现。究其原因，一个重要的因素是协议自身存在的不足。OSI 参考模型的会话层在大多数应用中很少被用到，而表示层几乎是全空的。在数据链路层与网络层之间有很多的子层插入，每个子层都有不同的功能。OSI 参考模型把“服务”与“协议”的定义结合起来，使参考模型变得格外复杂，实现起来很困难。同时，寻址、流控与差错控制在每一层里都重复出现，降低了整个系统的效率。关于数据安全性、加密与网络管理等方面的问题也在设计初期被忽略了。

TCP/IP 参考模型也有它自身的缺陷。它在服务、接口与协议的区别上不清楚，没能将功能与实现方法区别开。TCP/IP 参考模型的物理链路层本身并不是实际的一层，它定义了网络层与数据链路层的接口。网络层次结构中物理层与数据链路层的划分是必要的和合理的，但 TCP/IP 参考模型将它们合并在一起了。

OSI 参考模型由于要照顾各方面的因素，使它变得大而全，所以效率很低，但它的很多研究成果、方法以及提出的概念对网络发展有很高的指导意义。TCP/IP 参考模型应用广泛，但它对参考模型的研究却很薄弱。

### 2. TCP/IP 协议

TCP/IP（Transmission Control Protocol/Internet Protocol，传输控制协议/网际协议）协议是 Internet 上最基本的协议。简单地说，就是由底层的 IP 协议和 TCP 协议组成的。

在 Internet 没有形成之前，各个地方已经建立了很多小型的网络，称为局域网，而 Internet 实际上就是将全球各地的局域网连接起来而形成的一个“网之间的网（即网际网）”。然而，在连接之前的各式各样的局域网却存在不同的网络结构和数据传输规则，将这些小型网络连接起来后各网络之间要通过什么样的规则来传输数据呢？这就像世界上有很多个国家，各个国家的人说各自的语言，世界上任意两个人要怎样才能互相沟通呢？如果全世界的人都能够说同一种语言（即世界语），这个问题不就解决了吗？TCP/IP 协议正是 Internet 上的“世界语”。

TCP/IP 协议的开发工作始于 20 世纪 70 年代，是用于 Internet 的第一套协议，其相关内容如下。

（1） 网际协议 IP

Internet 上使用的一个关键的低层协议是网际协议，通常称 IP 协议。我们利用一个共同遵守的通信协议，从而使 Internet 成为一个允许连接不同类型的计算机和不同操作系统的网络。要使两台计算机彼此之间进行通信，必须使两台计算机使用同一种“语言”。通信协议正像两台计算机交换信息所使用的共同语言，它规定了通信双方在通信中所应共同遵守的约定。计算机的通信协议精确地定义了计算机在彼此通信过程的所有细节。例如，每台计算机发送的信息格式和含义，在什么情况下应发送规定的特殊信息，以及接收方的计算机应做出哪些应答等等。

网际协议 IP 协议提供了能适应各种各样网络硬件的灵活性，对底层网络硬件几乎没有任何要求，任何一个网络只要可以从一个地点向另一个地点传送二进制数据，就可以使用 IP 协议加入 Internet 了。

如果希望能在 Internet 上进行交流和通信，则每台连上 Internet 的计算机都必须遵守 IP 协议。为此使用 Internet 的每台计算机都必须运行 IP 软件，以便时刻准备发送或接收信息。

IP 协议对于网络通信有着重要的意义：网络中的计算机通过安装 IP 软件，使许许多多的局域网络构成了一个庞大而又严密的通信系统。从而使 Internet 看起来好像是真实存在的，但实际上它是一种并不存在的虚拟网络，只不过是利用 IP 协议把全世界上所有愿意接入 Internet 的计算机局域网络连接起来，使得它们彼此之间都能够通信。

（2） 传输控制协议 TCP

尽管计算机通过安装 IP 软件，从而保证了计算机之间可以发送和接收数据，但 IP 协议还不能解决数据分组在传输过程中可能出现的问题。因此，若要解决可能出现的问题，连上 Internet 的计算机还需要安装 TCP 协议来提供可靠的并且无差错的通信服务。

TCP 协议被称作一种端对端协议。这是因为它为两台计算机之间的连接起了重要作用：当一台计算机需要与另一台远程计算机连接时，TCP 协议会让它们建立一个连接、发送和接收数据以及终止连接。

传输控制协议 TCP 协议利用重发技术和拥塞控制机制，向应用程序提供可靠的通信连接，使它能够自动适应网上的各种变化。即使在 Internet 暂时出现堵塞的情况下，TCP 也能够保证通信的可靠。TCP 协议具有自动调整“超时值”的功能，能很好地适应 Internet 上各种各样的变化，确保传输数值的正确。

### 3. IP 地址

IP 地址和国际化域名是使 Internet 使用的网络地址符合 TCP/IP 通信协议规定的地址方案，这种地址方案与日常生活中涉及的通信地址和电话号码相似，涉及到 Internet 服务的每一环节。IP 协议要求所有参加 Internet 的网络节点要有一个统一规定格式的地址，简称 IP 地址。

（1） IP 地址的功能和意义

在 Internet 的信息服务中，IP 地址具有以下重要的功能和意义。

① 它是唯一的 Internet 网上通信地址。在 Internet 上，每个网络和每一台计算机都被分配有一个 IP 地址，这个 IP 地址在整个 Internet 网络中是唯一的。

② IP 地址具有全球认可的通用地址格式，是供全球识别的通信地址。在 Internet 上通信必须采用这种 32 位的通用地址格式，才能保证 Internet 网成为向全球开放的互联数据通信系统。它是全球认可的计算机网络标识方法。

③ 在 Internet 网上，任何一台服务器和路由器的每一个端口都必须有一个 IP 地址。

④ 它是运行 TCP/IP 协议的唯一标识符。TCP/IP 协议与其他网络通信协议的区别在于 TCP/IP 是上层协议，无论下层是何种拓扑结构的网络，均应统一在上层 IP 地址上。任何网接入 Internet，均应使用 IP 地址。

在 Internet 上连接的所有计算机，从大型机到微型计算机都是以独立的身份出现的，我们称它为主机。为了实现各主机间的通信，每台主机都必须有一个唯一的网络地址。就好像每一所住宅都有唯一的门牌一样，才不至于在传输数据时出现混乱。

（2） IP 地址的格式

目前，在 Internet 里，IP 地址是一个 32 位的二进制数地址，为了便于记忆，将它们分为 4 组，每组 8 位，由小数点分开，用 4 个字节来表示，例如：10000111.01101111.00000101.00011011，这种书写方法叫做点数表示法。

十进制数表示是为了使用户和网管人员便于使用和掌握，将每 8 位二进制数用一个十进制数表示，并以小数点分隔，用点分开的每个字节的数值范围是 0～255。例如，上例用十进制数表示为：135.111.5.27。

（3） IP 地址的分类

IP 地址可确认网络中的任何一个网络和计算机，而要识别其他网络或其中的计算机，则是根据这些 IP 地址的分类来确定的。一般将 IP 地址按节点计算机所在网络规模的大小分为 A、B、C 三类，默认的网络掩码是根据 IP 地址中的第 1 个字段确定的。

Internet 定义了 5 种 IP 地址：A 类、B 类、C 类、D 类和 E 类，其中 A 类地址的表示范围为 0.0.0.0～127.255.255.255，分配给规模特别大的网络使用；B 类地址的表示范围为 128.0.0.0～191.255.255.255，分配给一般的中型网络；C 类地址的表示范围为 192.0.0.0～223.255.255.255，分配给小型网络，如一般的局域网和校园网，它可连接的主机数量是最少的，采用把所属的用户分为若干个网段进行管理。

此外，IP 地址还存在着一些特殊地址，如 D 类地址和 E 类地址，其中 D 类地址称为广播地址，供特殊协议向选定的节点发送信息时用；E 类地址保留给将来使用。

连接到 Internet 上的每台计算机，不论其 IP 地址属于哪类都与网络中的其他计算机处于平等地位，因为只有 IP 地址才是区别计算机的唯一标识。所以，以上 IP 地址的分类只适用于网络分类。

（4） IP 地址的管理和分配方法

由于 IP 地址是在 Internet 上全局有效的，因此其分配和回收是统一管理的。IP 地址的管理机构和管理方式是层次型的。最高一级的管理机构 Internet NIC（Internet 网络信息中心）统一负责全球地址的规划和管理，并向提出地址请求的组织（对应于国家或网络）分配 IP 地址，然后各组织再在本地网络内部对地址的主机号部分进行本地分配。

最高一级 IP 地址由 NIC 负责分配。其职责是分配 A 类 IP 地址、授权分配 B 类 IP 地址的组织并有权刷新 IP 地址。

分配 B 类 IP 地址的国际组织有 3 个：ENIC 负责欧洲地区的分配工作，InterNIC 负责北美地区，设在日本东京大学的 APNIC 负责亚太地区。我国的 Internet 地址由 APNIC 分配（B

类地址），由邮电部数据通信局或相应网管机构向 APNIC 申请地址。

C 类地址由地区网络中心向国家级网管中心（如 ChinaNET 的 NIC）申请分配。

（5） 子网掩码

IP 地址是以网络号和主机号来标识网络上的主机的，只有在一个网络号下的计算机之间才能“直接”互通，不同网络号的计算机要通过网关（Gateway）才能互通。但这样的划分在某些情况下显得十分不灵活。为此 IP 网络还允许划分成更小的网络，称为子网（Subnet），这样就产生了子网掩码。子网掩码的作用就是用来判断任意两个 IP 地址是否属于同一子网络，这时只有在同一子网的计算机才能直接互通。

子网掩码和 IP 地址一样有 32 位，确定子网掩码的方法是其与 IP 地址中标识网络号的所有对应位都用 1，而与主机号对应的位都是 0。如分为 2 个子网的 C 类 IP 地址用 22 位来标识网络号，则其子网掩码为：11111111.11111111.11111111.10000000 即 255.255.255.128。于是我们可以知道，A 类地址的默认子网掩码为 255.0.0.0，B 类为 255.255.0.0，C 类为 255.255.255.0。

（6） 特殊 IP 地址

在总数大约为 40 多亿个可用 IP 地址中，并不是所有的 IP 地址都能分配给主机，有些 IP 地址具有特定的含义。

① 0.0.0.0：严格说来，0.0.0.0 已经不是一个真正意义上的 IP 地址了。它表示的是这样一个集合：所有不清楚的主机和目的网络。这里的“不清楚”是指在本机的路由表里没有特定条目指明如何到达。对本机来说，它就是一个“收容所”，所有不认识的“三无”人员，一律送进去。如果用户在网络设置中设置了默认网关，那么 Windows 系统会自动产生一个目的地址为 0.0.0.0 的默认路由。

② 255.255.255.255：这是限制广播地址。对本机来说，这个地址指本网段内（同一广播域）的所有主机。如果翻译成人类的语言，应该是这样：“这个房间里的所有人都注意了!”，这个地址不能被路由器转发。

③ 127.0.0.1：本机地址，主要用于测试。在 Windows 系统中，这个地址有一个别名“Localhost”。寻址这样一个地址，是不能把它发到网络接口的。除非出错，否则在传输介质上永远不应该出现目的地址为 127.0.0.1 的数据包。

④ 224.0.0.1：组播地址，注意它和广播的区别。从 224.0.0.0 到 239.255.255.255 都是这样的地址。224.0.0.1 特指所有主机，224.0.0.2 特指所有路由器。这样的地址多用于一些特定的程序以及多媒体程序。如果用户的主机开启了 IRDP（Internet 路由发现协议，使用组播功能）功能，那么主机路由表中应该有这样一条路由。

⑤ 169.254.x.x：如果用户的主机使用了 DHCP 功能自动获得一个 IP 地址，那么当 DHCP 服务器发生故障，或响应时间太长而超出了一个系统规定的时间，Windows 系统会为用户分配这样一个地址。如果用户发现自己的主机 IP 地址是一个诸如此类的地址，则很有可能是自己的网络不能正常运行了。

⑥ 10.x.x.x、172.16.x.x～172.31.x.x、192.168.x.x：私有地址，这些地址被大量用于企业内部网络中。一些宽带路由器，也往往使用 192.168.1.1 作为默认地址。私有网络由于不与外部互连，因而可能使用随意的 IP 地址。保留这样的地址供其使用是为了避免以后接入公用网时引起地址混乱。使用私有地址的私有网络在接入 Internet 时，要使用地址翻译（NAT），将私有地址翻译成公用合法地址。在 Internet 上，这类地址是不能出现的。

# 案例二　使用网络办公资源

**【任务描述】**

随着科技的发展和技术的进步，计算机网络已遍及城乡，而网络带来的便利也是有目共睹的。Internet 作为一个全球性的、开放的信息互联网络，从根本上改变了人们的生活和工作方式，为我们提供了取之不尽、用之不竭的信息财富。那么我们怎样才能连接到 Internet？如何从 Internet 这个信息宝库中获取我们想要的信息？又怎样与他人分享我们的点点滴滴？这些都需要我们来了解一下，以便更高效地利用 Internet 这个工具来改善我们的生活和工作状态。

**【任务分析】**

通过本任务的学习，我们将了解将计算机接入 Internet 的方法和技术，并掌握 Windows 内置的浏览器 Internet Explorer 的使用方法，了解和掌握文件的上传与下载方法，以及使用电子邮件与他人沟通联络的方法。

**【实施方案】**

## 任务 1　将计算机接入 Internet

Internet 是当今世界上最大的计算机信息网络，它包含了数量庞大的个人计算机和小型局域网络，个人用户和局域网用户都可以通过接入 Internet 来共享各种数据资源。当然，要实现这些美好的愿望，首先我们需要将计算机接入 Internet。

在 Windows 7 操作系统下可以通过控制面板来创建宽带连接。在“开始”菜单中选择“控制面板”命令，打开“控制面板”窗口，双击“网络和共享中心”图标，进入“网络和共享中心”设置页面，在“更改网络设置”选项组中选择“设置新的连接或网络”超链接文本，如图 6-10 所示。

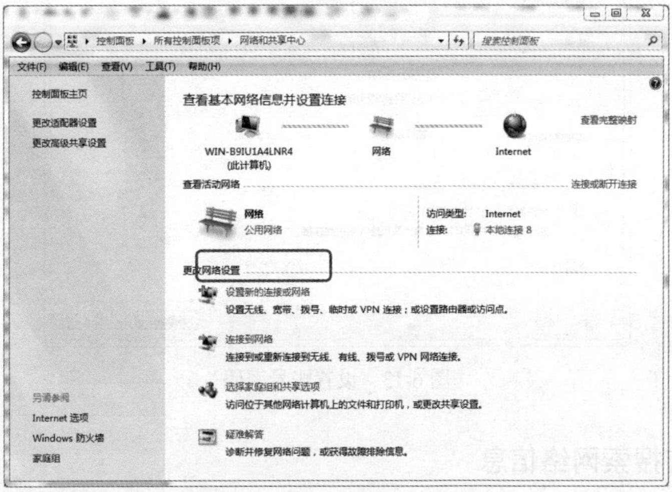


图 6-10　设置新的连接或网络

此时会打开一个“设置连接或网络”对话框，在“选择一个连接选项”列表框中选择“连接到 Internet”选项，如图 6-11 所示。

单击“下一步”按钮，进入向导的下一个对话框，选择连接方式。这里选择“宽带(PPPoE)”连接方式，如图 6-12 所示。

图 6-11　选择连接选项

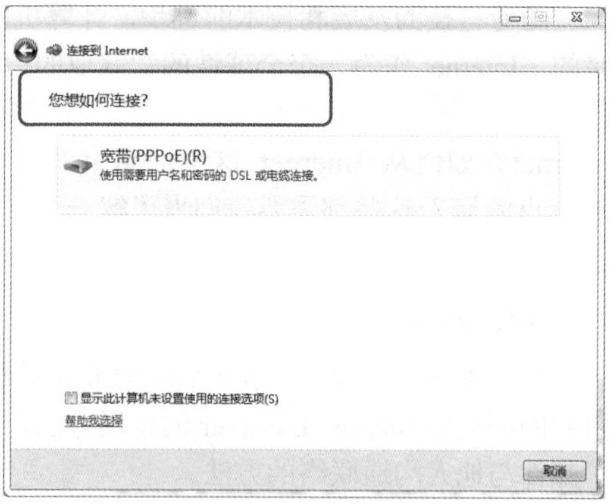


图 6-12　选择连接方式

选择连接方式后，会自动切换到设置连接向导的下一个对话框，在此需要输入用户名和密码，如图 6-13 所示。此用户名为运营商提供的账号密码。密码框下方有两个复选项，第一项“显示字符”不建议勾选，会导致密码泄露，第二项“记住密码”建议勾选，这样就不用重复输入密码了。根据需要设置连接名称后，单击“连接”按钮，宽带连接即设置完毕。以后上网只要选择网络选项卡里的宽带连接，然后点击连接即可。

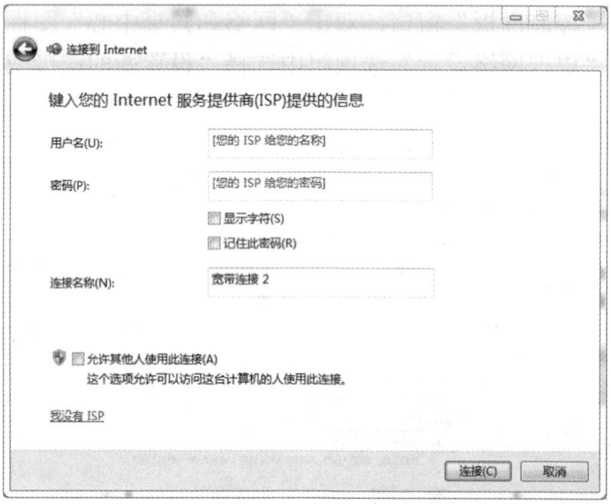


图 6-13　设置账号密码

## 任务 2　浏览与搜索网络信息

Internet Explorer 是 Windows 内嵌的一个网络浏览器程序，简称 IE，目前版本已到 Internet

Explorer 11。用户在安装 Windows 操作系统的同时也会安装 IE，并将其快捷方式图标显示在开始界面中。IE 的最大功能是浏览网页，可用来从 WWW 上搜索各种信息。

### 1. 打开网页

启动 IE，在地址栏中输入要浏览网页的 Internet 地址，然后按 Enter 键，即可在浏览窗口中打开该网页，例如，想要浏览央视网的内容，可在地址栏中输入央视网的网址 www.cctv.com，按 Enter 键，即会在浏览窗口中显示央视网，如图 6-14 所示。在网页中单击链接项目，可浏览下一级网页内容。

图 6-14　央视网

要识别网页上的某个项目是不是链接，只需将鼠标指针移过该项目，当指针变成手形时，即表明当前指针所指的项目是链接。链接项目可以是图片、三维图像或彩色文本（通常带下画线）。

### 2. 链接到最近访问过的网页

当访问了多个网页后，单击窗口左上角的“后退”按钮，可以返回到已经查看过的网页。使用“后退”按钮后，“前进”按钮也会被激活，单击此按钮，可以转到在单击“后退”按钮前查看的网页。

用户还可以通过“历史记录”窗格来访问最近浏览过的网页。单击窗口右上方的五角星按钮，从弹出窗格中单击“历史记录”标签，切换到“历史记录”窗格，其中列出了最近几天浏览过的网页和计算机中文件与文件夹的列表，如图 6-15 所示。在“历史记录”窗格中单击要浏览的网页地址，即可转到该网页。

### 3. 使用收藏夹

用户也可以将自己需要经常浏览并及时得到其更新信息的网页添加到收藏夹中，这样就不必每次都在地址栏中输入其网址，而只需在“收藏夹”窗格中单击网站链接即可转到相应的网页，如图 6-16 所示。

图 6-15 “历史记录”窗格

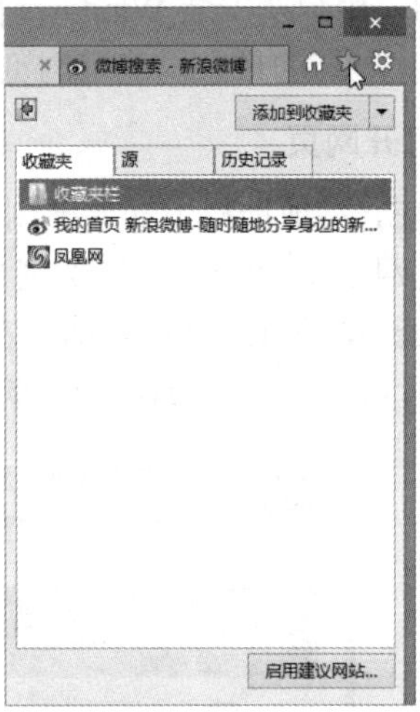


图 6-16 收藏夹

要将某个网页添加到收藏夹，应先转到该网页，然后单击窗口右上方的五角星按钮，从弹出窗格中单击“添加到收藏夹”按钮，打开如图 6-17 所示的“添加收藏”对话框。在“名称”文本框中输入网页在“收藏夹”菜单中显示的名称，然后单击“添加”按钮，即可将当前网页添加到收藏夹。

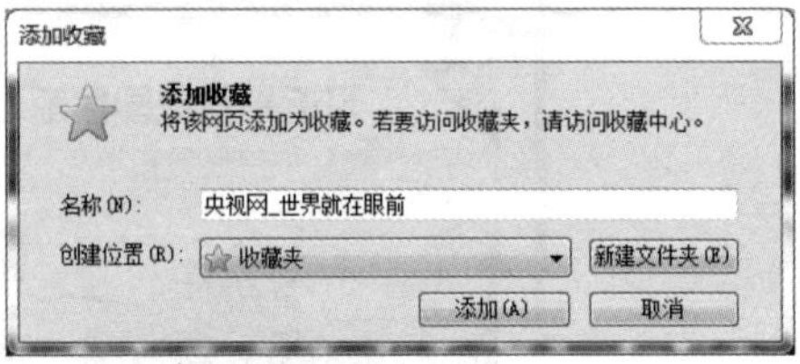


图 6-17 “添加到收藏夹”对话框

### 4. 搜索信息

互联网是一个庞大的信息库，可以使用搜索工具来寻找所需要的各种信息。在 Web 中搜索信息的方法有很多，不同的搜索目的可使用不同的搜索方法。如果要搜索网址，可以通过键入关键词或者使用搜索引擎来进行搜索；如果要在某个网页中查找特定的文本，则可以使用“查找”命令来进行搜索。

（1） 关键词搜索

关键词是指经过规范的，最能够体现检索意图的中心词。提供的关键词越精确，查询结果就越符合需要。

通过在地址栏中输入 go、find 或？，后跟所需信息的关键词，可以让 Internet Explorer 使用预置的搜索提供商开始搜索。例如，要搜索有关音乐教学的网站，可在地址栏中输入“go 音乐教学”、“find 音乐教学”或者“？音乐教学”，按 Enter 键，即可将搜索到的结果显示在浏览窗口中，如图 6-18 所示。在搜索结果中选择适合的网页文本链接，单击它即可转到相应网页。

（2） 查找当前页上的文本

当需要在某个网页中查找特定的文本内容时，可以使用 IE 的查找功能进行查找。转到所需网页，然后单击程序窗口右上方的“工具”按钮，从弹出菜单中选择“文件|在此页上查找”命令，显示查找工具栏，在“查找”栏中输入要查找的文本内容，IE 即会将符合搜索条件的内容以高亮显示，并在查找工具栏右端显示有几个匹配项，如图 6-19 所示。

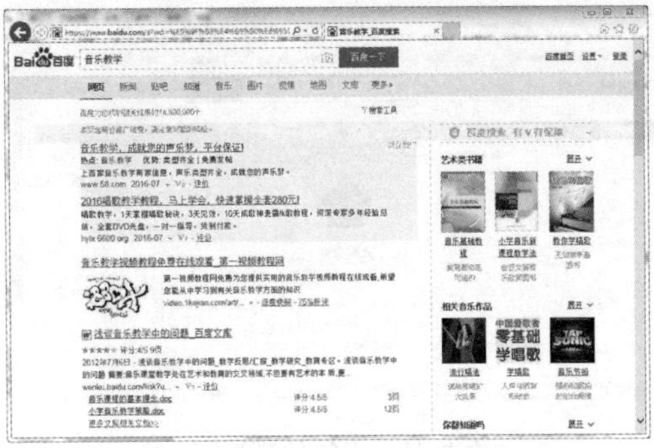

图 6-18　搜索结果

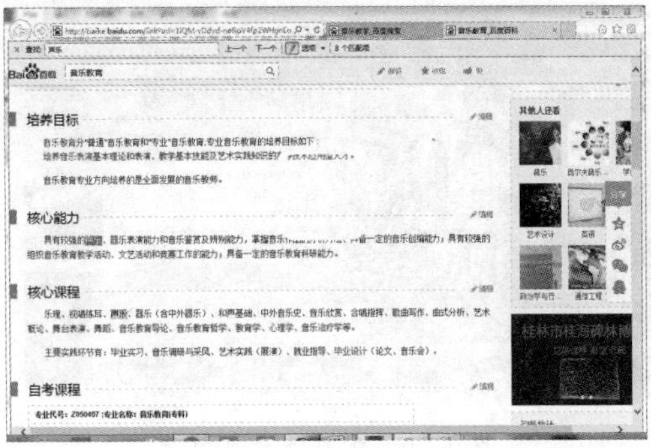

图 6-19　查找当前页上的文本

IE 会自动选定查找到的第一条符合条件的文本，单击“上一个”或“下一个”按钮，可选定上一条或下一条符合条件的文本。若要在查找时进行全字区配或区分大小写，可单击“选项”按钮，从弹出菜单中选择相应的命令。

## 任务 3　文件的上传与下载

现在要想往网络中上传一些内容真是太方便了，不管是文本文件、图片还是声音文件、视频文件，都可以找到存放它们的地方。例如，我们外出旅游，拍了一些旅行照片和视频，想要与他人共享，就可以将它们上传到网络空间中，甚至我们可以将自拍照片通过美图修饰，或者将视频制作成微电影，收获粉丝，过一把“网红”的瘾。而下载文件则主要有两种方法，一种是网页普通下载，一种是使用专业的下载软件进行快速下载，前者不用安装专门的软件，但速度较慢，后者需要下载专门软件，但速度快，特别适合大文件下载。

### 1. 文件的上传

要上传文件，首先要确定存放文件的空间，目前有很多网络空间可供我们存放和共享文件，如网盘、云空间、各类个人网络空间等。通常这些分配给个人的空间大小有一定的限制，超限可付费或者通过升级获得额外空间。

例如，要将一个视频短片上传到网络中以做宣传，首先我们要选择合适的视频空间，综合考虑诸如收视率、推广方式、上传难易度等各方面因素后，我们选择将宣传片上传到优酷视频空间。

首先，打开 IE 或其他浏览器，在地址栏中搜索“优酷”，然后在搜索列表中单击优酷官网超链接，转到优酷网站，单击浏览窗口顶部的“登录”图标，弹出登录框，如图 6-20 所示。

在登录框中输入已注册的账号和密码，如果没有注册，可单击登录框右下方的“注册”按钮进行新用户注册，或者使用已有的其他允许登录的账号登录，如微信、QQ、腾讯微博、支付宝或淘宝账号等。本案例选择用微信登录，方法是单击微信图标，出现微信登录二维码，用手机扫码并确认登录，登录成功。

单击浏览窗口顶部的向上箭头图标，转到“上传视频”页面，如图 6-21 所示。单击“上传视频”按钮，弹出“打开”按钮，从本地计算机中选择要上传的视频文件。

图 6-20　优酷登录界面

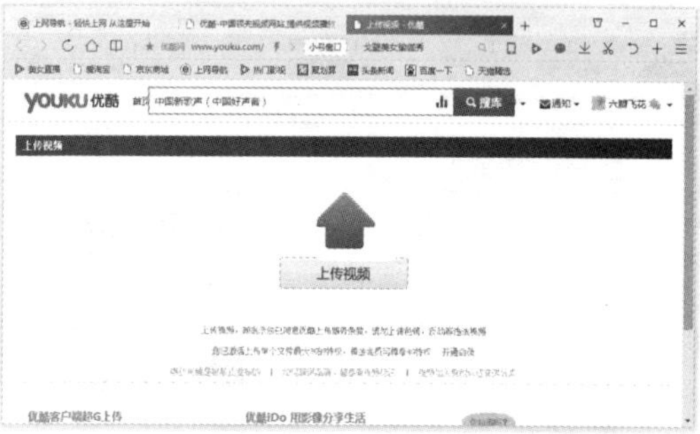


图 6-21　上传视频界面

双击所需的视频文件，即可开始上传，此时可以填写视频信息，如标题、简介、分类、标签等，以便其他用户搜索和了解该视频的大概内容，如图 6-22 所示。

视频上传完成后，单击“保存”按钮，进入审核状态。审核通过后即发布成功，用户可将该视频链接通过各种渠道分享给朋友、同事、网友或其他任何人观看，如图 6-23 所示。

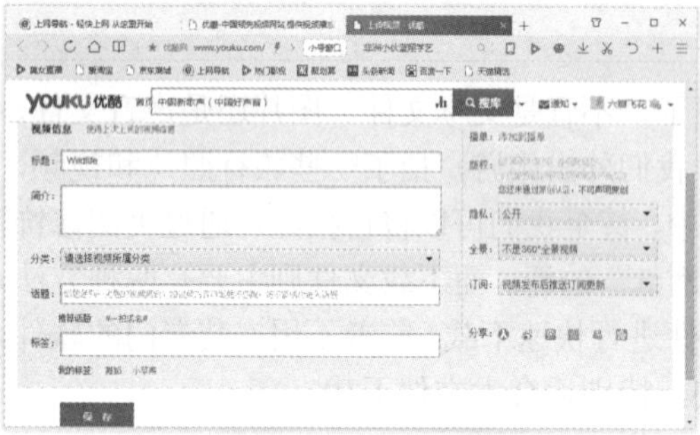

图 6-22　编辑视频信息

图 6-23　观看上传的视频

## 2. 文件的下载

网络中提供了海量可供我们下载的有用资源，包括软件、电子书、电影等各类载体。现在下载这些内容的方法非常简单，因为它们通常都提供了便捷的下载通道，例如，我们想要下载一个视频编辑软件会声会影，在浏览器中用搜索引擎搜索“会声会影”，网页中即显示所有关于“会声会影”的链接，其中有一条包含了下载通道，如图 6-24 所示。

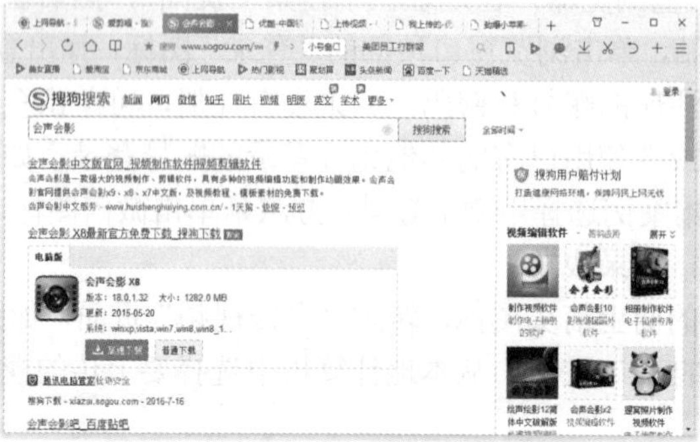


图 6-24　搜索下载软件

单击“高速下载”或“普通下载”按钮，打开“新建下载任务”对话框，指定文件名和保存位置，单击“下载”按钮，即开始下载文件。也可以单击“直接打开”按钮，下载后直接运行文件。

## 任务 4　电子邮件的使用

电子邮件的出现颠覆了传统的邮局传递信件方式。电子邮件方便、快捷且免邮费，对于日常办公中传递文件、交换资料起着重要的作用。

提供电子邮件的服务渠道很多，较早的有网易 136、126 等免费邮箱，随着腾讯帝国的崛起，QQ 邮箱成为很多人的新选择。

QQ 邮箱可以从腾讯 QQ 面板上直接启动。启动腾讯 QQ，可以看到 QQ 面板上有一个信封图标，旁边的数字表示有未读邮件（99 是最大值，不代表实际数量），如图 6-26 所示。

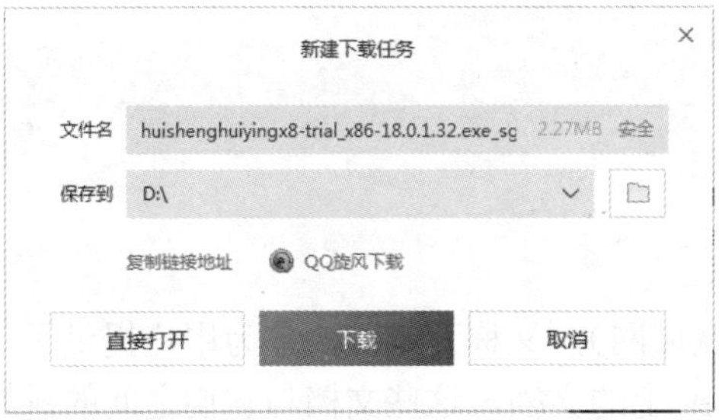


图 6-25　“新建下载任务”对话框

图 6-26　从 QQ 面板启动 QQ 邮箱

单击信封图标，即可启动浏览器，进入 QQ 免费邮箱，如图 6-27 所示。若要查看他人寄来的邮件，可单击左窗格中的“收信”或者“收件箱”超链接，进入收件箱，单击要查看的邮件名称，阅览邮件内容。

若要给别人发送邮件，可单击“写信”超链接，切换到信件编辑窗口，在“收件人”框中输入对方的 E-mail 地址，在正文文本框中输入信件内容，如图 6-28 所示。单击“照片”或“文档”按钮可以直接在正文文本框中插入照片或文档内容。如果要将文件以附件形式发送，可单击“添加附件”或“超大附件”按钮。做为附件发送的文件可以是文档、图片、音频、视频等各种类型的文件。

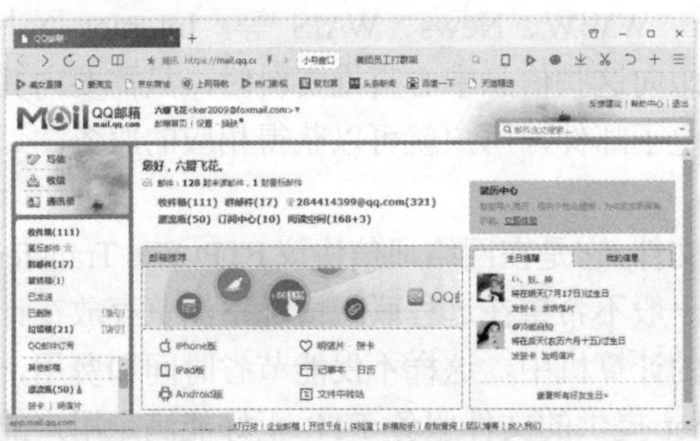

图 6-27　QQ 免费邮箱

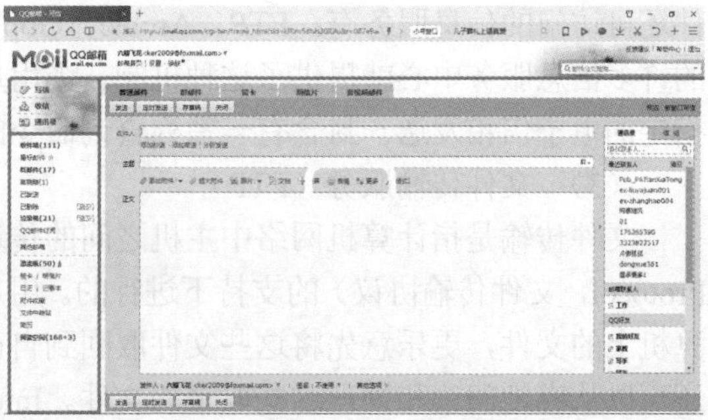

图 6-28　写信

## 实训项目　网络信息的交流与共享

### 1. 实训目标

（1）了解 Intermet 的主要作用；

（2）了解网络信息交流与共享的方式方法；

（3）学会利用 Internet 与他人共享学习和工作资源。

### 2. 实训要求

安装腾讯 QQ，利用 QQ 和朋友进行适时通信，并利用 QQ 的文件传输功能交流和共享学习材料。

### 3. 相关知识点

（1）网络资源的获取；

（2）网络资源的共享。

**【知识链接】**

**Internet 主要的信息服务**

（1）WWW 服务

World Wide Web（简称 Web、WWW 或全球宽域网），又称万维网，它为用户提供了一个可以轻松驾驭的图形化用户界面，以查阅 Internet 上的文档，这些文档与它们之间的链接一起构成了一个庞大的信息网。Web 允许访问者通过跳转或“超链接”从某一页跳到其他页，我们可以把 Web 看作一个巨大的图书馆，Web 节点就像一本本书，而 Web 页好比书中特定的页。页面中可以包含新闻、图像、动画、声音、3D 世界，以及其他任何信息，而且能存放在全球任何地方的计算机上。一旦与 Web 连接，用户就可以使用相同的方式访问全球任何地方的信息，而不用支付额外的“长距离”连接费用或受其他条件的制约。

（2）电子邮件（E-mail）

电子邮件（Electronic Mail，简称 E-mail）是用户或用户组之间通过计算机网络收发信息的服务。目前电子邮件已成为网络用户之间快速、简便、可靠且成本低廉的现代通信手段，也是 Internet 上使用最广泛、最受欢迎的服务之一。

电子邮件使网络用户能够发送或接收文字、图像和语音等多种形式的信息。通过电子邮件还可访问的信息服务有：FTP、Archie、Gopher、WWW、News、WAIS 等。Internet 网上的许多信息服务中心就提供了这种机制。当用户想向这些信息中心查询资料时，只需要向其指定的电子信箱发送一封含有一系列查询命令的电子邮件，用户就可以获得相应的服务。

（3）文件传输服务（FTP）

文件传输是指计算机网络中主机之间的传送文件，它是在网络通信协议 FTP（File Transfer Protocol，文件传输协议）的支持下进行的。用户一般不希望在远程联机情况下浏览存放在计算机上的文件，更乐意先将这些文件取回到自己的计算机中，这样不仅能节省时间和费用，还可以从容地阅读和处理这些取来的文件。Internet 提供的文件服务 FTP 正好能满足用户的这一需求。Internet 网上的两台计算机在地理位置上无论相距多远，只要两者都支持 FTP 协议，网上的用户就能将一台计算机上的文件传送到另一台。

FTP 是一种实时的联机服务。使用 FTP 服务，用户需要首先登录到对方的计算机上，然后就可以进行与文件搜索和文件传送等有关的操作。使用 FTP 可以传送任何类型的文件，如正文文件、二进制文件、图像文件、声音文件和数据压缩文件等。

普通的 FTP 服务要求用户在登录到远程计算机时提供相应的用户名和口令。许多信息服务机构为了方便用户通过网络获取其发布的信息，提供了一种称为匿名 FTP 的服务（Anonymous FTP）。用户在登录到这种 FTP 服务器时无需事先注册或建立用户名与口令，而是以 anonymous 作为用户名，一般用自己的电子邮件地址作为口令。

匿名 FTP 是最重要的 Internet 服务之一。许多匿名 FTP 服务器上都有免费的软件、电子杂志、技术文档及科学数据等供人们使用。匿名 FTP 对用户使用权限有一定限制：通常仅允许用户获取文件，而不允许用户修改现有文件或向它传送文件；另外，对于用户可以获取的文件范围也有一定限制。为了便于用户获取超长的文件或成组的文件，在匿名 FTP 服务器中，文件预先进行压缩或打包处理。用户在使用这类文件时应具备一定的文件压缩与还原、文件打包与解包等处理能力。

（4） 远程登录服务

远程登录（Remote-login）是 Internet 提供的最基本的信息服务之一，远程登录是在网络通信协议 Telnet 的支持下，使本地计算机暂时成为远程计算机仿真终端的过程。在远程计算机上登录，必须事先成为该计算机系统的合法用户并拥有相应的账号和口令。登录时要给出远程计算机的域名或 IP 地址，并按照系统提示，输入用户名及口令。登录成功后，用户便可以实时地使用该系统对外开放的功能和资源，例如：共享它的软硬件资源和数据库，使用其提供的 Internet 的信息服务，如 E-mail、FTP、Archie、Gopher、WWW、WAIS 等。

Telnet 是一个强有力的资源共享工具。许多大学图书馆都通过 Telnet 对外提供联机检索服务，一些政府部门、研究机构也将它们的数据库对外开放，使用户通过 Telnet 进行查询。

（5） 网络新闻服务（UseNET）

网络新闻（Network News）通常又称作 UseNET。它是具有共同爱好的 Internet 用户相互交换意见的一种无形的用户交流网络，它相当于一个全球范围的电子公告牌系统。

网络新闻是按不同的专题组织的。志趣相同的用户借助网络上一些被称为新闻服务器的计算机开展各种类型的专题讨论。只要用户的计算机运行一种称为“新闻阅读器”的软件，就可以通过 Internet 随时阅读新闻服务器提供的分门别类的消息，并可以将自己的见解提供给新闻服务器，以便作为一条消息发送出去。

网络新闻是按专题分类的，每一类为一个分组。目前已有很多大的专题组，主要有计算机科学、网络新闻、娱乐、科技、社会科学、专题辩论、杂类及候补组等。而每一个专题组又分为若干子专题，子专题下还可以有更小的子专题。到目前为止，已有数百万个新闻组，每天发表的文章的字数已是天文数字，所以很多站点由于存储空间和信息流量的限制，对新闻组不得不限制接收。一个用户所能读到的新闻的专题种类取决于用户访问的新闻服务器。每个新闻服务器在收集和发布网络消息时都是“各自为政”的。

## 案例三　移动互联网技术

**【任务描述】**

移动互联网技术发展如此迅速，应用范围很广，日常生活中少不了用手机直接进行即时信息查询、用手机 QQ 客户端、飞信客户端与别人进行通信、网上购物等，这些生活中的应用都是实用的移动互联网。什么是移动互联网？具体应用在哪些领域？让我们带着这些疑问去探讨一下。

【任务分析】

通过本任务的学习，初步了解移动互联网技术的基础知识，从而提高学生在这方面的素养，激发大家对这一领域的兴趣，从而更好的将各种移动互联网技术应用于学习、工作和生活中去。

【实施方案】

## 任务 1　认识移动互联网技术

### 1. 移动互联网技术概述

移动互联网技术，就是将移动通信技术和互联网技术二者结合起来，成为一体，是对用户群上的补充和时间、地点的补充，进一步解决了移动接入的带宽瓶颈，为互联网带来飞跃机会，其应用平台如图 6-29 所示。在最近几年里，移动通信技术和互联网技术成为当今世界发展最快、市场潜力最大、前景最诱人的两大业务，它们的增长速度是任何预测家未曾预料到的，所以移动互联网技术可以预见将会创造怎样的经济神话。一个国家的创新能力，最终是这个国家所掌握的创新的技术在市场竞争中的表现。市场才是衡量创新价值的主要标准，而企业应是国家创新能力的主要体现者。

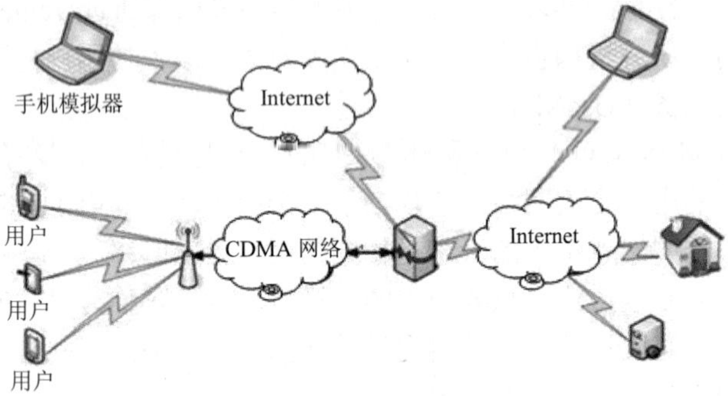


图 6-29　移动互联网技术应用平台

截至 2013 年 12 月，我国手机网民规模达 5 亿，较 2012 年底增加 8009 万人，网民中使用手机上网的人群占比由 2012 年底的 74.5%提升至 81.0%，手机网民规模继续保持稳定增长。手机网民规模的持续增长，一方面得益于 3G 的普及、无线网络的发展和智能手机的价格持续走低，为手机上网奠定了较好的使用基础，促进网民对各类手机应用的使用，尤其为网络接入、终端获取受限的人群提供接入互联网的可能。根据工信部公布的数据，2013 年 1 月至 10 月，我国智能手机出货量达到 3.48 亿部，销量保持快速增长；2013 年 11 月 3G 移动电话用户达 3.86 亿户，较上年同期增长 1.54 亿户。另一方面得益于手机应用服务的多样性和深入性，尤其是新型即时通信工具和生活类应用的推动下，手机上网对日常生活的渗透进一步加大，在满足网民多元化生活需求的同时提升了手机网民的上网黏性。在智能终端快速普及、电信运营商网络资费下调和 Wi-Fi 覆盖逐渐全面的情况下，手机上网成为互联网发展的主要动力，不仅推动了中国互联网的普及，更催生出更多新的应用模式，重构了传统行业的业务模式，带来互联网经济规模的迅猛增长。

### 2. 移动互联网技术的特点

移动互联网技术业务的特点不仅体现在移动性上，可以“随时、随地、随身”地享受互联网业务带来的便捷，还表现在更丰富的业务种类、个性化的服务和更高服务质量的保证，当然，移动互联网在网络和终端方面也受到了一定的限制。其特点概括起来主要包括以下几个方面：

（1） 终端移动性：移动互联网业务使得用户可以在移动状态下接入和使用互联网服务，移动的终端便于用户随身携带和随时使用。

（2） 终端和网络的局限性：移动互联网业务在便携的同时，也受到了来自网络能力和终端能力的限制：在网络能力方面，受到无线网络传输环境、技术能力等因素限制；在终端能力方面，受到终端大小、处理能力、电池容量等的限制。

（3） 业务与终端、网络的强关联性：由于移动互联网业务受到了网络及终端能力的限制，因此，其业务内容和形式也需要适合特定的网络技术规格和终端类型。

（4） 业务使用的私密性：在使用移动互联网业务时，所使用的内容和服务更私密，如手机支付业务等。

总之，在移动互联网时代，传统的信息产业运作模式正在被打破，新的运作模式正在形成。移动互联网技术从根本上实现了移动通信和互联网的融合，也催生出很多新的产业机会，以及让原有的移动应用和互联网应用有了新的市场空间。

## 任务 2 手机安全防护

### 1. 手机安全现状

据 CNCERT（国家互联网应急中心）2013 年我国互联网网络安全态势综述，针对安卓平台的恶意程序数量呈爆发式增长。2013 年，CNCERT 通过自主监测和交换捕获的移动互联网恶意程序样本达 70.3 万个，较 2012 年增长 3.3 倍，其中针对安卓平台的恶意程序占 99.5%。按照恶意程序行为属性统计，恶意扣费类数量仍居第一位，占 71.5%，较 2012 年的 39.8%有大幅增长；其次是资费消耗类（占 15.1%）、系统破坏类（占 3.2%）和隐私窃取类（占 3.2%），与用户经济利益密切相关的恶意扣费类和资费消耗类恶意程序占总数的 85%以上，表明黑客在制作恶意程序时带有明显的逐利倾向。按恶意程序的危害等级分类，高危占 1.0%，中危占 29.0%，低危占 70.0%。其中，高危恶意程序所占比例较 2012 年大幅下降，反映出黑客为降低风险，从制作恶意性明显的木马或病毒转向制作恶意广告、恶意第三方插件等灰色应用，以达到既逃避监管又获取经济利益的目的。

移动互联网恶意程序数量继续大幅增长，恶意程序的制作、发布、预装、传播等初步形成一条完整的利益链条，移动互联网生态系统环境呈恶化趋势，亟须加强管理。由此看来，手机安全已经给我们的日常生活息息相关，保护手机安全就像保护我们的银行卡一样重要。针对手机安全现状，相关网络安全公司大都推出了手机助手、手机安全系列软件，来解决日益严峻的手机安全形势。目前手机安全软件很多，如：百度手机卫士、乐安全、金山手机毒霸、瑞星手机安全软件、360 手机安全卫士、腾讯手机管家等。

本方案以 360 手机安全卫士为例，可以很好的实现对用户手机的安全事项进行监护，包括防垃圾短信，防骚扰电话，防隐私泄漏，手机杀毒，对手机进行安全扫描，软件安装实时检测，联网行为实时监控，长途电话 IP 自动拨号，系统清理手机加速，祝福闪信/短信无痕便捷发送，号码归属地显示及查询等功能。下面就如何安装和使用 360 手机卫士进行操作，具体步骤如下：

（1） 下载手机安全卫士，具体有三种方式，一是通过手机上网进行下载；二是手机通过数据线与 PC 机相连接，通过 PC 机进行拷贝；三是通过蓝牙进行传送。通过手机上网下载 360 卫士十分方便，但最好在 Wifi 环境下进行下载，否则会耗费较多的流量。确保手机联网，打开浏览器，搜索 360 手机卫士，找到下载链接，根据提示下载安装 360 手机助手。

（2） 安装完成后，点击“打开”按钮，360 手机卫士会自动检测系统安全，检测结束后就会出现图 6-30 所示检测结果界面。点击立即修复，就会自动进行修复，修复后会重新检测并再次显示检测结果。

360 手机卫士有清理加速、骚扰拦截、手机杀毒、软件管理等诸多功能，用户可以自行摸索，这里就不一一赘述了。

图 6-30　检测结果

## 任务 3　手机网上购物

### 1. 网上购物的概念

网上购物，就是通过互联网检索商品信息，并通过电子订购单发出购物请求，然后填上私人支票账号或信用卡的号码，厂商通过邮购的方式发货，或是通过快递公司送货上门。中国国内的网上购物，一般付款方式是款到发货（直接银行转帐，在线汇款）和担保交易则是货到付款等。

### 2. 网上购物的发展现状

随着互联网的普及，网络购物的优点更加突出，日益成为一种重要的购物形式。中国互联网络信息中心（CNNIC）2013 年 12 月发布的《第 33 次中国互联网络发展状况统计报告》显示：截至 2013 年 12 月，我国网民规模达 6.18 亿，全年共计新增网民 5358 万人。互联网普及率为 45.8%，较 2012 年底提升了 3.7 个百分点，普及率增长幅度与 2012 年情况基本一致，整体网民规模增速持续放缓。与此同时，手机网民继续保持良好的增长态势，规模达到 5 亿，年增长率为 19.1%，手机继续保持第一大上网终端的地位。而新网民较高的手机上网比例也说明了手机在网民增长中的促进作用。2013 年中国新增网民中使用手机上网的比例高达 73.3%，远高于其他设备上网的网民比例，手机依然是中国网民增长的主要驱动力。

2013 年，移动商务市场爆发出巨大的市场潜力。手机网络购物在移动端商务市场发展迅速，用户规模达到 1.44 亿。作为 PC 端网络购物渠道的补充，手机网络购物用户规模增长迅速得益于以下三个因素：第一，手机独有的功能（扫码、扫图片等）和使用便利性提高了用户购物过程的决策效率；第二，电商企业在手机端的大力推广，对手机用户网络购物产生一定的推动作用；第三，手机特有的本地化电子商务拓展了用户手机端购物渠道。

2013 年手机在线支付快速增长，用户规模达到 1.25 亿，使用率为 25.1%，较去年底提升了 11.9 个百分点。推动手机在线支付快速发展的因素主要来自以下三方面：手机网民的高速增长为手机在线支付建立了用户基础；移动电子商务的发展推动了手机端支付的增长；在移动互联网和移动商务应用快速推动下，移动支付相关产业链各方积极布局而产生的联合推动效应。未来，像 NFC 近场通信和蓝牙 Key 等新技术将进一步推动以手机为载体的支付应用发展。

2014 年 3 月 15 日《网络交易管理办法》施行，此前出台的《网络商品交易及有关服务行为管理暂行办法》同时废止（新版办法主要内容如下：① 不得确定最低消费标准；② 网络商品经营者销售商品，消费者有权自收到商品之日起七日内退货，且无需说明理由；③ 不得利用格式条款强制交易；④ 未经同意不得发送商业信息；⑤ 不得以虚构交易提升信誉）。

### 3. 网购技巧

购买前：

（1） 利用网购导航进行网购。

（2） 选择网店一定要与卖家交流，多问，还要看卖家店铺首页是否带有 ITM 标识，能否实行 OVS 服务。

（3） 购买商品时，付款人与收款人的资料都要填写准确，以免收发货出现错误。

（4） 用银行卡付款时，最好卡里不要有太多的金额，防止被不诚信的卖家拨过多的款项。

（5） 遇上欺诈或其他受侵犯的事情可在网上找网络警察处理。

购买中注意以下几个问题。

（1） 看。仔细看商品图片，分辨是商业照片还是店主自己拍的实物照片，而且还要注意图片上的水印和店铺名因为很多店家都在盗用其他人制作的图片；店铺首页是否带有 ITM 标识，能否实行 OVS 服务。

（2） 问。通过询问产品相关问题，一是了解他对产品的了解，二是看他的态度，人品不好的话买了他的东西也是麻烦。

（3） 查。查店主的信用记录。看其他买家对此款或相关产品的评价。如果有中差评，要仔细看店主对该评价的解释。

### 4. 网购陷阱

网购与实体购物不同，它不能一手交钱一手交货，通常需要先付款后收货，且由于网络的虚拟性，可能会导致某些不诚信行为。通常网购陷阱有以下几种：

（1） 低价诱惑：在网站上，如果许多产品以市场价的半价甚至更低的价格出现，这时就要提高警惕性，想想为什么它会这么便宜，特别是名牌产品，因为知名品牌产品除了二手货或次品货，正规渠道进货的名牌是不可能和市场价相差那么远的。

（2） 高额奖品：有些不法网站、网页，往往利用巨额奖金或奖品诱惑吸引消费者浏览网页，并购买其产品。

（3） 虚假广告：有些网站提供的产品说明夸大甚至虚假宣传，消费者点击进入之后，购买到的实物与网上看到的样品不一致。

（4） 设置格式条款：买货容易退货难，一些网站的购买合同采取格式化条款，对网上售出的商品不承担“三包”责任、没有退换货说明等。消费者购买了质量不好的产品，想换货或者维修时，就无计可施了，对此，建议当地设有 ITM 实体服务店的，消费者网购一定要选择 OVS 服务，才能确保有完善的售后服务。而对于当地未设立 ITM 店的则只能据理力争。

（5） 山寨网站骗钱财：网购时消费者应只接受货到付款、第三方支付或 OVS 服务这三种方式。

（6） 骗个人信息：网上购物时不要轻易向卖家泄露个人详细资料，在设置账户密码时尽量不要简单地使用自己的个人身份信息。遇到类似电话核实的，一定要问明对方身份再视情形配合。

（7） 网络钓鱼盗信息：不要随意打开聊天工具中发送过来的陌生网址，不要打开陌生邮件和邮件中的附件，及时更新杀毒软件。一旦遇到需要输入账号、密码的环节，交易前一定要仔细核实网址是否准确无误，再进行填写。

### 5. 网上购物的优缺点

优点：对于消费者来说，可以在家“逛商店”，订货不受时间、地点的限制；获得较大量的商品信息，可以买到当地没有的商品；网上支付较传统拿现金支付更加安全可避免现金丢失或遭到抢劫；从订货、买货到货物上门无需亲临现场既省时，又省力；由于网上商品省去租店面、招雇员及储存保管等一系列费用，总的来说其价格较一般商场的同类商品更物美价廉；可以保护个人隐私，很多人喜欢在网上购买成人用品，去实体店购买显得尴尬难堪。对于商家来说：由于网上销售库存压力较小、经营成本低、经营规模不受场地限制等。在将来会有更多的企业选择网上销售，通过互联网对市场信息的及时反馈适时调整经营战略，以此提高企业的经济效益和参与国际竞争的能力。再次，对于整个市场经济来说：这种新型的购物模式可在更大的范围内、更广的层面上以更高的效率实现资源配置。综上可以看出，网上购物突破了传统商务的障碍，无论对消费者、企业还是市场都有着巨大的吸引力和影响力，在新经济时期无疑是达到“多赢”效果的理想模式。

缺点：① 由于当前中国国内法律和产业结构不平衡，大量的假冒伪劣产品充斥着网购；② 不能试穿；③ 网络支付不安全，可能被偷窥，密码被盗；④ 诚信问题；⑤ 配送的速度不一；⑥ 退货不方便。

本方案是以手机淘宝为例，通过注册账号，可以搜索购物需求，进行网上购物，不仅节约逛街时间又满足购置物美价廉的商品，为日常学习、工作、生活提供便利。具体操作步骤如下：

（1） 打开手机淘宝的客户端，进入淘宝首页。在淘宝首页上面，淘宝为我们安排了许多按钮，如图 6-31 所示。

（2） 点击寻找宝贝、店铺，输入想找到商品名称，点击搜索，如：四级词汇，就会找到淘宝网站里面所有与四级词汇相关产品信息，如图 6-32 和图 6-33 所示。

图 6-31 手机淘宝界面

图 6-32 点击输入界面

图 6-33 输入四级词汇后搜寻界面

（3） 点击查看相关产品的宝贝详情，对所购物品从销量、评价、价格、服务等方面进行甄别，选取心意的商品，例如：四级词汇（词根+联想记忆法），点击立即购买，就会进入登录界面，如图 6-34 和图 6-35 所示。

图 6-34　点击四级词汇宝贝界面

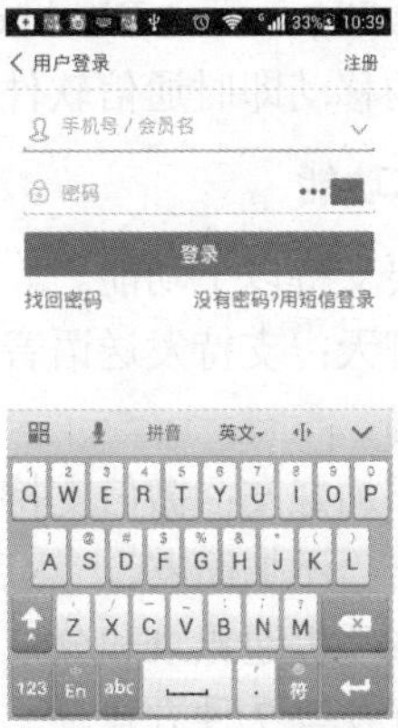


图 6-35　登录界面

（4） 登录进去后，会出现订单确认（包括收件人姓名、地址、所购商品名称、型号规格、数量等信息确认），如果查看后都没有问题，就可以点击下面的确认按钮，进入付费阶段，如图 6-36 所示。

（5） 进入付费页面，提示支付方式（支付宝、网上银行），以支付宝为例：只需要输入支付密码，点确认付款，购物就算基本完成了，如图 6-37 所示。

图 6-36　订单确认界面

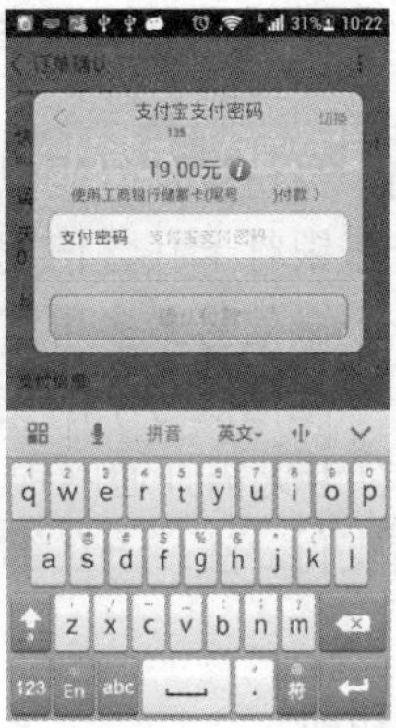


图 6-37　支付宝支付界面

（6） 接下来就要等待卖家发货、物流运送、接收，最后验货签名，把款项通过支付宝支付给卖家，到此网上购物算是完成了。

## 任务 4　微信平台应用

### 1. 关于微信

微信（WeChat）是腾讯公司于 2011 年初推出的一款快速发送文字和照片、支持多人语音对讲的手机聊天软件。用户可以通过手机或平板快速发送语音、视频、图片和文字。微信提供公众平台、朋友圈、消息推送等功能，用户可以通过“摇一摇”、“搜索号码”、“附近的人"、扫二维码方式添加好友和关注公众平台，同时微信将内容分享给好友以及将用户看到的精彩内容分享到微信朋友圈。腾讯提出微信是一个生活方式的口号。

微信支持多种语言，支持 Wi-Fi 无线局域网、2G、3G 和 4G 移动数据网络，iOS 版，Android 版、Windows Phone 版、Blackberry 版、诺基亚 S40 版、S60V3 和 S60V5 版，是亚洲地区最大用户群体的移动即时通信软件。

### 2. 基本功能

微信主要支持以下功能。

（1） 聊天：支持发送语音短信、视频、图片（包括表情）和文字，是一种聊天软件，支持多人群聊。

（2） 添加好友：微信支持查找微信号（具体步骤：点击微信界面右上方的加号，从弹出菜单中点击"添加朋友"，然后输入想搜索的微信号码，点击查找即可）、查看 QQ 好友添加好友、查看手机通讯录和分享微信号添加好友、摇一摇添加好友、二维码查找添加好友和漂流瓶接受好友等 7 种方式。

### 3. 微信支付

微信支付是集成在微信客户端的支付功能，用户可以通过手机完成快速的支付流程。微信支付向用户提供安全、快捷、高效的支付服务，以绑定银行卡的快捷支付为基础。

支持支付场景：微信公众平台支付、APP（第三方应用商城）支付、二维码扫描支付。

微信支付规则如下：

（1） 绑定银行卡时，需要验证持卡人本人的实名信息，即{姓名，身份证号}的信息。

（2） 一个微信号只能绑定一个实名信息，绑定后实名信息不能更改，解卡不删除实名绑定关系。

（3） 同一身份证件号码只能注册最多 10 个（包含 10 个）微信支付。

（4） 一张银行卡（含信用卡）最多可绑定 3 个微信号。

（5） 一个微信号最多可绑定 10 张银行卡（含信用卡）。

（6） 一个微信账号中的支付密码只能设置一个。

（7） 银行卡无需开通网银（中国银行、工商银行除外），只要在银行中有预留手机号码，即可绑定微信支付。注：一旦绑定成功，该微信号无法绑定其他姓名的银行卡/信用卡，请谨慎操作。

### 4. 其他功能

（1） 朋友圈：用户可以通过朋友圈发表文字、图片和小视频，同时可通过其他软件将文章或者音乐分享到朋友圈。用户可以对好友新发的照片进行"评论"或"赞"，用户只能看相同好友的评论或赞。

（2） 语音提醒：用户可以通过语音告诉 Ta 提醒打电话或是查看邮件。

（3） 通讯录安全助手：开启后可上传手机通讯录至服务器，也可将之前上传的通讯录下载至手机。

（4） QQ 邮箱提醒：开启后可接收来自 QQ 邮件的邮件，收到邮件后可直接回复或转发。

（5） 私信助手：开启后可接收来自 QQ 微博的私信，收到私信后可直接回复。

（6） 漂流瓶：通过扔瓶子和捞瓶子来匿名交友。

（7）查看附近的人：微信将会根据您的地理位置找到在用户附近同样开启本功能的人。（LBS 功能）

（8）语音记事本：可以进行语音速记，还支持视频、图片、文字记事。

（9） 微信摇一摇：是微信推出的一个随机交友应用，通过摇手机或点击按钮模拟摇一摇，可以匹配到同一时段触发该功能的微信用户，从而增加用户间的互动和微信粘度。

（10） 群发助手：通过群发助手把消息发给多个人。

（11） 微博阅读：可以通过微信来浏览腾讯微博内容。

（12） 流量查询：微信自身带有流量统计的功能，可以在设置里随时查看微信的流量动态。

（13） 游戏中心：可以进入微信玩游戏（还可以和好友比高分）例如“飞机大战”。

（14） 微信公众平台：通过这一平台，个人和企业都可以打造一个微信的公众号，可以群发文字、图片、语音三个类别的内容。目前有 200 万公众账号，例如：我们什么都知道一点儿（douzhidaoyidian），生活百科（money-ink）。

微信在 IPhone、Android、Windows Phone、Symbian、BlackBerry 等手机平台上都可以使用，并提供有多种语言界面。

### 5. 账号保护

微信可以与手机号进行绑定，该绑定过程需要四步：

（1） 在“我”的栏目里进入“个人信息”，点击“我的账号”。

（2） 在“手机号”一栏输入手机号码。

（3） 系统自动发送六位验证码到手机，成功输入六位验证码后即可完成绑定。

（4） 让“账号保护”一栏显示“已启用”，即表示微信已启动了全新的账号保护机制。

## 实训项目　用手机网上订购火车票

### 1. 实训目标

（1） 了解移动互联网技术；

（2） 了解移动互联网技术的应用前景；

（3） 学会独立使用移动互联网为学习、工作、生活服务。

### 2. 实训要求

通过 12306 网站，订购自己旅途的火车票。

### 3. 相关知识点

（1） 移动互联网发展；

（2） 移动互联网的应用。

**【知识链接】**

### 1. 移动互联网技术发展

2000 年 9 月 19 日，中国移动和国内百家 ICP 首次坐在了一起，探讨商业合作模式。随后时任中国移动市场经营部部长张跃率团去日本 NTTDoCoMo 公司 I-mode 取经，“移动梦网”

雏形初现。

2000 年 12 月 1 日开始施行的中国移动通信集团"移动梦网"计划是 2001 年初中国通信、互联网业最让人瞩目的事件。

2001 年 11 月 10 日，中国移动通信的“移动梦网”正式开通。当时官方的宣传称手机用户可通过“移动梦网”享受到移动游戏、信息点播、掌上理财、旅行服务、移动办公等服务。

2008 年 12 月 31 日上午，国务院常务会议研究同意启动第三代移动通信（3G）牌照发放工作，明确工业和信息化部按照程序做好相关工作。

2009 年 1 月 7 日，工业和信息化部在内部举办小型牌照发放仪式，确认国内 3G 牌照发放给三家运营商，为中国移动、中国电信和中国联通发放 3 张第三代移动通信（3G）牌照。由此，2009 年成为我国的 3G 元年，我国正式进入第三代移动通信时代。包括移动运营商、资本市场、创业者等各方急速杀入中国移动互联网领域，一时间，各种广告联盟、手机游戏、手机阅读、移动定位等纷纷获得千万级别的风险投资，3G 概念股票逐步被热炒。

2009 年 10 月下旬开始，工信部联合中央外宣办、公安部等部门印发了整治手机淫秽色情专项行动方案，由此媒体开始陆续曝光手机涉黄情况，中国史无前例的扫黄风暴席卷整个移动互联网甚至 PC 互联网，11 月底，各大移动运营商相继停止 WAP 计费。运营商的计费通道暂停，让大批移动互联网企业思考新的支付通道和运营模式，而神州行支付卡等第三方支付手段逐步成为众多移动互联网企业最主要的支付通道。

2010 年 3 月 10 日，中国移动全资附属公司广东移动与浦发银行签署合作协议，以人民币 398 亿元收购浦发银行 22 亿新股，中国移动将通过全资附属公司广东移动持有浦发银行 20%股权，并成为浦发银行第二大股东，中国手机支付领域再掀起波浪。

2011 年 3 月 29 日，清科集团在海南三亚举办首届中国互联网投资大会暨电子商务投融资高峰论坛正式开幕。众多知名风险投资机构负责人与国内多家互联网、大型电子商务公司 CEO，就移动互联网、电子商务细分产业的发展机遇与成长瓶颈，讨论观点分享经验，给国内移动互联网产业和电子商务领域的风险投资领域良性高速发展“指点迷津”。

### 2. 移动互联网技术的未来趋势

移动互联网是电信、互联网、媒体、娱乐等产业融合的汇聚点，各种宽带无线通信、移动通信和互联网技术都在移动互联网业务上得到了很好的应用。从长远来看，移动互联网的实现技术多样化是一个重要趋势。

（1） 网络接入技术多元化

目前能够支撑移动互联网的无线接入技术大致分成三类：无线局域网接入技术 Wi-Fi，无线城域网接入技术 WiMAX 和传统 3G 加强版的技术，如 HSDPA 等。不同的接入技术适用于不同的场所，使用户在不同的场合和环境下接入相应的网络，这势必要求终端具有多种接入能力，也就是多模终端。

（2） 移动终端解决方案多样化

终端的支持是业务推广的生命线，随着移动互联网业务逐渐升温，移动终端解决方案也不断增多。移动互联网设备中最为大家熟悉的就是手机，也是目前使用移动互联网最常用的设备。Intel 推出的 MID，则利用蜂窝网络、WiMAX、Wi-Fi 等接入技术，并充分发挥 Intel 在多媒体计算方面的能力，支撑移动互联网的服务。与此同时，手机操作系统也呈现多样性的特点。诸如微软的 Windows 系统；Linux 操作系统、Google 的 Android 操作系统等都在努力占据该领域魁首的位置。

（3） 网关技术推动内容制作的多元化

移动和固定互联网的互通应用的发展使得有效连接互联网和移动网的移动互联网网关技术受到业界的广泛关注。采用这一技术，移动运营商可以提高用户的体验并更有效地管理网络。移动互联网网关实现的功能主要是通过网络侧的内容转换等技术适配 Web 网页、视频内容到移动终端上，使得移动运营商的网络从“比特管道”转变成“智能管道”。由于大量新型移动互联网业务的发展，移动网络上的流量越来越大，在移动互联网网关中使用深度包检测技术，可以根据运营商的资费计划和业务分层策略，有效地进行流量管理。网关技术的发展极大丰富了移动互联网内容来源和制作渠道。

### 3. 移动互联网技术的商业模式多元化

移动互联网业务的新特点为商业模式创新提供了空间。目前，流量、图铃、广告这些传统的盈利模式仍然是移动互联网的盈利模式的主体，而新型广告、多样化的内容和增值服务则成为移动互联网企业在盈利模式方面主要的探索方向。

广告类商业模式是指免费向用户提供各种信息和服务，而盈利则是通过收取广告费来实现，典型的例子如门户网站和移动搜索。

内容类商业模式是指通过对用户收取信息和音视频等内容费用盈利，典型例子如：付费信息类、手机流媒体、移动网游、UGC 类应用。

服务类商业模式是指基本信息和内容免费，用户为相关增值服务付费的盈利方式，例如即时通信、移动导航和移动电子商务均属于此类。

### 4. 移动互联网技术的参与主体的多样性

移动互联网时代是融合的时代，是设备与服务融合的时代，是产业间互相进入的时代，在这个时代，移动互联网业务参与主体的多样性是一个显著的特征。

技术的发展降低了产业间，以及产业链各个环节之间的技术和资金门槛，推动了传统电信业向电信、互联网、媒体、娱乐等产业融合的推进，原有的产业运作模式和竞争结构在新的形势下已经显得不合时宜。在产业融合和演进的过程中，不同产业原有的运作机制和资源配置方式都在改变，产生了更多新的市场空间和发展机遇。为了把握住机遇，相关领域的企业都在积极转型。他们充分利用在原有领域的传统优势，拓展新的业务领域，争当新型产业链的整合者，以图在未来的市场格局中占据有利地位。

## 案例四 慕课（MOOC）

**【任务描述】**

随着互联网技术的迅猛发展，使得如今的学习过程更加轻松有效，而随着慕课的出现，人们还可以借助社交网络（GoogleGroups，Twitter，Facebook，YouTube 等），就自己感兴趣的知识领域与来自世界各地的朋友同时进行讨论加深学习，从而更新自己的知识网络。慕课作为一种新生事物受到越来越多教育者和学习者的欢迎，让我们一起走进慕课的世界，了解一下什么是慕课，以及怎样使用和开发慕课吧。

【任务分析】

通过本任务的学习，使慕课与自己的学习、工作、生活结合起来，丰富学习知识的途径，更好的发挥慕课的优势，为我所用。

【实施方案】

## 任务 1 认识慕课（MOOC）

### 1. 慕课（MOOC）的概念

所谓“慕课”（MOOC），（Massive Open Online Course/MOOC），就是大规模开放在线课堂，是新近涌现出来的一种在线课程开发模式，它发端于过去的那种发布资源、学习管理系统以及将学习管理系统与更多的开放网络资源综合起来的旧的课程开发模式，是一种针对于大众人群的在线课堂，人们可以通过网络来学习在线课堂。

这一大规模在线课程掀起的风暴始于 2011 年秋天，被誉为“印刷术发明以来教育最大的革新”，呈现“未来教育”的曙光。2012 年，被《纽约时报》称为“慕课元年”。多家专门提供慕课平台的供应商纷起竞争，Coursera、edX 和 Udacity 是其中最有影响力的“三巨头”，前两个均进入中国。

### 2. 教学形式

MOOC 是以连通主义理论和网络化学习的开放教育学为基础的。这些课程跟传统的大学课程一样循序渐进地让学生从初学者成长为高级人才。课程的范围不仅覆盖了广泛的科技学科，比如数学、统计、计算机科学、自然科学和工程学，也包括了社会科学和人文学科。慕课课程并不提供学分，也不算在本科或研究生学位里。通常，参与慕课的学习是免费的。然而，如果学习者试图获得某种认证的话，则一些大规模网络开放课程可能收取一定学费。

课程不是搜集，而是一种将分布于世界各地的授课者和学习者通过某一个共同的话题或主题联系起来的方式方法。

尽管这些课程通常对学习者并没有特别的要求，但是所有的慕课会以每周研讨话题这样的形式，提供一种大体的时间表，其余的课程结构也是最小的，通常会包括每周一次的讲授、研讨问题，以及阅读建议等。

每门课都有频繁的小测验，有时还有期中和期末考试。考试通常由同学评分（比如一门课的每份试卷由同班的五位同学评分，最后分数为平均数）。一些学生成立了网上学习小组，或跟附近的同学组成面对面的学习小组。

### 3. 主要特点

（1） 大规模的：不是个人发布的一两门课程：“大规模网络开放课程”（MOOC）是指那些由参与者发布的课程，只有这些课程是大型的或者叫大规模的，它才是典型的 MOOC。

（2） 开放课程：尊崇创用共享（CC）协议；只有当课程是开放的，它才可以称之为 MOOC。

（3） 网络课程：不是面对面的课程；这些课程材料散布于互联网上。人们上课地点不受局限。无论你身在何处，都可以花最少的钱享受美国大学的一流课程，只需要一台电脑和网络联接即可。

4. 历史发展

MOOC 有短暂的历史，但是却有一个不短的孕育发展历程。准确地说，它可追溯到 20 世纪 60 年代。1962 年，美国发明家和知识创新者 Douglas Engelbart 提出来一项研究计划，题目叫《增进人类智慧：斯坦福研究院的一个概念框架》，在这个研究计划中，Douglas Engelbart 强调了将计算机作为一种增进智慧的协作工具来加以应用的可能性。也正是在这个研究计划中，Engelbart 提倡个人计算机的广泛传播，并解释了如何将个人计算机与“互联的计算机网络”结合起来，从而形成一种大规模的、世界性的信息分享的效应。

自那时起，许多热衷计算机的认识和教育变革家们，比如伊万·伊里奇，发表了大量的学术期刊文章、白皮书和研究报告，在这些文献中，极力推进教育过程的开放，号召人们，将计算机技术作为一种改革“破碎的教育系统”的手段应用于学习过程之中。

5. 课程发展

从 2008 年开始，一大批教育工作者，包括来自玛丽华盛顿大学的 Jim Groom 教授以及纽约城市大学约克学院的 Michael Branson Smith 教授都采用了这种课程结构，并且成功的在全球各国大学主办了他们自己的大规模网络开放课程。

最重要的突破发生于 2011 年秋，那个时候，来自世界各地的 160 000 人注册了斯坦福大学 Sebastian Thrun 与 Peter Norvig 联合开出的一门《人工智能导论》的免费课程。许多重要的创新项目，包括 Udacity，Coursera，以及 edX 都纷纷上马，有超过十几个世界著名大学参与其中。

最近几年，慕课成为最热门的词汇之一，教育行业的相关研究人员越来越多的研究慕课，相关领域的高校、中小学、教育企业也都相继推出慕课网站。

6. 国外慕课主要平台

Coursera：目前发展最大的 MOOC 平台，拥有将近 500 门来自世界各地大学的课程，门类丰富，不过也良莠不齐。

edX：哈佛与 MIT 共同出资组建的非营利性组织，与全球顶级高校结盟，系统源代码开放，课程形式设计更自由灵活。

Udacity：成立时间最早，以计算机类课程为主，课程数量不多，却极为精致，许多细节专为在线授课而设计。

Stanford Online：斯坦福大学官方的在线课程平台，与“学堂在线”相同，也是基于 Open edX 开发，课程制作可圈可点。

NovoED：由斯坦福大学教师发起，以经济管理及创业类课程为主，重视实践环节。

FutureLearn：由英国 12 所高校联合发起，集合了全英许多优秀大学，不过课程要等到明年才会大批量上线。

Open2Study：澳洲最大 MOOC 平台，课程丰富，在设计和制作上很下工夫，值得一看。

iversity：来自德国的 MOOC 平台，课程尚且不多，不过在课程的设计和制作上思路很开阔。

WEPS：由美国与芬兰多所高校合作开发，开设多门数学课程。授课对象包括开设院校的在校学生，课程内容符合教学大纲要求，考试合格者可获得开设院校所认可的该课程学分。

7. 国内慕课主要平台

国内慕课主要有以下平台。

（1） 中国教育在线开放资源平台：中国教育在线开放资源平台推出大学公开课，其中包括哈佛大学、耶鲁大学、斯坦福大学、麻省理工学院、复旦大学、浙江大学等国内外知名高校开放课程，涉及人文、历史、经济、管理等相关课程。

（2） 中国大学视频公开课：中国大学 MOOC 平台由“爱课程”网与网易公司联合建设，在广泛听取一线教师和社会人士反馈意见的基础上，充分借鉴国外主流 MOOC 平台的优点，经过近一年的自主研发完成。中国大学 MOOC 平台，具备在线同步（直播）课堂功能，课程结构设计和教学内容发布简明易用，教学活动符合中国教师的教学习惯与学生的学习习惯，支持对学习行为与学习记录进行多个维度的大数据分析。目前，“爱课程”网已上线 572 门视频公开课和 1032 门资源共享课，初步建成惠及广大高校师生和社会学习者的国家级大型优质课程资源共享和学习平台。首批中国大学 MOOC 上线后将实现中国大学视频公开课、中国大学资源共享课和中国大学 MOOC 等不同类型的优质课程在同一个平台上的集成与共享。“爱课程”网将在已有工作基础上，进一步完善平台栏目和功能，促进教育理念转变和教学方法改革，提高高等教育质量，推动优质教育资源共享，在促进教育公平，服务学习型社会建设中发挥作用，创建符合我国国情和高等教育教学实际的大规模开放教育中国品牌。首批在中国大学 MOOC 平台上线的 16 所高校包括：北京大学、浙江大学、复旦大学、武汉大学、哈尔滨工业大学、中国科技大学、山东大学、湖南大学、中山大学、西北工业大学、四川大学、国防科技大学、北京理工大学、中国农业大学、中央财经大学、北京协和医科大学，上线课程 56 门，其中 10 门在 5 月下旬开课，其他课程也将在 2014 年陆续开课。

（3） 新浪公开课：新浪公开课内容包涵国外多所一流名校的公开课视频。在功能方面，新浪公开课将众多课程按照多门学科进行分类整合、提供快捷搜索和播放记录、翻译进度提示等功能，方便网友使用。在内容方面，新浪公开课拥有耶鲁、斯坦福、麻省理工大学等多所国际一流名校公开课优质视频，其中部分课程已翻译中文字幕，受到广大网友青睐。

（4） 搜狐公开课：搜狐视频教育频道，提供在线名校公开课视频，包含经济、人文、艺术、社会和工程等课题。

（5） 网易公开课：网易正式推出“全球名校视频公开课项目”，首批 1200 集课程上线，其中有 200 多集配有中文字幕。用户可以在线免费观看来自于哈佛大学等世界级名校的公开课课程，内容涵盖人文、社会、艺术、金融等领域。网易公开课，力求为爱学习的网友创造一个公开的免费课程平台，借此向外界公开招聘兼职字幕翻译。网易公开课翻译平台目的是秉承互联网精神：开放、平等、协作、分享，让知识无国界！

（6） 腾讯视频课程：腾讯精品课以考试培训的自录课程为核心，V+开放平台合作视频为主力内容，并同时兼顾优质 UGC 原创内容。平台包括考试培训、公开课和演讲三大分类，在腾讯视频原有的教育视频、微讲堂、腾讯大学等基础上进行整合，将学习内容细化为知识体系树状结构，使内容线更加清晰。

（7） 中国网络电视台公开课：该网站汇集世界名校的优质课程，涉及人文、社会、经济、自然等学科。领略名师风采，感受名校魅力！公开课频道为爱淘课的你打造网络视频学习乐园

（8） 慕课网：是一家垂直于互联网 IT 技术学习、交流平台的在线网络教育网站。在这里，你可以找到最好的互联网技术牛人，也可以通过免费的在线公开视频课程学习国内领先的互联网 IT 技术。

## 任务 2 慕课（MOOC）建设

慕课是用多媒体的方式动态呈现的在线课程，如何激发学生的学习兴趣以及如何建立教学与学生之间的关联是慕课成败的关键。要创建一节成功的慕课，不但要工具顺手，团队精干，还要有明确的设计理念。

### 1. 建课工具

俗话说“工欲善其事，必先利其器。”在建设慕课之前，我们需要先做好准备工作。建设慕课所需的工具主要有以下几种。

（1） 合适的慕课平台。

由于慕课教学是基于互联网的分众教学，用户体验非常重要，因此平台的好坏直接决定着慕课课程的受欢迎程度。从慕课特点和慕课教学特征来看，优秀的慕课平台应当具备以下几个重要特质：

① CDN 网络传输能力。

② 云服务能力。

③ 高并发服务能力。

④ 大数据管理能力。

⑤ 平台维护能力。

⑥ 在同类学校占有率高，便于资源共享和将来学分互认。

⑦ 强大的慕课制作能力，能提供制作服务，如美工设计、摄像和影视编辑等同步服务。

⑧ 操作方便，用户体验好，便于老师建课和学生自主学习，可提供傻瓜式服务。

⑨ 与其他教育资源对接能力，如电子图书、学术期刊、通识课程等。

⑩ 提供翻转课堂教学解决方案和策略。

（2） 视频录制与剪辑软件。

视频是慕课内容的最主要载体，因此需要选择一个功能齐全、操作简单的视频录制与剪辑软件，如 Camtasia Studio、Premiere、Edius、会声会影等。

（3） 脑图软件。

脑图或思维导图可用于整体进程规划，并能形像呈现内容、顺序与时间安排，以及元素之间的关系与关联。在慕课建设中，脑图可让团队成员清晰看到慕课进展和实现愿景的进程。脑图也可以用于章节知识脉络梳理，让学习者一目了然看到本章节的知识结构图，如 Mindjet MindManager、Xmind、iMindMap 等。

（4） 演示软件。

多媒体演示软件制作的课件生动活泼，讲解时只需要打开录屏软件就可录制其播放和操作的全过程。常用的演示软件有 Windows 系列的 WPS、PPT、Mac 系列的 Keynote 等，最近跨平台的 Prezi、Focusky 和 Axelide 等也是不错的选择。

（5） 动画制作软件。

对于抽象的、纯理论的知识讲解，动画比起真人授课来说更能引起人们的兴趣，在根据内容设计好剧本和分镜头脚本后，可以将其制作为动画作品。目前有很多操作简单的动画设计软件或在线动画制作系统，如 Goanimation、Videoscribe 和 Focusky，其中 Focusky 是一个国产的集演示与简单动画制作于一身的国产软件，而且其基本功能目前是免费提供的。

（6） 二维码生成器。

在人人都拥有智能手机、WiFi 随处可及、二维码可代表一切的移动互联网时代，在慕课中插入其他平台资源的二维码来实现传递一是有助于方便切换，比如打开一个在线调查、或介绍一本可直接购买的书等；二是不侵犯人家的知识产权，比如借助二维码转向一个其他平台提供的视频。因此，二维码生成器成为必要工具。如草料二维码生成器、二维码大师等。

（7） 屏幕放大软件。

屏幕放大软件一方面可以帮助用户在录屏时将屏幕进行放大处理。特别是对于一些要随手画来表达思路的课程，我们还能将屏幕当成黑板进行徒手涂鸦。有的还有计时等功能。如 ZoomIt、Magic Lens Max 等。

### 2. 设计规划

为充分体现慕课的互动性特点，慕课整体规划可以从六个方面的设计来实现，即主题风格设计、语言风格设计、知识点与技能点规划、视频制作规划、交互设计和进程规划。

（1） 主题风格设计。

主题风格要有感染力，可以通过趣味性和煽动性来让慕课充满激情，以带动学生的学习积极性，从而使教学充满创意。

（2） 语言风格设计。

慕课内容必须严谨，但慕课的表现形式却不必太过严肃，完全可以以幽默、轻松的方式呈现。形象幽默的讲解方式可以增加学生对学习的兴趣专业的认同感，从而提高学习积极性。

（3） 知识点与技能点规划。

根据课标选取哪些理论知识点，考虑实践技能采用哪些案例，可以将这些案例合理地分解然后贯穿到每一章节。同时必须明确要达到的技能目标，明白这些案例如何分解，与知识点之间有何关联，以便使学生在实践和理论中相结合，在做的过程中习得知识，内化技能。

（4） 视频制作规划。

慕课视频用什么方式引入、用什么方式制作，哪些用动画，哪些用录屏，哪些用摄像，这都是应当提前考虑的。

（5） 交互设计和进程规划。

包括规划师生线上互动方式、人机互动和学生之间互动方式，如课后训练、通知发送、学生提问及老师应答、主题讨论、过关奖励和 PBL 线上学习等。另外为促进自主学习，还可针对代码进行防拷贝处理、针对视频进行一些设置，如防空播小测验和防拖动设置等。

（6） 进程规划。

慕课建设的整体进程规划包括各项目和子项目名称、负责人员、时间规划等，可借助脑图软件将慕课建设的整体进程及安排用树型结构表达出来，如图 6-38 所示。

### 3. 课程搭建

整个慕课搭建过程可分为创建课程、慕课首页设计与编辑、目录创建与编辑、内容页面美工设计、文本编辑与资源上传和课后测验几个部分。本案例使用超星慕课平台（超星泛雅）来搭建慕课。

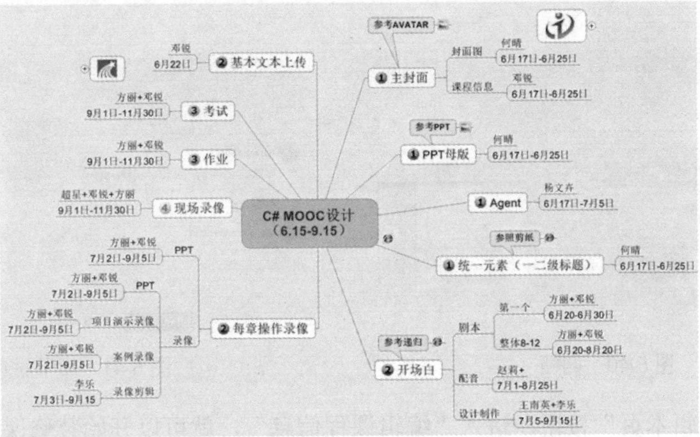


图 6-38　整体进程规划脑图

（1）　创建课程

打开“超星慕课”网站，地址：http://www.fanya.chaoxing.com，如图 6-39 所示。登录系统后在“我教的课”界面的右上角点击“创建课程”，在弹出的窗口中填入课程相关信息，然后单击“下一步”按钮按照提示一步步进行操作即可。完成课程创建后，新课程会显示在“我教的课”界面，若要删除某课程，可将鼠标移到在相应课程图片上面，单击出现的“归档”图标将其下架，然后进进入“归档的课程”将其彻底删除。

图 6-39　超星慕课网站首页

（2）　课程首页设计与编辑

建课部分完成后，就该装修慕课首页了，美好的装修可以从主观上吸引学生的注意力，将其快速吸引到慕课课程当中。

在“我教的课”中点击课程，进入课程界面，然后点击界面右上角“课程门户”，进入课程首页设计界面，在这里有两个按钮，一个是“编辑本页”，一个是“设置”。其中“设置”主要设置慕课的权限选择和章节标题位置，如图 6-40 所示。

此外还有课程章节试读设置和课程门户章节资源列表显示，后者如果选择了“公开”，则自己上传的所有资源将会列表出现在首页上，可让学生试读，如图 6-41 所示。

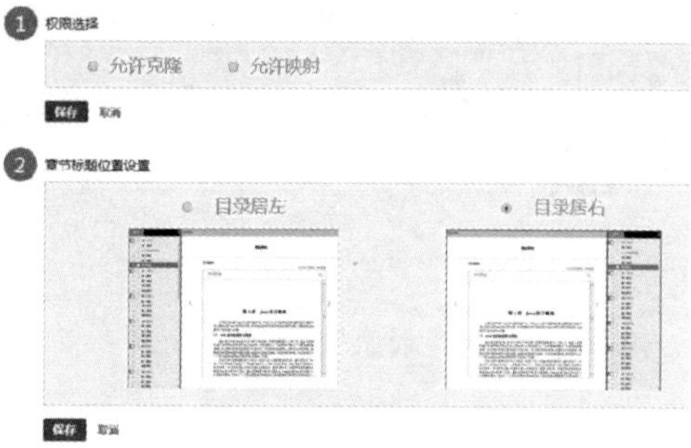


图 6-40　归档

图 6-41　章节试读设置

单击“编辑本页”按钮，进入“编辑课程信息”，就可以开始装修课程的首页了，根据提示选择课程展示的风格模块、课程封面信息、上传片花，以及修改“课程封面”和“课程相关信息”、“课程章节”、课程介绍”、“教师团队”、“教学方法”、“教学条件”、“教学效果”和“参考教材”等信息。编辑完成后保存修改即可。

（3）　目录创建与编辑

在“我教的课”界面中点击要编辑的课程，进入图 6-42 的界面，单击“编辑”按钮，即可创建和编辑课程目录。单击铅笔图标可修改单元的名称；单击“同级目录”按钮可创建当前选择部分的同级目录；单击“子目录”按钮可创建当前选择的部分的子目录；单击上下箭头可调整各章节的前后次序。

（4）　内容页面美工设计

慕课除了慕课视频外，还有丰富的多媒体课程内容。为了便于学生学习，可在每个章节中包含学习目标、基础知识、实训案例、头脑风暴、过关奖励、课后习题等部分。这些部分都可以用符合统一主题风格的图片来标识。这些图片或图标可以用图形图像软件进行设计制作，完成后上传到页面相应内容位置即可。

（5）　文本编辑与资源上传

在文本编辑前，最好能准备好详细的教案。超星慕课的文本编辑界面与 Word 系统相似，而视频等资源上传只需要点击相应图标即可，如图 6-43 所示。

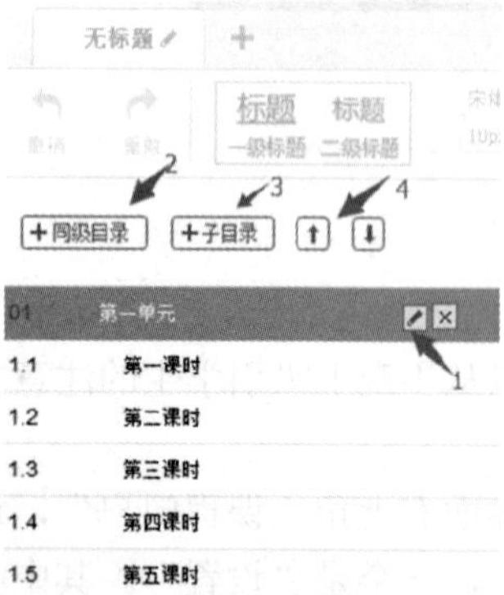


图 6-42　目录创建与编辑

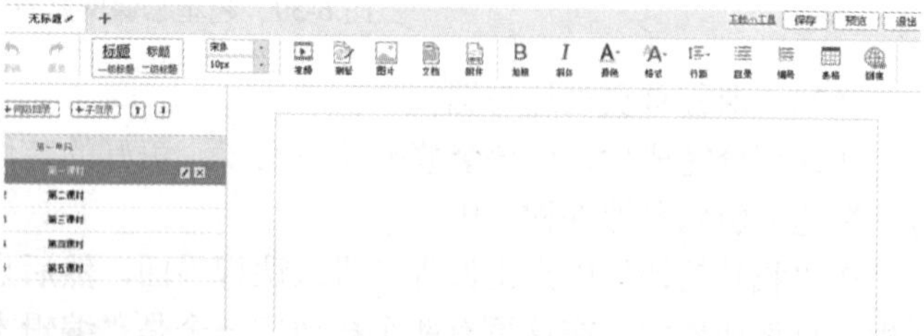


图 6-43　资源上传

部分防止拷贝内容，则可制作成 PDF 或 Word 格式上传。比如程序代码，如果让学生拷贝，则许多学生会直接拷贝到编程系统中，失去自己动手编写和出错后调试的重要环节。

（6）课后测验

课后测验可根据先前的题库进行编辑。一般支持单选、复选、填空、判断和问答等题型，对客观题型或简单的主观题型操作是很方便的，学生答题后系统也会自动根据设定的答案评分。主观题型则可通过附件上传形式解决。比如编程题，系统很难自动判断评分，但可要求学生打包压缩后作为附件上传，老师可下载后再给予评分。

在文本编辑页面单击“测验”图标，弹出“组件-测验”窗口，输入本次测验的标题，如“第一章测试”，如图 6-44 所示。将之设为“任务点”，这样将来学生完成情况才能更好通过任务点反映出来，如图 6-45 所示。

图 6-44　课后测验

图 6-45　设置任务点

单击“创建”按钮进入测验设置界面，再单击“添加题型”按钮，根据需要的题型进行选择，如图 6-46 所示。

单击标题框右边的“高级设置”按钮可以完成及格分数等设置，如图 6-47 所示。

图 6-46　设置测验界面

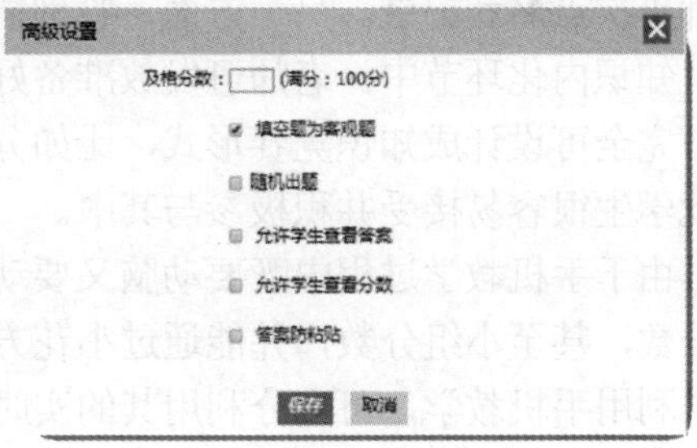


图 6-47　设置“高级设置”对话框

【知识链接】

**智能手机教学**

随着智能手机的兴起，人们与手机接触的时间越来越多，如果能通过引导将手机转换为重要学习工具，同时提升学习参与度、改善沉闷的教学气氛，那么充分利用手机 APP 进行教学未尝不是一个好的前景。

事实上，在许多教育者担心手机影响学生学习的时候，互联网时代成长起来的 95 后已经将手机用到极致，通过手机不但可以进行娱乐、购物，还可以学习各种技能，手机俨然成为学生自主学习的重要工具和随身老师，所以，我们应当顺应时代，正确引导学生利用手机来进行高效的碎片化学习。

超星学习通是一款号称“学习版微信”的手机 APP，其操作习惯和界面都参照了微信。其中将备课控件做成了红包形式，深受学生青睐。

超星学习通是与泛雅慕课平台对接的，其基本功能除了阅读和在线学习外，就是用于教学，如图 6-48 所示，它应用于翻转课堂教学的多个环节。

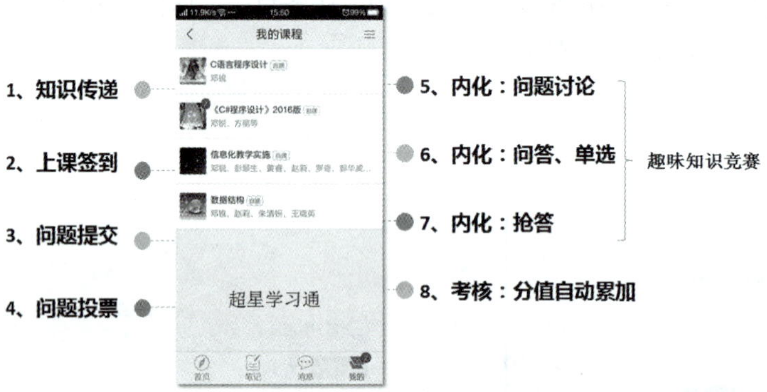


图 6-48　超星学习通用于翻转课堂教学各个环节

在知识传递环节，老师可用之发送任务书和课前讨论，并查看当前学生学习进度与学习状态。学生也可直接打开相应章节观看视频、提交讨论、问题和作业等。

老师也可利用学习通进行备课。备课即利用其提供的多种控件，如讨论、问答、投票等设置好问题。上课时就能很方便地根据进度和情况进行发放给学生。

同时，上课时也能进行方便地签到与调查。电子签到很方便地自动记录到数据库，无需老师再次点名和记录。另一方面，签到情况也会反映到学生的学习端记录中。

知识内化环节中，老师可发放准备好的教学控件给学生，学生点击控件进行回答，整个环节完全可设计成知识竞赛形式，比如分为必答题和抢答题。由于整个界面操作类似微信，因此学生很容易接受并积极参与其中。

由于手机教学过程中既要动脑又要动手，再加上每道题提交答案后能立即查看到自己所得分数，甚至小组分数，并能通过小花方式显示当前学习成就，学生参与度很高很积极。

利用手机教学，可充分利用其的实时交互性，增加学生参与度，学生也能即时看到自己的学习情况，如成绩等，通过这些优势我们就能顺畅地将手机的对学习负向影响转化为正向促进作用。

此外，老师外出时也可利用随身的手机随时捕捉一纵即逝的教学灵感，并可以就地以拍照或文字方式发放讨论和问题，真正实现“让教学更具生活价值”。

## 实训项目　使用慕课

### 1. 实训目标

（1） 了解慕课的概念；

（2） 了解慕课的应用前景；

（3） 学会独立使用慕课为学习、工作、生活服务。

2. 实训要求

通过网络了解当前主流慕课网站，借助相关慕课网站提供的课程，学习自己感兴趣的课程。

3. 相关知识点

（1） 慕课发展；

（2） 慕课的特点。

## 练习题

1. 选择题

（1） ________拓扑结构实际上是星型拓扑结构的一种变形，它将原来用单独链路直接连接的节点通过多级处理后分级连接。

A. 总线型　B. 树型　C. 环型　D. 以上都不是

（2） ________是运行 TCP/IP 协议的唯一标识符。

A. IP 地址　B. IP 协议　C. TCP 协议　D. 子网掩码

（3） 由于移动互联网业务受到了网络及终端能力的限制，因此，其业务内容和形式也需要适合特定的网络技术规格和终端类型，这是__________。

A. 终端移动性　B. 终端和网络的局限性

C. 业务与终端、网络的强关联性　D. 业务使用的私密性

（4） 我国最早的移动互联网是中国移动的“移动梦网”，它于__________正式开通。

A. 2000 年 9 月 19 日　B. 2000 年 12 月 1 日

C. 2001 年 11 月 10 日　D. 2008 年 12 月 31 日

（5）________年，被《纽约时报》称为“慕课元年”。多家专门提供慕课平台的供应商纷起竞争，Coursera、edX 和 Udacity 是其中最有影响力的“三巨头”。

A. 2011 年　B. 2012 年　C. 2013 年　D. 2014 年

2. 填空题

（1） 局域网技术的含义十分广泛，但主要指的是______________和___________这几个基本方面。

（2） 局域网一般分为_________和_________两种。

（3） 局域网中的每台电脑都必须有一个唯一的_________，这样才能使操作系统识别出网络中的各台电脑。

（4） Internet 是当今世界上最大的计算机信息网络，它包含了数量庞大的________。

3. 简答题

（1） 局域网和互联网有什么不同？

（2） 局域网的功能有哪些？

（3） 如何将计算机接入 Internet？

（4） 什么是慕课？慕课有什么意义？

# 附录 习题答案

## 模块 1 认识计算机

### 1. 选择题

（1） A　（2） D　（3） C　（4） D　（5） B
（6） C　（7） D　（8） D　（9） B　（10） A
（11） D

### 2. 填空题

（1） 运算器　控制器　输入设备　输出设备　内存储器
（2） CPU
（3） 内存
（4） 机器语言　汇编语言　高级语言　机器语言
（5） 存放程序和数据
（6） 硬磁盘
（7） 随机存储器 RAM　只读存储器 ROM
（8） KB 和 MB

## 模块 2 Windows 7 操作系统

### 1. 选择题

（1） C　（2） A　（3） B　（4） B　（5） D
（6） D　（7） D　（8） B　（9） B　（10） C
（11） A　（12） B　（13） C　（14） C　（15） C
（16） C

### 2. 填空题

（1） 资源管理器
（2） 控制面板
（3） 文件名称　扩展名称　扩展名
（4） 对话框
（5） 恢复原来的大小

（6） .txt
（7） 复制

## 模块 3　Word 2010 文字处理软件

### 1. 选择题

| | | | | |
|---|---|---|---|---|
| （1） C | （2） C | （3） D | （4） A | （5） C |
| （6） D | （7） A | （8） A | （9） A | （10） B |
| （11） C | （12） B | （13） A | （14） C | （15） C |

### 2. 填空题

（1） 不输入任何内容
（2） 大　　小
（3） Backspace　　Delete
（4） 半角字符
（5） Word 97-2003 文档
（6） A3
（7） 页面
（8） 文本左对齐　　居中　　文本右对齐　　两端对齐　　分散对齐
（9） 选定所有文档　Ctrl+A
（10） 页面布局
（11） 说明书

## 模块 4　Excel 2010 电子表格制作软件

### 1. 选择题

| | | | | |
|---|---|---|---|---|
| （1） C | （2） C | （3） A | （4） A | （5） D |

### 2. 填空题

（1） 活动
（2） 引用运算符　　算术运算符　　关系运算符
（3） 11
（4） 2　　2 个区域　　7　　和
（5） 简单汇总　　嵌套汇总

# 模块 5　PowerPoint 2010 电子演示文稿制作软件

1. 选择题

（1） C　　（2） C　　（3） A　　（4） D　　（5） A

（6） C　　（7） A　　（8） B

2. 填空题

（1） 幻灯片浏览视图

（2） 动画　　高级动画　　添加动画

（3） Ctrl

（4） 超链接

（5） 4　　进入、强调、退出、动作路径

# 模块 6　局域网、Internet 应用和慕课

1. 选择题

（1） B　　（2） A　　（3） C　　（4）C　　（5） B

2. 填空题

（1） 带宽、通信介质　　网络工作机制

（2） 令牌网　　以太网

（3） IP 地址

（4） 个人计算机和小型局域网络